Werner

Reise-ABC
Nordkenia

Land und Leute
Rift Valley

Mombasa
Westkenia

Die Küste und Lamu
Anhang

Land am Kilimanjaro

Nairobi

Zentrales Hochland

Hartmut Fiebig
Kenia kompakt

„Alle Reisen haben eine heimliche Bestimmung,
die der Reisende nicht ahnt."
Martin Buber (Religionsphilosoph, 1878–1965)

Impressum

Hartmut Fiebig
Kenia kompakt

erschienen im
Reise Know-How Verlag Peter Rump GmbH
Osnabrücker Str. 79, 33649 Bielefeld

© Peter Rump 2007
2., neu bearbeitete und komplett aktualisierte Auflage 2011
Alle Rechte vorbehalten.

Gestaltung:
Umschlag: P. Rump, G. Pawlak (Layout); M. Luck (Realisierung)
Inhalt: G. Pawlak (Layout); M. Luck (Realisierung)
Karten: B. Spachmüller; Th. Buri
Fotos: H. Fiebig (hf); D. Wirz (dw); W. Rompel (wr); J. Erretkamps (je)
Titelfoto: www.fotolia.de © pix4U

Lektorat/Textbearbeitung: M. Luck, A. Calmez

Druck und Bindung: Wilhelm & Adam, Heusenstamm

ISBN 978-3-8317-1955-6
Printed in Germany

Dieses Buch ist erhältlich in jeder Buchhandlung Deutschlands,
der Schweiz, Österreichs, Belgiens und der Niederlande. Bitte
informieren Sie Ihren Buchhändler über folgende Bezugsadressen:
Deutschland
Prolit GmbH, Postfach 9, D-35461 Fernwald (Annerod)
sowie alle Barsortimente
Schweiz
AVA-buch 2000, Postfach, CH-8910 Affoltern
Österreich
Mohr Morawa Buchvertrieb GmbH, Sulzengasse 2, A-1230 Wien
Niederlande, Belgien
Willems Adventure, www.willemsadventure.nl

Wer im Buchhandel trotzdem kein Glück hat, bekommt unsere
Bücher auch über unseren **Büchershop im Internet: www.reise-know-how.de**

*Wir freuen uns über Kritik, Kommentare und Verbesserungsvorschläge,
gern auch per E-Mail an info@reise-know-how.de.*
Alle Informationen in diesem Buch sind vom Autor mit größter Sorgfalt gesammelt und vom Lektorat des Verlages gewissenhaft bearbeitet und überprüft worden. Da inhaltliche und sachliche Fehler nicht ausgeschlossen werden können, erklärt der Verlag, dass alle Angaben im Sinne der Produkthaftung ohne Garantie erfolgen und dass Verlag wie Autor keinerlei Verantwortung und Haftung für inhaltliche und sachliche Fehler übernehmen. Die Nennung von Firmen und ihren Produkten und ihre Reihenfolge sind als Beispiel ohne Wertung gegenüber anderen anzusehen. Qualitäts- und Quantitätsangaben sind rein subjektive Einschätzungen des Autors und dienen keinesfalls der Bewertung von Firmen oder Produkten.

Hartmut Fiebig

Kenia
kompakt

REISE KNOW-HOW im Internet

www.reise-know-how.de

- Ergänzungen nach Redaktionsschluss
- kostenlose Zusatzinfos und Downloads
- das komplette Verlagsprogramm
- aktuelle Erscheinungstermine
- Newsletter abonnieren

Direkt einkaufen im Verlagsshop mit Sonderangeboten

Vorwort

Karibu Kenya, herzlich willkommen in Kenia!

So werden Sie bei Ihrem Besuch im vielfältigsten ostafrikanischen Land immer wieder begrüßt werden. Kenia ist seit Jahrzehnten für seine puderfeinen, weißen Sandstrände am Indischen Ozean und natürlich für seine endlosen, tierreichen Savannen bekannt. Aber wussten Sie schon, dass das kenianische **Kaleidoskop grandioser Naturlandschaften** außerdem verträumte Inselwelten, den schneebedeckten 5000er Mount Kenya, flimmernde Wüsten, fruchtbare Hochländer, dampfende Urwälder und faszinierende Seen wie etwa den riesigen Lake Victoria bereithält?

So eröffnen sich Ihnen in Kenia die unterschiedlichsten **Urlaubsaktivitäten:** Golfen, Riverrafting, Bergsteigen, Freeclimbing, Angeln, Reiten, Kameltouren, Fahrradfahren, Wandern, Tauchen, und und und. Es lohnt sich, dem Hotel an der Küste mal den Rücken zu kehren, um auch das weite Hinterland zu erkunden.

Das **Reisen in Kenia** ist für afrikanische Verhältnisse **unkompliziert:** Die Verständigung mit Englisch klappt hervorragend, das Land besitzt ausgezeichnete Hotels und die beste Infrastruktur der Region, und seine Hauptstadt ist weltoffen, mehr noch: In Nairobi laufen die kulturellen, wirtschaftlichen und politischen Fäden Ostafrikas zusammen. Mit der neuen Verfassung von August 2010 haben die Kenianer einen wichtigen Schritt getan, um nach den Wahlausschreitungen im Frühjahr 2008 in eine friedliche und vielversprechende Zukunft aufzubrechen. Ohnehin wurden Touristen selbst in dieser schweren Zeit nie Opfer von Gewalt, und die Sicherheitslage hatte sich schon im Sommer jenes Schicksalsjahres wieder normalisiert.

Dieses Buch liefert Ihnen einen kompakten und fundierten Einblick in das Land und beschreibt alle wichtigen Sehenswürdigkeiten. Und beim Schmökern im Liegestuhl werden Sie viel Interessantes über Ihr Gastland und seine unterschiedlichen Bewohner erfahren. Dabei wird hoffentlich die Faszination spürbar, die Ostafrika seit 20 Jahren auf mich ausübt.

Bleibt mir noch, Ihnen einen erholsamen und interessanten Aufenthalt in Kenia und **Safari njema,** gute Reise, zu wünschen!

Hartmut Fiebig

Hinweise zur Benutzung

Dieses Buch verschafft **Kurzzeit-Reisenden** einen Überblick über die wichtigsten Attraktionen des ostafrikanischen Landes und bietet viele praktische Tipps für eigene Aktivitäten außerhalb des gebuchten Reiseprogramms oder Hotels. Unterhaltsam geschriebene Texte erlauben einen Blick hinter die Kulissen, der sich Kurzzeit-Reisenden sonst nicht ohne weiteres erschließt.

Im Kapitel „**Reise-ABC**" sind wichtige Informationen für die Vorbereitung und Durchführung einer Reise nach Kenia übersichtlich zusammengefasst. Im Kapitel „**Land und Leute**" erfährt der Reisende alles Wissenswerte zu Kenia – über die Bevölkerung ebenso wie über Politik, Geschichte, Wirtschaft und die grandiose Natur des Landes.

In acht Kapiteln werden die beiden größten **Städte** und die sechs touristisch interessanten **Regionen** eingehend vorgestellt. Sie enthalten die Beschreibungen der Nationalparks und Sehenswürdigkeiten sowie praktische Tipps zur touristischen Infrastruktur.

Der **Anhang** mit Glossar, Sprachhilfe, Literaturtipps sowie Sach- und Ortsregister rundet diesen Reiseführer ab und macht ihn zu einem unverzichtbaren kompakten Reisebegleiter.

> Hinweis: Die **Internet- und E-Mail-Adressen** in diesem Buch können – bedingt durch den Zeilenumbruch – so getrennt werden, dass ein Trennstrich erscheint, der nicht zur Adresse gehören muss!

Inhalt

Vorwort 7
Hinweise zur Benutzung 8
Kenia im Überblick 11

Reise-ABC

An- und Einreise 16
Ausrüstung 17
Botschaften/Konsulate 17
Drogen 18
Fotografieren 18
Geld 19
Geschäfts-/
   Öffnungszeiten 20
Gesundheit 21
Informationen 24
Karten 25
Knigge 25
Kommunikation 27
Naturschutz 28
Reisen im Land 28
Reisezeit 32
Restaurants 33
Sicherheit/Kriminalität 33
Souvenirs 34
Sport und Aktivitäten 35
Sprache 36
Strom 37
Unterkunft 39
Zeitdifferenz 40
Zoll 41

Land und Leute

Bevölkerung 44
Religionen 49
Kunst und Kultur 51
Geschichte und Politik 53
Wirtschaft 62
Landschaft und Klima 65

Mombasa

Einleitung 72
Geschichte 73
Orientierung 76
Fort Jesus 77
Die historische
   Architektur Mombasas 84
Rundgang durch
   die Altstadt 85
Stadt der Tempel 87
Reiseservice 88
Mombasa North Coast 89
Ausflug nach Rabai 97

Die Küste und Lamu

Einleitung 100
Die Südküste Kenias 101
Shimba Hills
   National Reserve
   und Mwaluganje
   Elephant Sanctuary 113
Die Nordküste Kenias 115
Der Lamu-Archipel 131

Land am Kilimanjaro

Einleitung 142
Namanga 142
Amboseli National Park 143
Voi 148
Taita Hills 149
Die Tsavo-Nationalparks 150

INHALT

Nairobi

Einleitung	160
Geschichte	161
Orientierung	161
Stadtrundgang	163
Reiseservice	171
Im Umland von Nairobi	172
Nairobi National Park	176

Zentrales Hochland

Einleitung	180
Thika	181
14 Falls	181
Ol Doinyo Sabuk National Park	182
Mt. Kenya National Park	183
Nanyuki	191
Nyeri	192
Aberdare National Park	194
Laikipia	197
Nyahururu	199

Nordkenia

Einleitung	202
Meru National Park	203
Isiolo	205
Shaba National Reserve	206
Samburu und Buffalo Springs National Reserves	208

Rift Valley

Einleitung	216
Nakuru	218
Lake Nakuru National Park	223
Lake Bogoria National Reserve	227

Kenia im Überblick

- **Geschichte:** Von 1895 bis 1920 britisches Protektorat („Britisch-Ostafrika"), dann Kronkolonie. Unabhängigkeit am 12. Dezember 1963, Republik am 12. Dezember 1964.
- **Staatsfläche:** 582.646 km² (zum Vgl.: Deutschland 357.046 km²), davon 13.400 km² Gewässer.
- **Amtliche Sprachen:** Nationalsprache ist Kisuaheli, die wichtigste Geschäftsprache Englisch.
- **Währung:** 1 Kenya Shilling (Ksh) = 100 Cents; 1 Euro = 108 KsH, 1 US-Dollar (US$) = 85 KsH, 1 SFr = 83 KsH (Herbst 2010).
- **Hauptstadt:** Nairobi (4 Millionen Einwohner).
- **Provinzen:** Nyanza, Western, Central, Coast, North Eastern, Eastern und Rift Valley sowie die Hauptstadt Nairobi als sogenannte Area.
- **Staatsform:** Präsidialrepublik. Der Präsident wird für fünf Jahre gewählt und darf höchstens über zwei Amtsperioden regieren. Er ist Oberbefehlshaber der Streitkräfte. Nach dem Wahldebakel von 2007 wurde das Amt des Premierministers eingeführt, das mit der Umsetzung der neuen Verfassung von 2010 jedoch nach den nächsten Wahlen wieder abgeschafft wird.
- **Staatsoberhaupt:** Präsident ist *Mwai Kibaki,* NARC (seit 2002), Vizepräsident ist *Kalonzo Musyoka,* Premierminister *Raila Odinga.*
- **Parlament/Parteien:** Das kenianische Parlament wird alle fünf Jahre neu gewählt. Die letzten Wahlen Ende 2007 ergaben folgende Sitzverteilung: ODM (Orange Democratic Movement) 99, PNU (Party of National Union) 46, ODM-K 16, KANU (Kenya African National Union) 14, andere Parteien 35, Ex-officio Members 2.
- **Politik:** Kenia verfolgt eine Politik der regulierten Marktwirtschaft und ist Mitglied der UNO und ihrer Sonderorganisationen, der Weltbank, des Internationalen Währungsfonds (IWF), der Welthandelsorganisation (GATT/WTO), des Commonwealth, der Organisation für afrikanische Einheit (OAU) sowie der COMESA/PTA. Eine enge wirtschaftliche und politische Zusammenarbeit wird mit den Nachbarländern Uganda und Tansania sowie Burundi und Ruanda im Rahmen der Ostafrikanischen Gemeinschaft vorangetrieben.
- **Wirtschaft:** Das Bruttoinlandsprodukt lag 2008 bei 57,65 Mrd. US$. Die wichtigsten Exportprodukte sind Kaffee, Tee, Pyrethrum, Sisal, Schnittblumen und Gemüse. Die stärksten Binnensektoren sind Tourismus, Industrie und Dienstleistungen. Die Arbeitslosenquote beträgt rund 40%. Die Inflationsrate lag 2009 bei knapp 10%, das Wirtschaftswachstum im Jahr 2009 bei knapp 3%.
- **Bevölkerung:** Rund 39 Millionen (2010) Menschen bei durchschnittlich 66,9 Einwohnern pro km². Die jährliche Zuwachsrate liegt bei 2,69% (Geburtenrate: 3,6%, Sterberate: 0,9%, Lebenserwartung: ca. 58 Jahre). Die Alphabetisierungsrate beträgt 85,1%. Ärzte pro 100.000 Einwohner: 10. Einschulungsrate in der Grundschule: 76%.
- **Religionen:** 78% Christen, 10% Muslime, 10% traditionelle Glaubensformen, 2% andere (meist asiatische, z.B. Hinduismus).

INHALT

Lake Baringo	229	Kakamega	
Lake Elmenteita	230	Forest Reserve	263
Naivasha	231	Eldoret	267
Lake Naivasha	232	Kitale	268
Hell's Gate		Mt. Elgon National Park	270
National Park	237	Saiwa Swamp	
Mt. Longonot		National Park	273
National Park	239		

Westkenia

Einleitung	244
Masai Mara	
National Reserve	245
Kericho	250
Lake Victoria	252
Kisumu	257
Kakamega	262

Anhang

Sprachhilfe Kisuaheli	276
Glossar	280
Literatur und Filme	282
Reise-Gesundheits-	
informationen	286
Register	292
Danksagung	299
Der Autor	300

Exkurse, Karten

Exkurse zwischendurch

- Hilfe aus dem Himmel –
  die Fliegenden Ärzte von Ostafrika ... 22
- Kipchoge Keino – das laufende Wunder ... 36
- Kisuaheli – die Sprache
  der sieben Quellen und zwei Schriften ... 38
- Das Volk der Masai ... 46
- Von Riesen und Greisen –
  die merkwürdige Vegetation ostafrikanischer Berge ... 67
- Mangroven – der Meereswald ... 108
- Der Cashewnuss-Baum ... 121
- Pyrethrum – das harmlose Gift ... 219

Kartenverzeichnis

- **Landesübersicht Kenia ... Umschlagklappe vorn**
- **Kenias Küste ... Umschlagklappe hinten**
- **Nairobi Großraum ... Umschlagklappe hinten**
- Entfernungstabelle ... 31

- Amboseli National Park ... 144
- Buffalo Springs National Reserve,
  Samburu National Reserve ... 210
- Diani Beach ... 103
- Kisumu/Innenstadt ... 258
- Lake Nakuru National Park ... 225
- Lamu Town ... 134
- Malindi ... 127
- Masai Mara National Reserve ... 246
- Mombasa City ... 80
- Mombasa Island ... 78
- Mombasa Nordküste ... 90
- Mt. Kenya Region ... 184
- Nairobi Zentrum ... 164
- Nairobi National Park ... 177
- Nakuru ... 220
- Tsavo East, Tsavo West, Chyulu Range, Taita Hills ... 152

Typisches Swahili-Dorf in einem Kokospalmenhain
in der Nähe von Rabai

Reise-ABC

Reise-ABC

An- und Einreise

Flüge

Von Deutschland **und der Schweiz** fliegen verschiedene Charter-Airlines an die Küste **nach Mombasa,** u.a. Air Berlin, Condor und **Edelweiss Air**. Wer **nach Nairobi** reist, muss **bei Flügen mit British Airways,** Swiss, KLM, **Brussels** Airlines, **Emirates, Egypt Air, Ethiopian Airlines,** Turkish Airlines oder Qatar Airways im **Heimatland der jeweiligen Fluggesellschaft umsteigen.** Tickets sind bei früher Buchung **ab 500 Euro** zu haben. **Ein zuverlässiges Reisebüro für die individuelle Buchung von Flügen** ist zum Beispiel Jet-Travel (Buchholzstr. 35, 53127 Bonn, Tel. 0228/284 315, www.jet-travel.de).

Visum

Wenn der **Reisepass noch mindestens sechs Monate Gültigkeit** besitzt, wird ein Visum für drei Monate problemlos **bei der Einreise am Flughafen** ausgestellt. Bei Besuchen in Tansania und Uganda bleibt das Visum für die Wiedereinreise nach Kenia gültig.

Bild auf den Seiten zuvor:
Auf Kameltour mit Samburu-Kriegern

AUSRÜSTUNG, BOTSCHAFTEN/KONSULATE

Hinweis	**Da sich die Einreisebedingungen kurzfristig ändern können,** raten wir, sich kurz vor der Abreise beim Auswärtigen Amt (www.auswaertiges-amt.de bzw. www.bmaa.gv.at oder www.dfae.sdmin.ch) oder der jeweiligen Botschaft zu informieren.

Ausrüstung

Kleidung	Wer ins kenianische **Hochland** reist, ist gut beraten, auch warme Kleidung einzupacken. An der tropischen **Küste** sind lange, leichte Baumwollkleider gegen Sonne und Moskitos ausreichend. Neben Sandalen ist festes Schuhwerk für Wanderungen und Safaris ein Muss.
Sonnenschutz	Die Sonne am Äquator – ob im Tief- oder Hochland – hat eine unglaubliche Intensität. **Sonnenhut, Sonnencreme** mit hohem Lichtschutzfaktor und **Sonnenbrille** gehören daher auf jeden Fall ins Gepäck.
Bauchgurt	Ein Bauchgurt, den man unter der Kleidung trägt, schützt **Reisekasse** und **wichtige Papiere** zuverlässig. Begehrlichkeiten von Fremden können Sie vorbeugen, wenn Sie teuren Schmuck und Uhren gar nicht erst mit in den Urlaub nehmen.

Botschaften/Konsulate

In Nairobi	● **Deutschland:** Ludwig Krapf House, Riverside Drive 113; Tel. 020/426 21 00, die Nummer für dringende Notfälle wird auf dem Anrufbeantworter angesagt. ● **Österreich:** City House, **2. Stock, Ecke** Wabera Street/Standard Street; Tel. 020/31 90 7-6 bis -8. ● **Schweiz:** International House, 7. **Stock,** Mama Ngina Street; Tel. 020/228 735.

Start einer Air-Kenya-Maschine auf dem Flughafen von Lamu

DROGEN, FOTOGRAFIEREN

In Mombasa
- **Deutschland:** Bank of India Building, 2. Stock, Nkrumah Road; Tel. 041/222 87 81 und 314 732.
- **Österreich:** Ralli House, 3. Stock, Nyerere Avenue; Tel. 041/231 33 86.
- **Schweiz:** c/o Orion Hotels Limited, Bamburi; Tel. 0727/695 452.

In Europa
- **Deutschland:** Botschaft der Republik Kenia, Markgrafenstraße 63, 10969 Berlin; Tel. 030/259 26 60.
- **Österreich:** Botschaft der Republik Kenia, Neulinggasse 29/8, 1030 Wien; Tel. 01/712 39-19 oder -20.
- **Schweiz:** Generalkonsulat der Republik Kenia, Avenue de la Paix 1–3, 1202 Genf; Tel. 022/906 40 50.

Drogen

Harte Strafen

Besitz und Konsum von Drogen – gleich ob Marihuana oder Härteres – sind in Kenia die Freikarte für „Holidays in Hell" mit **langem Aufenthalt im Gefängnis!** Außer der Vermittlung eines Rechtsbeistands kann die deutsche Botschaft nichts für einen tun. Wer in Versuchung gerät, sei gewarnt, dass Dealer häufig mit der Polizei zusammenarbeiten. Sich freizukaufen wird im harmlosesten Fall zumindest sehr teuer.

Fotografieren

Technisches

Digitalkameras sind in Nairobi und Mombasa erhältlich, günstiger und bessere Qualität kauft man aber zu Hause. In vielen Internet-Cafés kann man seine Bilder auf CD oder DVD brennen. In Nairobi liefert Colorama in der Standard Street (Tel. 020/222 80 09 und 557 782) hochwertige Abzüge von digitalen Daten.

Menschen

Es ist ein schwerer Fauxpax, der auch zu Handgreiflichkeiten, zumindest aber zu Geldforderungen führen kann, wenn man Menschen fotografiert oder filmt, ohne **um Erlaubnis** zu **fragen.**

Geld

Währung Der **Shilling (Ksh),** die kenianische Währung – umgangssprachlich auch „Bob" genannt – kursiert in Banknoten zu 50, 100, 200, 500 und 1000 Shilling; Münzen gibt es in den Werten 50 Cents, 1, 5, 10 und 20 Shilling. 100 Cents entsprechen 1 Ksh.

●**Wechselkurs** (Herbst 2010): 1 Euro = 108 Ksh, 1000 Ksh = 8,69 Euro; 1 US-Dollar (US$) = 85 Ksh, 1000 Ksh = 11,90 US$; 1 SFr = 83 Ksh, 1000 Ksh = 11,60 SFr.

US-Dollar Die **gängige Währung im Tourismusgewerbe** ist der US-Dollar (US$). Daher werden in diesem Buch Preise für Unterkünfte etc. in Dollar angegeben. Im Herbst 2010 entsprach 1 Euro 1,30 US$.

Geldwechsel und -karten Banken, Wechselstuben und größere Hotels tauschen **Dollars** und **Euros** problemlos, wobei man für 50er und 100er Scheine beider Währungen deutlich bessere Kurse erhält. Ein Schwarzmarkt existiert in Kenia nicht. Geldwechsler, die auf der Straße traumhafte Deals versprechen, führen sicherlich nichts Gutes im Schilde. In allen größeren Städten kann man mit einer **VISA Card** auch an **Bankautomaten** („ATM") Geld abheben, die MasterCard wird von vielen Automaten nicht akzeptiert. **EC-/Maestro-Karten** sind in Kenia kein sehr gängiges Zahlungsmittel; ihre Mitnahme macht keinen Sinn. **Reiseschecks** werden nicht von allen Banken und Wechselstuben – und zum Teil mit erheblichen Gebühren und bürokratischem Aufwand – eingetauscht. Mit einer **Deutsche Bank Card** kann man bei allen Barclays-Bank-Filialen zu günstigen Konditionen zum Mittelkurs abheben. Die renommierten Hotels und Restaurants, aber auch Tour Operator und Fluglinien akzeptieren die gängigsten **Kreditkarten.**

Verlust Wer seine **Kreditkarte** sperren lassen muss, kann die folgenden Notfallnummern nutzen: für deutsche Karten Tel. 116 116 oder vom Ausland aus 0049/30/405 040 50. Für österreichische und schweizerische Karten gelten:

- **MasterCard** und **VISA,** (A)-Tel. 0043/1/717 014 500); (CH)-Tel. 0041/58/958 83 83 für alle Banken außer Credit Suisse, Corner Bank Lugano und UBS.

Nur wenn man den Kaufbeleg mit den Seriennummern der **Reiseschecks** sowie den Polizeibericht vorlegen kann, wird der Geldbetrag von einer größeren Bank vor Ort binnen 24 Stunden zurückerstattet. Also muss der Verlust oder Diebstahl umgehend bei der örtlichen Polizei und auch bei American Express bzw. Travelex/Thomas Cook gemeldet werden. Die Rufnummer für Ihr Reiseland steht auf der Notrufkarte, die Sie mit den Reiseschecks bekommen haben.

Geschäfts-/Öffnungszeiten

Uneinheitlich

Die meisten **Geschäfte** öffnen um 9 Uhr und schließen vor Einbruch der Dunkelheit, sonntags bleiben sie meist geschlossen. Ausnahmen sind die großen Supermärkte, die täglich bis 20 Uhr geöffnet haben.

Banken: Mo bis Fr 9–15 und Sa 9–11 Uhr.

Postämter: Mo bis Fr 8–17 und Sa 8–14 Uhr.

Behörden: meist Mo bis Fr 9–16 Uhr, aber in den Morgenstunden erreicht man erfahrungsgemäß am meisten.

National Parks und **Reserves** sind täglich von 6 oder 6.30–18 Uhr für einfahrende Fahrzeuge geöffnet, verlassen muss man die Gebiete bis spätestens 19 Uhr.

Not macht erfinderisch – repariertes Waschbecken am Turkana-See

Gesundheit

Impfungen, Malaria
Die drei Standardimpfungen **Tetanus, Diphtherie** und **Polio** sind auch für Ostafrika extrem wichtig und sollten, falls nötig, aufgefrischt werden. **Malaria-Prophylaxe** ist in Kenia ebenfalls ein Muss. Weiterhin empfehlenswert ist ein Impfschutz gegen **Gelbfieber** sowie **Hepatitis A** und **B.**

Informationen
Aktuelle Infos erhält man bei **Gesundheitsämtern** und **Tropeninstituten,** aber auch im Web, z.B. unter **www.crm.de** (siehe auch **im Anhang**).

Durchfall
Die meisten Erkrankungen unterwegs betreffen den Verdauungstrakt. Wer die alte Reiseregel beherzigt, **nur Schälbares und Gekochtes** zu **essen,** und **Mineralwasser aus versiegelten Flaschen** trinkt, das überall in Kenia erhältlich ist, kann Reisedurchfälle gut vermeiden.

Hilfe aus dem Himmel –
die Fliegenden Ärzte von Ostafrika

Durch die Cockpitscheiben ist bereits das staubige Flugfeld zu sehen. Moment mal – eine Elefantenherde blockiert die Landebahn! Captain *Tallot* drückt die Cessna tiefer. In einigen Metern Höhe schießt das Flugzeug über die Dickhäuter hinweg. Die Tiere räumen das Feld. Nach einer Platzrunde vor dem Panorama der Savannenlandschaft Nordkenias setzt der erfahrene Pilot die Propellermaschine unbeschadet auf.

In einem der Safari-Busse am Ende der Piste liegt ein verletzter Mann. *Bettina Vadera*, die deutsche Chefärztin der Fliegenden Ärzte **(Flying Doctors)**, beginnt sofort mit der Untersuchung des verletzten britischen Touristen: Verdacht auf Schädelbasisbruch! Nach der Erstversorgung schiebt die Besatzung die Bahre ins Flugzeug. Noch während die Maschine zum Start rollt, erhält der Patient Sauerstoffmaske, Infusion und wird an den Herzmonitor angeschlossen.

Nach der Landung in der Millionenstadt Nairobi wird der Verletzte vom Hangar der Fliegenden Ärzte mit dem Krankenwagen in die modernste Klinik Ostafrikas gebracht. Dank der schnellen Rettungsaktion der Fliegenden Ärzte – im Regelfall vergehen nur 20 Minuten vom Notruf bis zum Start – überlebt der englische Patient.

Die Fliegenden Ärzte von Ostafrika unterhalten ein **internationales Luftrettungssystem auf höchstem Niveau.** Mit fünf Flugzeugen fliegen die medizinischen Besatzungen rund 600 Rettungsmissionen pro Jahr – in erster Linie für Einheimische, aber auch für Touristen und vor Ort lebende Ausländer. Einige Patienten werden sogar nach Südafrika, Europa, Asien und in die USA ausgeflogen.

Drei Chirurgen mit Pilotenlizenz riefen die Fliegenden Ärzte vor 50 Jahren ins Leben, um auch in die abgelegenen Krankenhäuser Ostafrikas eine bessere medizinische Versorgung zu bringen. Das **„Outreach-Programm"** war geboren: Heute steuert die Organisation mit eigenen und freiwilligen Fachärzten regelmäßig 108 ländliche Krankenhäuser in ganz Ostafrika an.

Die Fliegenden Ärzte besitzen sechs Flugzeuge, mit denen sie Noteinsätze fliegen

Hilfe aus dem Himmel

Im Verlauf jeder dieser viertägigen Krankenhausbesuche operieren die Chirurgen bis zu 100 Patienten und untersuchen mehrere hundert Kranke. Insgesamt werden im Rahmen des Outreach-Programms Jahr für Jahr 17.000 Patienten behandelt und über 5500 Operationen durchgeführt. Zudem werden jedes Jahr über 1000 örtliche Ärzte und fast 4000 Krankenschwestern fortgebildet sowie dringend benötigte Medikamente und Ausrüstung geliefert.

Die Luftrettung ebenso wie das Outreach-Programm operieren unter dem Schirm der **African Medical and Research Foundation (AMREF).** Die Nichtregierungsorganisation (NGO) ist unabhängig und gemeinnützig. 2005 wurde ihre beispiellose Arbeit mit dem Global Health Award der Gates Foundation geehrt.

Den Fliegenden Ärzten beizutreten, garantiert Reisenden bei einem Besuch in Ostafrika im medizinischen Notfall einen kostenfreien Rettungsflug in eine der Kliniken Nairobis. Zugleich verhilft man durch seinen Beitrag vielen Armen in Ostafrika zu einer medizinischen Spezialbehandlung.

●**Informationen und Mitgliedschaften unter:**
www.amref.org; www.amrefgermany.de

Informationen

Krankenversicherung — Auf alle Fälle sollte man eine **private** Auslandskrankenversicherung abschließen; die kostet nur einige Euro. Man sollte darauf achten, dass ein **Vollschutz ohne Summenbeschränkung** besteht und dass im Falle einer schweren Krankheit oder eines Unfalls auch der **Rücktransport** übernommen wird. Darüber hinaus sollte im Krankheitsfall der **Versicherungsschutz über die vorher festgelegte Zeit hinaus** automatisch verlängert werden, wenn die Rückreise nicht möglich ist.

Informationen

Reiseinfos
- **Kenya Tourist Board,** c/o Travel Marketing Romberg TMR GmbH, Schwarzbachstraße 62, 40822 Mettmann; Tel. 02104/832 919; kenia@travelmarketing.de.

Im Internet
- **www.kws.org**
  Seite der kenianischen Naturschutz- und Nationalparkbehörde, dem Kenya Wildlife Service.
- **www.magical-kenya.de**
  Offizielle Informationsseite von Kenia.
- **www.nation.co**
  Webseite von Kenias wichtigster Tageszeitung.
- **www.wetteronline.de/Kenia**
  Aktuelle Wetterlage in Kenia.
- **www.visit-kenya.com**
  Portal mit vielen Hintergrundinfos zu Kenia.

Reisehinweise — Aktuelle Reisehinweise auch zu allen **Transitländern** neben Hinweisen zur allgemeinen **Sicherheitslage** erteilen:

- **Deutschland:** www.auswaertiges-amt.de, www.diplo.de/sicherreisen (Länder- und Reiseinformationen), Tel. 030/5000-0, Fax 5000-3402.
- **Österreich:** www.bmaa.gv.at (Bürgerservice), Tel. 05/01150-4411, Fax 05-01159-0.
- **Schweiz:** www.eda.admin.ch (Reisehinweise), Tel. 031/323 84 84.

Karten

Sehr gut ist die im Rahmen des world mapping project (REISE KNOW-HOW Verlag) erschienene Kenia-Karte im Maßstab 1:950.000, aber auch vom Nelles Verlag gibt es eine empfehlenswerte Karte.

Knigge

Auf dem Land, an der Küste
Im ländlichen Raum und an der kenianischen (muslimisch geprägten) Küste dominieren noch **traditionelle Wertevorstellungen,** die stark von europäischen Verhaltensweisen abweichen.

Begrüßung
Begrüßungen spielen zur **Pflege sozialer Kontakte** und für den **Ausdruck von Respekt** eine große Rolle. Ihnen wird immer Zeit gewidmet, selbst wenn man nur nach dem Weg fragen möchte.

Keine Hektik
„Pole pole", was auf Kisuaheli so viel wie „Immer mit der Ruhe" bedeutet, wird man öfter zu hören bekommen, denn es gilt als unhöflich, direkt mit der Tür ins Haus zu fallen, deshalb wirkt vieles in Kenia in den Augen eines ungeduldigen Europäers langsam und uneffektiv.

Konfliktlösung
Konflikte versucht man **im Konsens** zu lösen, sodass alle Beteiligten ihr Gesicht wahren können. Dementsprechend wird es als ein kolossaler Affront empfunden, andere Leute in der Öffentlichkeit zu blamieren. Daran sollten Sie denken, wenn Ihnen in einer bestimmten Situation die Hutschnur platzt. Sonst erreichen Sie eventuell das Gegenteil von dem, was Sie beabsichtigten. Der Beschuldigte (und Beleidigte) wird sich möglicherweise auf etwas versteifen, um keinen Fehler einräumen zu müssen. Wer Unstimmigkeiten und Probleme diskret löst, fährt im Allgemeinen besser.

KNIGGE

Ältere Menschen — Älteren Menschen wird **großer Respekt** gezollt, sie werden um Rat gefragt und immer als erstes begrüßt.

Gepflegtes Äußeres — Sein Ansehen kann man schnell mit unangemessener Kleidung verspielen. Afrikaner legen sehr großen Wert auf ein gepflegtes Äußeres. Da Europäer als wohlhabend betrachtet werden, hat man kein Verständnis für „Muzungu" (Kisuaheli für „Weiße"), die in abgerissener oder zu knapper Kleidung herumlaufen. Das gilt ganz besonders für den muslimischen Küstenstreifen.

Baden — **Oben ohne** oder gar **Nacktbaden** und der Austausch von Zärtlichkeiten in der Öffentlichkeit sind **tabu.**

Staatssymbole — In ernste Schwierigkeiten können Sie geraten, wenn Sie Insignien des kenianischen Staates ohne den gebührenden **Respekt** behandeln, beispielsweise Geldscheine, die Nationalflagge oder das Bildnis des Präsidenten verbrennen, zerreißen oder beschmutzen.

Kommunikation

Post, Telefon, Mails

Postkarten und Briefe kosten von Kenia nach Mitteleuropa mit Air Mail nur 33 Ksh.

In allen größeren Orten Kenias gibt es **Internet-Cafés**. Normalerweise zahlt man pro Minute Surfen 1 Ksh. In einigen Internet-Cafés kann man auch über das Web nach Hause **telefonieren,** was um ein Vielfaches billiger ist, als entsprechende Dienste von Hotels, dem Fernmeldeamt oder mit dem deutschen Handy.

Handy

Für Anrufe nach Hause und in Kenia kann man sich für sein Handy eine **kenianische SIM-Karte** kaufen, die nur 200 Ksh kostet (allerdings geht das nur, wenn das Handy Sim-lock-frei ist, also keine Sperrung anderer Provider vorgesehen ist). Es gibt zwei große Anbieter: Safaricom und Celltell. Prepaid-Guthaben gibt es überall für 250, 500 oder 1000 Ksh. Ein Anruf mit der kenianischen SIM-Karte zum Beispiel nach Deutschland kostet zwischen 150 und 200 Ksh pro Minute.

Buchtipp:

Vorsicht ist geboten, wenn man sein Handy mit der SIM seines beispielsweise deutschen Providers verwendet, denn durch das internationale Roaming kommt es auch zu **passiven Kosten,** wenn man von zu Hause angerufen wird (Mailbox abstellen!). Der Anrufer zahlt nur die Gebühr ins heimische Mobilnetz, die teure Rufweiterleitung ins Ausland zahlt der Empfänger. Wesentlich preiswerter ist es, sich von vornherein auf SMS zu beschränken, der Empfang ist dabei in der Regel kostenfrei.

Vorwahlen

Folgende Vorwahlnummern gelten für Mitteleuropa, die Ortsvorwahl wird einfach ohne Null drangehängt: **Deutschland:** 0049; **Schweiz:** 0041; **Österreich:** 0043; für Anrufe von Deutschland nach **Kenia** wählt man 00254 vor.

Naturschutz

Über 60 Naturschutzgebiete

Über 60 National Parks und Reserves mit rund **50.000 km² Fläche,** also fast zehn Prozent der Landesfläche, stehen in Kenia unter Naturschutz. Während die **National Parks** von der staatlichen Naturschutzbehörde verwaltet werden, unterstehen die **National Reserves** den lokalen Distrikten, die auch die Eintrittsgebühren kassieren. Korallengärten, Mangrovenwälder und Sandstrände, Dornenbusch und Savannen, Flussläufe und Seen, Wüsten und Urwälder, Vulkane und schneegekrönte Gipfel – die Verschiedenartigkeit der geschützten Ökosysteme ist rekordverdächtig. Auch die Eintrittspreise variieren beträchtlich. Sie sind im Rahmen der jeweiligen Beschreibungen vermerkt.

Beachtung von Regeln

Damit das natürliche Erbe erhalten bleibt, sind einige wichtige Regeln zu befolgen (siehe Infokasten auf der rechten Seite). Wer sie missachtet, hat mit empfindlichen Strafen durch die **Naturschutzbehörde** des Landes, den **Kenya Wildlife Service (KWS),** zu rechnen.

Reisen im Land

Mit dem Leihauto

Wer das Land mit einem Mietfahrzeug bereisen möchte, sollte sich unbedingt für ein **Allradfahrzeug** entscheiden. Mietwagen sind an der Küste und Nairobi bei lokalen und internationalen Firmen zu mieten. Denken Sie daran, sich in Deutschland einen **internationalen Führerschein** ausstellen zu lassen. Vor der Losfahrt sollte man sich auf jeden Fall davon überzeugen, dass der **Wagen technisch okay** ist, über zwei Ersatzreifen und Werkzeug verfügt. Eventuell vorhandene **Schäden** (z.B. an Scheiben) sollte man unbedingt **im Mietvertrag festschreiben.**

Do & Don't – vom Tun und Lassen in Naturschutzgebieten

- In allen National Parks und National Reserves gilt ein **Tempolimit von 40 km/h; Tiere haben immer Vorfahrt!**
- Nachtfahrten zwischen 19.15 und 6 Uhr morgens sind untersagt.
- **Es ist verboten, Tiere zu stören oder zu belästigen.** Man muss mindestens 15 Meter Abstand einhalten.
- **Fahren abseits der Pisten ist verboten.** Wagenspuren zerstören die Vegetation und öffnen Erosion Tür und Tor.
- Krokodile, Büffel, Elefanten, Nilpferde, Nashörner, Löwen, Leoparden, Hyänen, ja sogar Strauße und Giraffen können Menschen in Sekundenbruchteilen schwer verletzen oder gar töten. Zur eigenen Sicherheit: **Verlassen Sie den Wagen nur, wo Schilder Ihnen dies ausdrücklich erlauben!**
- **Nehmen Sie ihren Müll wieder mit,** Tiere können sich an Scherben und Blechdosen verletzen. Wegen der Gefahr verheerender Buschfeuer: **Werfen Sie keine Zigarettenstummel weg,** und machen Sie **Feuer nur an ausdrücklich dafür ausgewiesenen Plätzen!**
- Campen ist nur an ausgewiesenen Plätzen erlaubt.
- Haustiere sind in den Schutzgebieten verboten.
- Es ist strengstens untersagt, Pflanzen, Tiere und Knochen aus den Parks mitzunehmen.

REISEN IM LAND

Verkehrs-regeln	In Kenia herrscht **Linksverkehr!** Ansonsten gibt es nur wenige abweichende Regeln. Schlaglöcher und Speedbreaker vor Schulen und Ortseingängen sowie der chaotische Verkehr erfordern Konzentration. Nachtfahrten sollte man aus Sicherheitsgründen (Tiere auf der Fahrbahn, unbeleuchtete Fahrzeuge etc.) unbedingt vermeiden.
Mit Bus und Matatu	In der dichter besiedelten **Südhälfte Kenias** bestehen **zwischen allen größeren Orten** hervorragende Verbindungen mit Bussen und Sammeltaxis (Matatus). Neue Sicherheitsstandards und Tempobegrenzungen haben die **günstigste Reiseart** deutlich sicherer und komfortabler werden lassen.
Mit dem Flugzeug	Die beiden renommiertesten Airlines des Landes – **Kenya Airways** (www.kenya-airways.com) und **Air Kenya** (www.airkenya.com), aber auch Safarilink (www.flysafarilink.com) und die Billigairline Fly540.com – verbinden die Haupttouristengebiete und größten Städte. Zudem gibt es **viele kleine Chartergesellschaften.** Landschaftlich ist ein Flug über Ostafrika unvergesslich.
Mit der Bahn	**Rift Valley Railways** (RVR), die private Nachfolgerin der Staatsbahn Kenya Railways, bedient **nur wenige Strecken.** Eine Reise 1. Klasse im Nachtzug von Mombasa nach Nairobi oder von dort nach Kisumu ist eine angenehme und preiswerte Alternative zum Bus mit einigem Kolonialflair. Auf eine wirkliche Verbesserung von Service und Verbindungen warten die Passagiere aber auch nach der Privatisierung vergeblich.
Taxis	Kenianische Taxis besitzen kein Taxameter, daher müssen Sie immer **vor Fahrtantritt den Preis verhandeln,** wenn Sie Diskussionen und überhöhte Preise vermeiden wollen. Einheimische nennen Ihnen gerne den angemessenen Preis für die jeweilige Strecke. In Westkenia sind **Boda Bodas,** günstige **Fahrrad- und Motorradtaxis** sehr populär.

Entfernungstabelle

Entfernungen in km, berechnet über die kürzeste Verbindung auf Hauptstraßen

Eldoret																												
451	Embu																											
692	330	Garissa																										
460	194	373	Isiolo																									
105	541	782	550	Kakamega																								
164	405	646	414	136	Kericho																							
262	503	744	512	174	98	Kisii																						
158	488	729	497	53	83	121	Kisumu																					
69	520	761	529	142	233	316	195	Kitale																				
1138	965	349	1111	1228	1092	1190	1175	1207	Lamu																			
424	875	1116	884	497	588	671	550	355	1562	Lodwar																		
649	609	939	425	739	603	701	686	718	1395	1073	Loiyangalani																	
337	204	445	350	467	331	429	414	446	799	801	634	Machakos																
916	743	349	889	1006	870	968	953	985	222	1340	1173	517	Malindi															
424	384	714	200	514	378	476	461	493	1170	848	225	409	948	Maralal														
737	471	650	277	827	691	789	774	806	1388	1161	276	627	1166	477	Marsabit													
465	137	467	57	555	419	517	502	534	1116	889	482	355	894	334	257	Meru												
797	624	468	770	887	751	849	834	866	341	1221	1054	458	119	829	1047	775	Mombasa											
548	375	616	521	638	502	600	585	617	590	972	805	209	368	580	798	526	249	Mtito Andei										
399	52	383	198	489	353	451	436	468	913	823	581	152	691	356	475	203	572	323	Murang'a									
312	139	380	285	402	266	364	349	381	826	736	569	65	604	344	562	290	485	236	87	Nairobi								
223	228	469	291	273	137	235	220	292	915	647	480	154	693	255	568	296	574	325	176	89	Naivasha							
156	295	536	304	246	110	208	193	225	982	580	493	221	760	268	581	309	641	392	243	156	67	Nakuru						
477	304	545	450	567	431	529	514	546	937	901	734	176	715	509	727	455	596	347	252	165	254	321	Namanga					
375	141	471	85	465	329	427	412	444	1026	799	468	265	804	243	362	90	685	436	113	200	206	219	365	Nanyuki				
278	238	568	182	368	232	330	315	347	1024	702	371	263	802	146	459	187	683	434	210	198	109	122	363	97	Nyahururu			
432	96	426	142	522	386	484	469	501	856	525	220	759	300	419	147	640	391	68	155	244	276	320	57	154	Nyeri			
354	97	338	243	444	308	406	391	423	868	778	611	107	646	386	520	248	527	278	45	42	131	198	207	240	113	Thika		
646	473	619	736	600	698	683	715	492	1070	903	307	270	678	896	151	98	421	334	423	490	445	534	532	489	376	Voi		

Reise-ABC

Reisezeit

Sommer von Nov. bis März

Der allgemeine Temperaturverlauf am Äquator ist dem in Europa entgegengesetzt: April bis September sind die kühleren Monate, von November bis März herrschen die höchsten Temperaturen. Die vielfältigen Landschaften Kenias bringen es mit sich, dass die optimalen Reisezeiten in den einzelnen Landesteilen variieren.

Küste

An der Küste herrschen **das ganze Jahr über warme Temperaturen,** aber April und Mai sind wegen des Südost-Monsuns eher grau und ungemütlich. Zwischen Mai und August ist wegen der aufgewühlten See und schlechter Sicht Tauchen kaum lohnenswert.

Hochland, Bergregionen

Im zentralen Hochland und den Bergregionen des Westens ist es im europäischen Sommer oft bedeckt und kühl, dann können die Temperaturen nachts bis auf 10 Grad sinken, in Höhenlagen gibt es sogar Minusgrade. Die trockenen Monate **Januar und Februar** eignen sich für Bergbesteigungen am besten, weil sich dann die Berge oft unverhüllt zeigen.

Tierbeobachtungen

Die besten Monate für Tierbeobachtungen sind die Trockenzeiten von **Januar bis März** und von **Juli bis September,** wenn sich das Wild in der Nähe der dauerhaften Wasserquellen aufhält und das Gras nicht so hoch ist.

Wellblechhütten im Mathare Valley Slum in Nairobi

Restaurants, Sicherheit/Kriminalität

Restaurants

„Hoteli"
Günstiges Essen findet man in Kenia in den vielen „Hoteli" – das sind nicht etwa Unterkünfte, sondern das ist die **einheimische Bezeichnung für Restaurants.**

Die in diesem Reiseführer beschriebenen Restaurants zeichnen sich durch eine außergewöhnlich gute Küche aus, sei sie eher einheimisch oder europäisch geprägt.

Trinkgeld
In einfachen afrikanischen Restaurants rechnet man kaum mit Trinkgeld, ansonsten sind **5–10% des Rechnungsbetrages** angemessen.

Sicherheit/Kriminalität

Besserung in den letzten Jahren
Zwischenzeitlich besaß Kenia in Sicherheitsfragen nicht immer den besten Ruf, die Wahlunruhen von 2008 haben Urlauber zusätzlich verunsichert, doch tatsächlich ist die Sicherheitslage im ganzen Land wie auch in der Hauptstadt Nairobi im Großen und Ganzen gut. Dennoch ist im Gedränge der großen Städte **Vorsicht vor Taschendieben** angesagt. Und gerade in Nairobi sollte man bei

Dunkelheit einem Taxi gegenüber langen Fußmärschen den Vorzug geben. **Von nächtlichen Strandspaziergängen** auf eigene Faust **ist abzuraten.** Wegen der Gefahr eines Taschendiebstahls sollte man beim Lesen am Strand oder Baden im Meer prinzipiell keinerlei Gegenstände am Strand liegen lassen, gleich ob Brille, Handy oder Geldbörse. Nicht gefährlich, aber manchmal extrem lästig sind die vielen **„Beach Boys"**, die den Badegästen am Strand alles zu verkaufen suchen: Safaris, Bootsausflüge, Muscheln, Kamelritte, Andenken, eindeutig zweideutige Dienstleistungen u.v.m. – dabei will man doch nur seine Ruhe! Nachdem Hotels und Gäste dagegen Front machten, wurde eine spezielle Tourismuspolizei ins Leben gerufen, die in Diani auf Straßen und am Strand patrouilliert.

Wie überall auf der Welt gibt es sichere und kritischere Gegenden. Im Zweifel kann einem das Hotelpersonal mit Insiderinfos weiterhelfen.

Souvenirs

Curios

Andenken heißen in ganz Ostafrika nicht etwa Souvenirs, sondern „Curios", was auf Englisch so viel wie „Rarität" oder „Kuriosität" bedeutet; Andenkenläden sind demzufolge **„Curio Shops"**.

Kunsthandwerk

In Kenia gibt es fantastisches Kunsthandwerk, das oftmals von sozialen Einrichtungen oder Frauengruppen hergestellt wird und mit dessen Kauf Sie eine **gute Sache unterstützen.** An den Eingangstoren vieler Naturparks verkaufen Frauen und Kinder schönen Schmuck, Holzschnitzereien etc.

Feilschen gehört dazu

Auch wenn man weiß, dass der Verkauf den Leuten dabei hilft, Schulgebühren oder Arztbesuche zu bezahlen, gehört Feilschen dazu! Denn der **erste Preis,** der genannt wird, fällt eigentlich immer **deutlich zu hoch** aus.

Keine Natur-souvenirs!

Achten Sie darauf, keine **Muscheln, Korallen, Wildtierfelle** oder Ähnliches zu erwerben. Abgesehen davon, dass die Wilderei für Souvenirs in der Natur massive Schäden verursacht, ist der Export streng verboten und kann Ihnen am Flughafen jede Menge Scherereien und saftige Strafen einhandeln.

Sport und Aktivitäten

Vielfältige Möglichkeiten

Die Mehrzahl der Urlauber, die Kenia besuchen, ist sich überhaupt nicht bewusst, dass das Land ein vielfältiges Angebot an Sportarten und außergewöhnlichen Aktivitäten abseits von Safari und **Strand** bietet. So gibt es im Hochland die Möglichkeit, Forellen zu **angeln,** während die Küste zum **Hochseefischen** oder zu **Tauchabenteuern** einlädt. Bis zu 5190 Meter hohe Berge und grandiose Landschaften sind ein wahres **Trekking- und Kletterparadies,** während in einigen Nationalparks sogar **Safaris** mit Fahrrad, per Heißluftballon oder zu Pferde möglich sind, die von verschiedenen Anbietern organisiert werden. Ein britisches Erbe sind die vielen gepflegten **Golfanlagen** in Kenia. Abenteuersportarten wie **Bungee-Jumping** und **Riverrafting** gehören ebenfalls zum Freizeitangebot.

Darüber hinaus bieten einige **gesellschaftliche und sportliche Ereignisse** eine viel versprechende Abwechslung: sei es die legendäre Safari-Rallye, die in einer Oldtimer- und einer modernen Version veranstaltet wird, ein Kamelrennen in der nordkenianischen Stadt Maralal, bei dem man in der Amateur-Kategorie auch selbst teilnehmen kann, die Oldtimer Parade des Ferodo Concours d'Elegance und die Caltex-Flugshow in Nairobi oder aber die vielen Pferderennen, Boxveranstaltungen und natürlich Laufwettbewerbe unter Teilnahme der kenianischen Wunderläufer.

Sprache

Englisch, Kisuaheli

Kenia lässt sich völlig problemlos mit Englischkenntnissen bereisen. Die zweite offizielle Amtssprache ist Kisuaheli. Eine **Sprachhilfe im Anhang** vermittelt Ihnen wichtige Grundkenntnisse. Wer sein Wissen vertiefen möchte, sei auf den hervorragenden Band **„Kisuaheli – Wort für Wort"** der Kauderwelsch-Reihe im REISE KNOW-HOW Verlag verwiesen. Daneben werden in Kenia rund vierzig weitere regionale Sprachen gesprochen.

Kipchoge Keino –
das laufende Wunder

Einer der bekanntesten Söhne Kenias ist der „Wunderläufer" *Hezekiah Kipchoge Keino,* der **1968 in Mexico City über 5000 Meter** für Kenia die zweite **olympische Goldmedaille** überhaupt errang. In München 1972 folgte eine Goldmedaille über 3000 Meter Hindernis und eine Bronzemedaille über 1500 Meter. In den weiteren 13 Jahren seiner Laufbahn begründete er mit zahllosen Siegen den Nimbus von den kenianischen Wunderläufern und war für zahlreiche junge Athleten ein leuchtendes Vorbild. *Kipchoge Keino,* kurz „Kip" genannt, genießt **in Kenia allergrößte Popularität.** Er wurde von *Jomo Kenyatta* für seine Verdienste mit dem höchsten Staatsorden ausgezeichnet, dem „Order of the Burning Spear". Und er ist der einzige Kenianer, der es außer dem quasi-heiligen Präsidenten geschafft hat, einen Geldschein – nämlich die Rückseite der 20-Shilling-Note – zu zieren. In einem Land, das per Gesetz verbietet, den Vorsitzenden eines Vereins „Präsident" zu nennen, eigentlich ein Ding der Unmöglichkeit. All diese Ehrungen sind ihm nie zu Kopf gestiegen. Nachdem *Kip* die Aschebahnen der Welt verlassen hatte, stürzte er sich in eine neue Aufgabe: Seit mehr als 30 Jahren gibt er auf seiner **Kazi Mingi Farm** („Viel Arbeit") über 100 Waisenkindern ein Zuhause und die Chance auf ein besseres Leben. Kein Wunder, dass ihn buchstäblich jedes Kind kennt ...

Strom

Teilweise vom Generator

Viele Dörfer im ländlichen Raum sind noch nicht ans Stromnetz angeschlossen. In Safari Lodges gibt es Strom oft nur zu festgelegten Zeiten vom Generator. Das ist wichtig zu wissen, wenn man sein Handy oder Kamera-Batterien aufladen will. Die Wechselspannung in Kenia beträgt 230 Volt.

Adapter

Nur schmale deutsche Zweipolstecker passen in kenianische Steckdosen – wenn man den dritten Kontakt mit einem Kugelschreiber eindrückt und so entriegelt. Adapter gibt es in Hardware Stores vor Ort.

Kisuaheli –
die Sprache der sieben Quellen und zwei Schriften

Kisuaheli, die Landessprache Kenias, ist – wie der Name bereits verrät – **an der Küste Ostafrikas entstanden:** „Suaheli" leitet sich vom Plural des arabischen Wortes für „Küste", „Sahel", ab; „Ki-" steht für „Sprache". Im Laufe der Jahrhunderte haben sich im Lamu-Archipel, in Mombasa und in Sansibar drei unterschiedliche Dialekte herausgebildet. Grammatikalisch und syntaktisch gesehen ist Kisuaheli eine **Bantu-Sprache. Viele Sprachen haben** in 2000 Jahren an der ostafrikanischen Küste **ihre Spuren hinterlassen:** Neben dem überwiegend afrikanischen Vokabular finden sich viele arabisch-, persisch-, urdu- und englischstämmige Worte. Es existieren sogar einige portugiesische und deutsche Ausdrücke. Die meisten Begriffe für Religion und Staatswesen stammen aus dem Arabischen, technische Begriffe hingegen aus dem Englischen: „Breki" bedeutet etwa Bremse (engl. „brake"), „Dereva" ist der Fahrer (engl. „driver"). Für „Geld" benutzt man im Kisuaheli alle möglichen Wörter: „Hela" geht auf die deutsche Währung Heller zurück, „Pesa" auf den portugiesischen Peso, „Fedha" rührt von dem arabischen Wort für Silber her, und das umgangssprachliche Wort für Shilling, „Bob", ist offensichtlich englisch.

Ursprünglich wurde Kisuaheli mit dem arabischen Alphabet geschrieben, Zeichen der jahrhundertelangen kulturellen, wirtschaftlichen und religiösen Verbindungen in den Orient.

Arabische Seeleute, Elfenbein- und Sklavenhändler verbreiteten Kisuaheli entlang der Karawanenrouten im gesamten ostafrikanischen Raum. Heute ist Kisuaheli mit **rund 100 Millionen Sprechern** die **Lingua Franca** der Länder Kenia, Tansania, Uganda, Burundi, Ruanda, zudem im östlichen Kongo, dem nordöstlichen Sambia, dem nördlichen Malawi und auf den Komoren – einer Region, die größer ist als Mitteleuropa.

Unterkunft

Hotels

Die Hotels, die **in diesem Reiseführer** empfohlen werden, besitzen **mittleren bis hohen Standard.** Soweit nicht anders vermerkt, verfügen die Zimmer über ein eigenes Bad und Moskitonetze, an der Küste auch über Ventilator oder Klimaanlage. Meist gehören ein Restaurant mit europäischen und ostafrikanischen Gerichten sowie eine Bar zum Haus. In der gehobenen Kategorie werden **Übernachtungspreise in Dollar** ausgewiesen, so auch in diesem Buch.

Sonstige Unterkünfte

In Nationalparks begegnet man einem besonderen Typus von Luxushotel: der **Lodge.** Meist sind Lodges an Plätzen mit wunderbarem Ausblick unter Verwendung von viel Naturstein und Hölzern erbaut und gut in die Landschaft integriert. **Safari Camps** besitzen hingegen meist keinerlei feste Gebäude. Man schläft in luxuriösen Zelten oder traditionell gestalteten Hütten, sogenannten **Bandas.** Das bedeutet nicht, dass man auf Komfort zu verzichten hätte, denn die meisten dieser Unterkünfte sind superexklusiv. Unmittelbarer lässt sich die Wildnis Afrikas jedenfalls nicht erleben. Eine besondere Unterkunft bieten auch **Bush Homes,** gewissermaßen die Fortführung der britischen Bed&Breakfast-Tradition in afrikanischer Umgebung; sie werden häufig von Nachfahren weißer Siedler geführt, die über eine phänomenale Kenntnis der Wildnis verfügen. Man schläft in opulenten Herren- oder charmanten Gartenhäusern, den **Cottages.**

Zeitdifferenz

Im Winter +2 Stunden

Kenia liegt zwar rund 7000 Kilometer von Mitteleuropa entfernt, aber nur wenig östlich. Daher beträgt der Zeitunterschied im Winter lediglich plus zwei Stunden, während der Sommerzeit sogar nur eine Stunde mehr. Die Tageslänge beträgt das ganze Jahr über zwischen zwölf und 13 Stunden, die Dämmerung währt am Äquator nur etwa eine halbe Stunde.

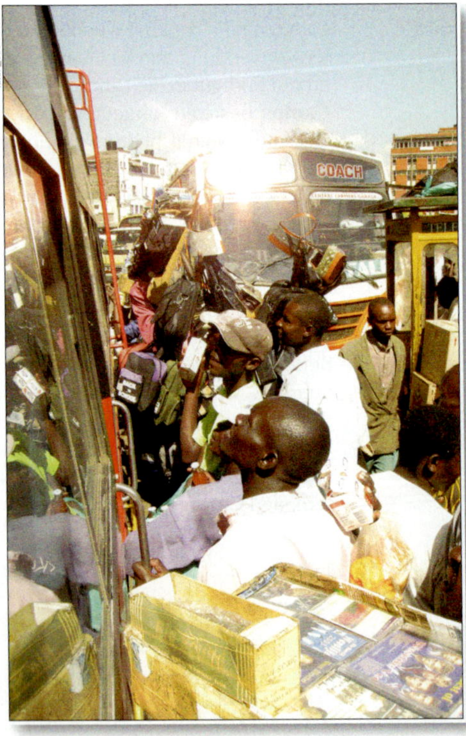

kk07_059 Foto: hf

Zoll

Beschränkungen

Devisen dürfen in beliebiger Höhe **nach Kenia** eingeführt werden. Für Konsumgüter gilt das nicht: Maximal 1 Liter Alkoholika, 200 Zigaretten und Parfums bis 0,5 Liter sind zollfrei. Für Haustiere benötigt man einen Veterinärgesundheitspass oder eine Importgenehmigung.

Bei der Rückreise gibt es auch **auf europäischer Seite** Freigrenzen, Verbote und Einschränkungen, die man beachten sollte, um eine böse Überraschung am Zoll zu vermeiden. Folgende Freimengen darf man zollfrei einführen:

- **Tabakwaren** (über 17-Jährige in EU-Länder und in die Schweiz): 200 Zigaretten oder 100 Zigarillos oder 50 Zigarren oder 250 Gramm Tabak.
- **Alkohol** (über 17-Jährige in EU-Länder): 1 Liter über 22 Vol.-% oder 2 Liter bis 22 Vol.-% und zusätzlich 2 Liter nicht-schäumende Weine; (in die Schweiz): 2 Liter (bis 15 Vol.-%) und 1 Liter (über 15 Vol.-%).
- Andere **Waren für den persönlichen Gebrauch** (über 15-Jährige): nach Deutschland 500 Gramm Kaffee, nach Österreich zusätzlich 100 Gramm Tee; (ohne Altersbeschränkung): 50 Gramm Parfüm und 0,25 Liter Eau de Toilette sowie Waren bis zu 175 Euro. In die Schweiz Waren bis zu einem Gesamtwert von 300 SFr pro Person.

Straßenhändler am Busterminal in Nakuru

42 Land und Leute

Land und Leute

Bevölkerung

Überblick In Kenia leben gegenwärtig rund **39 Millionen Menschen.** Jedes Jahr wächst die Bevölkerung um mehr als zwei Prozent, wodurch sich die Zahl der Menschen in rund 20 Jahren verdoppelt haben wird. Rund 15 Prozent der Kenianer leben mit einer HIV-Infektion, was die durchschnittliche **Lebenserwartung** auf nur **58 Jahre** drückt. Die Bevölkerungsdichte liegt bei vergleichsweise niedrigen 67 Menschen pro km², aber drei Viertel aller Kenianer leben auf nur einem Drittel des Landesterritoriums. Rund 30 Prozent der Bevölkerung ist städtisch, und durch starke **Landflucht** wächst diese Zahl beständig. In den ländlichen Regionen bestimmen Klima und Vegetation die Bevölkerungsdichte. So leben wesentlich **mehr Menschen im fruchtbaren Süden** als im Norden, wo das trockene Buschland nur wenige Viehhirten ernährt. Insgesamt ist Kenia ein **kinderreiches Land:** Rund 60 Prozent aller Kenianer sind jünger als 20 Jahre. Wenn es der Regierung nicht gelingt, das Bevölkerungswachstum zu stoppen, werden Probleme wie Umweltzerstörung, Arbeitslosigkeit, ungenügende schulische und medizinische Versorgung nicht schwinden.

Ethnien in Kenia Was wir so leichthin als „die Kenianer" bezeichnen, entpuppt sich bei näherem Hinsehen als – im wahrsten Sinne des Wortes – ein buntes Volk mit sprachlich, kulturell und religiös verschiedenem Hintergrund. Asiaten, Europäer und Araber machen insgesamt nur ein Prozent der Bevölkerung aus. Die **40 afrikanischen Ethnien** gehören drei großen afrikanischen Sprachgruppen an, nämlich zu rund zwei Dritteln der **Bantu-Gruppe,** zu rund 30 Prozent den **Niloten** und zu zwei Prozent den **Kuschiten.**

Bild auf den Seiten zuvor: Dhaus im nördlichen Lamu-Archipel

In Kenia leben rund **150.000 Asiaten.** Die meisten von ihnen sind Nachkommen indischer Bahnarbeiter, die von den Briten für den Bau der Uganda-Bahn ins Land geholt wurden. Obwohl sie eine Minderheit bilden, kontrollieren sie große Teile von Industrie, Gewerbe und Handel, leben aber streng getrennt nach diversen Religions- und Sektenzugehörigkeiten. Besonders auffällig sind die **Sikhs** mit ihren großen Turbanen, die häufig in Ingenieursberufen arbeiten. Daneben gibt es aber auch **Hindus,** die zahlenmäßig größte Gruppe, verschiedene muslimische Gruppen und die katholischen Goanesen.

Die in Kenia lebenden rund **40.000 Araber** sind vor allem omanischer Abstammung. Ihre Vorfahren waren Sklavenhändler und Großgrundbesitzer, die Mitte des 18. Jahrhunderts per Schiff über Sansibar und die kenianische Küste ins Land kamen. Aus ihrer Vermischung mit den Bantu-Völkern der Küste entstand die Suaheli-Kultur.

Schließlich gibt es rund **35.000 Europäer** und rund **10.000 Weiße kenianischer Staatsbürgerschaft,** überwiegend Nachfahren der anglophonen kolonialen Siedler. Die Umgangssprache bezeichnet sie als „Kenya Cowboys" oder kurz „KC's". Viele von ihnen betreiben große Farmen und exklusive Tourismus-Unternehmen für anspruchsvolle Gäste. Die weißen Kenianer nehmen am öffentlichen Leben des schwarzen Kenia kaum teil und sind auch gegenüber Gästen aus dem Ausland ziemlich „classy" – man bleibt gerne unter sich und pflegt lieb gewonnene britische Traditionen.

Bildungs-wesen	Das kenianische Schulwesen ist heute noch vom **britischen Vorbild** geprägt. Vor der Unabhängigkeit wurde die afrikanische Bevölkerung stark diskriminiert. Nach 1963 unternahm die Regierung große Anstrengungen, wenigstens eine landesweite Mindestversorgung mit Bildungseinrichtungen sicherzustellen. Der grundsätzliche Erfolg der Bildungsbemühungen steht außer Frage, immerhin beträgt die Alphabetisierung der kenianischen

Das Volk der Masai

Die Masai sind das **bekannteste Volk Ostafrikas** – dank der groß gewachsenen **Masai-Krieger**, den **Moran**, mit ihren roten Gewändern, den ockergefärbten, langen Haaren und ihrem Schmuck. Europäern gelten sie als der Inbegriff des stolzen, furchtlosen Naturvolkes. Schon zu Kolonialzeiten prägten die Briten den Begriff von den „edlen Wilden". Wer sind die Masai wirklich?

Die Masai gehören zu den **nilotischen Hirtenvölkern,** die mit ihren engsten Verwandten, den Samburu, bereits im 15. Jahrhundert aus dem südlichen Sudan nach Kenia kamen und zur **bedeutendsten Regionalmacht im Bereich des Rift Valley** wurden. Selbst die Sklavenkarawanen machten einen großen Bogen um ihr Territorium. Das Erstaunlichste an dieser Expansion: Die Masai zählten damals nicht mehr als 50.000 Menschen und nur 10.000 Krieger. Mit knapp 300.000 Menschen gehören sie bis heute zu den kleineren kenianischen Völkern. Ab Mitte des 19. Jahrhunderts zerfleischten sich die Masai in endlosen **Bruderkriegen.** Zusätzliche Schwächungen brachten Ende des 19. Jahrhunderts die **Pocken**, fortgesetzte **Dürren** und die **Rinderpest,** welche ihre Herden dahinraffte. So hatten die Europäer ein leichtes Spiel, die Masai von ihren besten Weidegründen zu vertreiben und in minderwertigen Reservaten anzusiedeln.

Die phänomenale **militärische Schlagkraft** der Masai lässt sich teilweise mit ihrer **Gesellschaftsstruktur** erklären. Neben der Gruppe der Kinder, die das Kleinvieh hütete, gab es Junior-Krieger und Senior-Krieger, welche für die Verteidigung des Volkes und seiner Viehherden verantwortlich waren. Durch Überfälle auf Nachbarvölker vergrößerten die Junior-Krieger die Viehherden und dehnten die Weidegründe aus, während die Senior-Krieger heirateten, sich niederließen und die Funktion einer Art Dorfwehr übernahmen. Die Junior-Ältesten und Senior-Ältesten bildeten die Ältestenräte, in denen Streitfälle und Verwaltungsfragen gelöst wurden. Auf der Frauenseite gab es für die Altersklassen im männlichen Bereich keinerlei Entsprechung.

In regelmäßigen Intervallen von zwölf bis 15 Jahren rückten alle Altersklassen immer eine Stufe nach oben. Durch dieses System, das im Prinzip bis heute besteht, besaßen die Masai ein **stehendes Heer**. Es verschaffte

DAS VOLK DER MASAI

ihnen gegenüber den Ackerbau treibenden Völkern einen enormen militärischen Vorteil.

Mut galt als eine der höchsten Tugenden bei den Masai, das ist keine Legende. Besondere Anerkennung genossen jene Krieger, die mit Speer und Schild einen Löwen erlegten. Bei Zeremonien erkennt man sie noch heute an den Löwenmähnen, mit denen sie sich schmücken.

Das gesamte Leben der Masai war und ist auf ihr **Vieh** ausgerichtet. Ihre traditionelle **Nahrung** besteht aus Fleisch von Schafen und Ziegen sowie Blut, das aus einer Halsvene der Rinder abgezapft und mit Milch vermischt wird. Die Masai sind bis heute sehr **traditionsbewusst** und haben lange jegliche Neuerung abgelehnt, die nicht zu ihrem Lebensstil als nomadisierende Rinderhalter passte. Dafür werden sie von fortschrittsgläubigen Politikern, Nationalisten und Stadtbewohnern als Wilde angesehen. Entscheidend für ihr weiteres Schicksal ist die **Landfrage.** Ihr Territorium wurde schon während der Kolonialzeit massiv beschnitten. Heute findet in die fruchtbareren Regionen ein massenhafter Zustrom von Siedlern aus den dicht bevölkerten Gebieten statt und droht die Masai zu einer Minderheit im eigenen Land zu machen.

Es ist paradox: Um sich die eigene Identität zu erhalten, müssen die Masai einen Teil ihrer Eigenheiten aufgeben und sich fremden Werten öffnen. Ob dabei viel von der ursprünglichen Kultur übrig bleiben wird, ist fraglich, auch wenn in den abgelegenen Gebieten das Leben noch seinen alten Gang geht.

Bevölkerung über 85 Prozent, der **Bildungsstand** ist **relativ hoch.** Bei der praktischen Berufsausbildung erfüllen sogenannte *Youth Polytechnics* in allen Landesteilen eine den deutschen Berufsschulen vergleichbare Funktion, zudem gibt es Fachhochschulen. Kenia verfügt über knapp dreißig öffentliche und private Universitäten. Etwa ein Drittel der Studenten ist weiblich.

Gesundheitswesen In Kenia gibt es neben den meist schlecht ausgestatteten staatlichen **Krankenhäusern** auch viele kirchliche Hospitäler, die einen Basisgesundheitsdienst liefern. Allerdings sinkt die Zahl der Krankenhausbetten mit zunehmendem Abstand zu den größeren Städten fast gegen null. Der Staat investiert nicht genug in die wichtige Infrastruktur, für Medikamente und Pflegemittel müssen auch

Hauptgebäude der Universität von Nairobi

bettelarme Patienten generell in die eigene Tasche greifen. Wohlhabende Kenianer finden dagegen vor allem in Nairobi private Krankenhäuser topmodernen Standards. Die Schwerpunkte der kenianischen Gesundheitspolitik sind die **Familienplanung** und die **Bekämpfung von Aids.** Denn die Krankheit frisst große Teile des jährlichen medizinischen Budgets. Verheerend ist zudem, dass die städtische gebildete Mittelschicht stark betroffen ist – was auch für die Wirtschaft katastrophale Auswirkungen hat.

Religionen

Überblick Auf dem Papier sind 78 Prozent der Kenianer Christen, 10 Prozent pflegen traditionelle Glaubensformen, 10 Prozent sind Muslime, und 2 Prozent gehören anderen – meist asiatischen – Religionen an, beispielsweise dem Hinduismus, Jainismus, Sikhismus oder den Bahai. **Spiritualität** durchdringt bei den meisten Kenianern alle Lebensbereiche.

Christentum Die kenianischen Christen sind **überwiegend protestantisch.** Was in der Statistik unter „Protestanten" firmiert, sind Hunderte verschiedenster Kongregationen. Über zahlreiche Mini-Gruppierungen um oft selbst ernannte afrikanische Priester fließen auch **traditionelle Religionen** in die christliche Glaubenslehre ein. Massenpredigten und exotischen Kulten und Trachten begegnet man immer wieder. Die ersten Missionare im Land waren 1846 die Deutschen *Johann Ludwig Krapf* und *Johannes Rebmann*. Während der Einparteienregierung von *Daniel arap Moi* in den 1980er Jahren waren die Kirchen die einzigen Kräfte, die wiederholt politische Rechte für die Bevölkerung einforderten, was einigen ihrer Vertreter vermutlich das Leben gekostet hat.

RELIGIONEN

Natur-religionen

Die einzelnen Ausprägungen der Naturreligionen variieren in Abhängigkeit von der jeweiligen Ethnie relativ stark. In der Regel sind sie aber durch die Vorstellung eines **übergeordneten, fernen, schöpferischen Gottes** (in Kisuaheli: **„Mungu"**) geprägt, dessen Existenz für die Menschen meist nur in Form von Katastrophen unmittelbar sichtbar wird. Im Verständnis der Kikuyu ist der Mt. Kenya die Wohnstatt Gottes, während der Mt. Ngiro in Nordkenia den Samburu heilig ist. Eine besondere Vermittlerrolle zwischen materieller und spiritueller Welt kommt den eigenen **Ahnen** zu, die – so die Vorstellung – aktiv am Leben ihrer Nachkommen teilnehmen. Einen sehr großen Einfluss auf das tägliche Leben haben auch **Geister** (in Kisuaheli: **„Djinn"**). Vermittler zwischen spiritueller Welt und Menschen sind traditionelle **Heiler und Hexer** (in Kisuaheli **„Mganga"**), die Flüche aufheben bzw. auferlegen können. Immer wieder kommt es vor, dass vermeintliche oder wirkliche Hexer vom aufgebrachten Mob gelyncht werden.

Islam

Die überwiegend **sunnitische** islamische Religionsgemeinschaft Kenias ist nur klein und besitzt vor allem an der Küste, in den großen Städten und in Teilen Nordkenias Gewicht. Bereits vor der Kolonialzeit von den muslimischen Händlern an der Küste gepflegt, breitet sich der Islam auch dort erst in jüngerer Zeit aus. Wie beim Christentum im Inland überdauern auch hier **starke traditionelle afrikanische Elemente.** In der Küstenstadt Lamu finden zum Geburtstag des Propheten *Mohammed* alljährlich mehrtägige Feierlichkeiten statt, der sogenannte **Maulidi.** Die Pilger reisen sogar von den Komoren und aus Madagaskar an. Eine traditionell muslimische Ethnie im Nordosten Kenias sind die **Somalis,** deren Zahl allerdings sehr klein ist. Die indischstämmigen **Ismaeliten,** die durch das starke soziale Engagement ihres religiösen Führers, des *Aga Khan,* großen Respekt genießen, vertreten eine sehr liberale Strömung des Islam. Islamischer Fundamentalismus ist in Kenia bisher unbekannt.

Kunst und Kultur

Literatur

Wie überall in Afrika gab es auch in Kenia vor der Kolonialzeit praktisch keine Schriftkultur (außer an der Küste, wo Kisuaheli ab dem 15. Jahrhundert in arabischer Schrift transkribiert wurde), dafür aber eine außerordentlich **reiche orale Tradition.** Die hoch entwickelte Erzählkunst bildete in Fabeln, Reimen und Liedern das kollektive Gedächtnis und den Wertekanon der einzelnen Volksgruppen. Mit den Veränderungen der Moderne fließt dieser von Generationen gespeiste Wissensstrom spärlicher. Die Liebe zur Erzählung ist allerdings ungebrochen.

Fingerübungen auf selbst gebauter Gitarre

Nach der Unabhängigkeit entstand in Kenia eine lebendige afrikanische Literaturszene. Einer ihrer wichtigsten Vertreter ist der 1938 geborene **Ngugi wa Thiong'o,** dessen Bücher, Theaterstücke und politische Essays schonungslos die Missstände im Land anprangern. Als er begann – verständlich für die Massen –, auf Gikuyu und Kisuaheli zu schreiben, wurden Teile seines Werkes von der Regierung *Moi* verboten.

International bekannt ist auch der zehn Jahre jüngere **Meja Mwangi,** dessen Themen ernste Stoffe wie die internationale Abhängigkeit Kenias, der Machthunger der Herrschenden oder AIDS sind. Ein sehr gutes englisches Angebot an jungen kenianischen Autoren führen die Verlage Kenya Literature Bureau und East Africa Publishing House.

Auch **europäische Autoren** haben über Kenia geschrieben. Zu nennen sind *Karen Blixen* („Afrika, dunkel lockende Welt", die Buchvorlage für den Film „Jenseits von Afrika"), *Elspeth Huxley,* die die frühe Siedlerzeit in Kenia schildert, und der safaribegeisterte *Ernest Hemingway,* dessen Erzählungen „Schnee am Kilimanjaro" und „Die grünen Hügel Afrikas" in Kenia spielen. Weitere Lesetipps finden sich im Anhang dieses Buches.

Musik und Tanz

In den lokalen Bars ist dröhnende **Popmusik** kongolesischer Machart angesagt, beim jüngeren Publikum auch kenianische **Rap-Musik,** nicht aber die traditionelle kenianische Musik. Früher wurden traditionelle Musik und Tänze zu sämtlichen sozialen Anlässen einer Volksgruppe aufgeführt, seien es gemeinschaftliche Arbeiten wie die Ernte oder Feste wie Hochzeiten und Initiationen. Musik begleitete auch Kriegshandlungen, Brautwerbung und religiöse Versammlungen. Die **reiche musikalische Tradition** der kenianischen Ethnien gerät aber mehr und mehr in Vergessenheit. Touristen bleibt nur die Möglichkeit, den vornehmlich in den Küstenhotels organisierten halbwegs authentischen Tanzvorführungen beizuwohnen. Auch in den Bomas of Kenya in Nairobi werden Tänze verschiedener kenianischer Völker aufgeführt.

Das Spektrum der **traditionellen Instrumente** umfasst diverse Ngoma, also Trommeln, einfache Streich- und Zupfinstrumente wie Orutu oder Nyatiti und eine Reihe von Blasinstrumenten, die zum Teil aus Antilopenhörnern gefertigt werden.

Zu einer richtigen Suaheli-Hochzeit gehört die **traditionelle Taarab-Musik,** die arabische, indische und afrikanische Elemente verbindet. Diese **Musik der Küste** kennt neben traditionellen Instrumenten wie Tablas, Tamburinen und der Udi, der arabischen Laute, auch Streichinstrumente, Akkordeon und Elektroorgel. Eine spannende und experimentierfreudige Mischung aus Taarab, Rap und Slow Jam spielt die kenianische Gruppe „New Bahari Taarab Band" um die Sängerin *Rukia*. Auch die kenianische Gospelmusik ist hörenswert.

CDs sind auf allen Märkten erhältlich.

Geschichte und Politik

Die Wiege der Menschheit

Ostafrikanischer Grabenbruch

Nach Überzeugung der Paläoanthropologen besitzt Ostafrika die längste menschliche Geschichte überhaupt. Denn im Ostafrikanischen Grabenbruch stießen die Menschenforscher auf der Suche nach dem Ursprung von Homo sapiens sapiens auf die bislang **ältesten Hominiden-Funde.** Versteinerte Knochen belegen, dass die Entwicklungslinien der aufrecht gehenden Vormenschen und der Menschenaffen seit fünf bis zehn Millionen Jahren getrennt verlaufen. Es gibt Anzeichen dafür, dass der Mensch seine Entstehung den spezifischen geologischen Bedingungen des **Rift Valley** zu verdanken hat. Vulkanausbrüche, Landhebungen und -senkungen schufen in rascher Folge immer neue Ökosysteme. Deren Artenarmut pro-

Geschichte und Politik

vozierte vermutlich die Aufsplitterung vorhandener Tier- und Pflanzenarten in neue Spezies.

Foscherfamilie Leakey

Die Erforschung der frühmenschlichen Entwicklung wurde vor allem von der Familie *Leakey* vorangetrieben, einer legendären kenianischen Paläoanthropologen-„Dynastie" schottischer Abstammung. Das Ehepaar **Mary und Louis Leakey** nahm bereits in den 20er Jahren des 20. Jahrhunderts Ausgrabungen in Ostafrika vor. Zu seinen aufsehenerregendsten Funden gehören der 1959 in der tansanischen Olduvai-Schlucht ausgegrabene Schädel eines 1,75 Millionen Jahre alten Australopithecus und zwei Jahre darauf ein Homo-habilis-Schädel. Am spektakulärsten aber war 1978 die Entdeckung der **Laetoli Footprints,** 3,7 Millionen Jahre alter versteinerter Fußabdrücke von drei aufrecht gehenden Vormenschen (vermutlich eine Kleinfamilie) der Gattung Australopithecus afarensis. **Richard Leakey,** Sohn von *Mary* und *Louis,* barg 1984 am Turkana-See das beinahe komplette Skelett eines Homo-erectus-Jungen, das euphorisch als das „missing link", das „fehlende Glied", der Menscheitsentwicklung gefeiert wurde.

Zum **Ablauf der Entstehungsgeschichte des Menschen** bestehen gegenwärtig grob gesehen zwei Schulen, einerseits die **„Vereiniger",** die alle bisherigen Knochenfunde zwei parallel zueinander existierenden Gattungen – Australopithecus und Homo – zuordnen, andererseits die **„Spalter",** für die 22 Vormenschengattungen und sieben Urmenschengattungen existierten. Nach einer populären Theorie von *Richard Leakey* zählen der Homo habilis, also der geschickte Mensch, der vermutlich die ersten Werkzeuge verwendete und vor zwei Millionen Jahren lebte, und der Homo erectus, der aufgerichtete Mensch, zu den di-

Felszeichnungen am Lake Turkana

GESCHICHTE UND POLITIK

rekten Vorfahren des Homo sapiens. Dem Homo erectus kommt als dem ersten Hominiden, der sich bereits vor 1,6 Millionen Jahren von Afrika nach Europa ausbreitete, eine entscheidende Bedeutung zu.

Frühe Siedler und Völkerwanderungen

Ab 2000 vor Chr.

Die nächsten Grabungsfunde datieren erst wieder von altsteinzeitlichen **Jägern und Sammlern.** Ab etwa 2000 vor Chr. wurde Ostafrika Schauplatz großer Völkerwanderungen. Vermutlich wanderten als erstes von Norden her **Kuschiten** ein. Sie wurden durch die **Bantu-Völker,** die ab 500 vor Chr. von Westen her kamen, assimiliert. Mehrere kenianische Ethnien, an erster Stelle die Kikuyu, sind deren Nachfahren. Vermutlich um Christi Geburt stießen dann die ersten **südnilotischen Völker** aus dem Gebiet des heutigen Sudan nach Kenia vor. Ihre Nachfahren sind unter anderem die maa-sprachigen Masai sowie die Samburu, die sich Anfang des 17. Jahrhunderts in Bewegung setzten und in kurzer Zeit erfolgreich weite Landstriche kontrollierten.

Die Entwicklung an der Suaheli-Küste

Eigenständige Geschichte

Die ostafrikanische Küste wurde stark durch Einflüsse von der Meerseite her geprägt. Trotz Handelsbeziehungen zum **Inland** entwickelte sich die **Küste** weitgehend unabhängig, sodass die beiden Regionen noch heute **zwei kulturell völlig verschiedenen Welten** darstellen. Vermutlich fanden die ersten Bantu-Gruppen, die sich um ca. 200 nach Chr. an der Küste niederließen, bereits Händler aus dem Mittelmeerraum und aus dem Orient vor. Ab dem 6. Jahrhundert nach Chr. sind feste Siedlungen belegt. Aus ihnen entwickelten sich einzelne Stadtstaaten, die einem Sultan oder Scheich unterstanden. Die Siedlungsgemeinschaften von Bantu und Arabern brachten die **Suaheli-Kultur** hervor. „Suaheli" leitet sich vom Plural des arabischen Wortes für Küste, *Sawahil,* ab. Die Städter betrieben florierenden Handel mit Arabien und Indien, dessen gute Gewinne der Suaheli-Kultur vom 12. bis zum 15. Jahrhundert eine Blü-

GESCHICHTE UND POLITIK

te bescherten. *Vasco da Gama,* der erste Europäer, der Anfang des 15. Jahrhunderts auf der Suche nach dem Seeweg nach Indien die ostafrikanische Küste ansteuerte, war denn auch von dem Wohlstand, den er vorfand, tief beeindruckt. Seine Berichte weckten europäische Begierden. In den folgenden Jahrhunderten rangen omanische Sultane und die portugiesische Krone um die Kontrolle der Küste, bis **Sultan Sayd von Oman** endgültig die Oberhand gewann. Ab 1837 regierte er sein Küstenreich von Sansibar aus.

Missionare und „Entdecker"

Wettlauf der Europäer

Zwei deutsche Missionare, **Johann Ludwig Krapf** und **Johannes Rebmann,** waren die ersten Weißen, die im Auftrag der britischen Church Missionary Society ins Inland Kenias vordrangen. Angestachelt durch ihre zunächst belächelten Schilderungen von Schneebergen am Äquator, entbrannte ein Wettlauf der Kolonialmächte um die Absteckung der Claims. Der Schotte **Joseph Thomson,** der im Auftrag der Royal Geographic Society 1833 aufbrach, um einen Weg durch das Masai-Land zum Victoria-See zu finden, gilt als der wichtigste Wegbereiter für die Briten. Die Trasse der Uganda-Bahn folgt in weiten Teilen seiner Route.

Die Kolonisierung Kenias

Britisch-Ostafrika

In der zweiten Hälfte des 19. Jahrhunderts galt es für das britische Imperium, seine Gebietsansprüche gegenüber dem Deutschen Reich durchzusetzen. Verständigung erzielten die beiden Staaten zunächst bei der Berliner **Kongo-Konferenz 1885,** wo bereits die heutige Grenze zwischen Kenia

Das Uhuru-Monument in Nairobi zum Gedenken der Unabhängigkeit stellt den Gipfel des Mt. Kenya dar

Geschichte und Politik

und Tansania abgesteckt wurde. Deutschland überließ im berühmten **Helgoland-Sansibar-Vertrag** von **1890** Kenia und Uganda dem britischen Empire und trat von jeglichen Ansprüchen auf Sansibar zurück. Dafür erhielt das Deutsche Reich die Insel Helgoland. Die britische Krone fasste **Uganda und Kenia** 1895 zum Protektorat Britisch-Ostafrika zusammen. Noch im selben Jahr wurde mit dem Bau der umstrittenen Eisenbahnlinie von Mombasa zum Lake Victoria begonnen, die 1901 fertig gestellt wurde. Das monströse Projekt kostete ein Vermögen – und vielen der 32.000 indischen Bauarbeiter das Leben.

Die kenianischen Völker leisteten den vorrückenden Briten lange erbitterten **Widerstand.** Dennoch verloren sie ihre besten Ländereien an die weißen Siedler, die in immer größerer Zahl ins Land kamen. Vor allem Masai, Kikuyu und Kalenjin wurden von ihrem Land verdrängt und in kleine Reservate gesperrt.

Zwischen den Weltkriegen

Kronkolonie und Opposition

Viele schwarze Kenianer zogen im Ersten Weltkrieg im Dienste der britischen Armee gegen Deutsch-Ostafrika zu Felde. Die Verluste waren hoch. Und dennoch veränderte sich nach Kriegsende nichts an ihrer Lebenssituation, im Gegenteil, die Zahl der Siedler war nochmals auf 9000 angeschwollen, als Kenia 1920 Kronkolonie wurde. Letztlich führte dies zur Geburt der ersten afrikanischen politischen Bewegungen, gegen die die Kolonialregierung mit Gewalt vorging. Im Jahr 1928 schloss sich ein junger Mann der **Kikuyu Central Association** an, der später als erster Präsident des unabhängigen Kenia bekannt werden sollte: **Jomo Kenyatta.** Der Zweite Weltkrieg erschütterte das Land kaum, der Feldzug gegen die Italiener war bald gewonnen. Die Versorgung der britischen Truppen in Südostasien und anderswo beflügelte Landwirtschaft und Industrie Kenias.

GESCHICHTE UND POLITIK

Der Weg zur Unabhängigkeit

Nationalismus und Guerillakrieg

Nach dem Krieg zeigte sich die Situation der schwarzen Bevölkerung Kenias nach kosmetischen Zugeständnissen unverändert. Überfüllte Reservate, ein nicht abreißender Strom weißer Siedler und die Verbitterung der schwarzen Weltkriegssoldaten, die in Südostasien ihre Haut hingehalten hatten, verschärften das innenpolitische Klima in Kenia. Die Gewerkschaft **Kenya African Union (KAU)** entwickelte sich zur Sammelbewegung eines neuen afrikanischen Nationalismus. Ihren Vorsitz übernahm 1947 **Jomo Kenyatta** und forderte bald das Wahlrecht für Afrikaner. Ab 1951 verübte ein als **Mau Mau** bekannt gewordener Geheimbund Anschläge, was die Kolonialregierung 1952 mit der Verhängung des Ausnahmezustands beantwortete. *Kenyatta* wurde verhaftet. Bis zum Zusammenbruch des Mau-Mau-Aufstands 1956 internierten die mit dem Guerillakampf überforderten Briten 90.000 junge Männer und siedelten 830.000 Menschen um, offiziell (!) wurden 13.500 Afrikaner bei Kämpfen getötet. Entgegen dem diffamierenden Bild, dass die britischen Medien von den angeblich so blutrünstigen Mau Mau zeichneten, starben nur 32 weiße Zivilisten und 63 Mitarbeiter der Sicherheitskräfte.

1963 unabhängig

Dennoch erreichten die Rebellen ihr Ziel: Die Regierung gab ihre Politik der Scheinzugeständnisse auf. 1960 sicherten die Briten bei der Lancaster-House-Konferenz politische Beteiligung und auch gleich die Unabhängigkeit Kenias unter einer afrikanischen Regierung zu. Bei den **ersten allgemeinen Wahlen** im Jahr **1961** gewann die zentralistisch ausgerichtete **KANU (Kenya African National Union),** die von den beiden größten Völkern, den Kikuyu und Luo, dominiert wurde. Mit ihrer Mehrheit im Parlament konnte endlich auch die Freilassung *Jomo Kenyattas* durchgesetzt werden. 1963 erlangte Kenia zunächst die formelle Selbstbestimmung, bis mit der Ausrufung der Republik Kenia auf den Tag genau ein Jahr darauf *Kenyatta* Präsident wurde. Fast 70 Jahre britische Kolonialherrschaft waren damit Geschichte.

Die Regierungszeit Jomo Kenyattas

1963–1978 Entgegen der Befürchtungen, *Kenyatta* könne sich an den im Land verbliebenen Weißen rächen, betrieb dieser die sogenannte **"Harambee"-Politik der Versöhnung** aller Bevölkerungsgruppen. Er wusste genau, wie wichtig der Beitrag der Weißen zum Aufbau eines unabhängigen Kenia war. Mit andauernder Herrschaft von *Jomo Kenyatta* nahmen **Korruption und Tribalismus** zu. Als am 5. Juli 1969 der charismatische Oppositionsführer *Tom Mboya* in Nairobi ermordet wurde, brachen Unruhen aus. Das von weißen Siedlern aufgekaufte Land wurde nicht immer gerecht vergeben, und viele Unabhängigkeitskämpfer und Landlose erhielten nicht den versprochenen Besitz. Außenpolitisch war Kenia im Kalten Krieg ein verlässlicher Partner des Westens. Als *Jomo Kenyatta* am 28. August 1978 starb, trauerte das ganze Land um den ehemaligen Freiheitskämpfer. Noch heute wird er "Mzee" genannt, ein Ehrentitel, der vielleicht am besten mit "großer alter Mann" zu übersetzen ist.

Die Moi-Ära

1978–2002 Der Machtübergang auf den ehemaligen Vizepräsidenten und designierten Nachfolger **Daniel Toroitich arap Moi** verlief unspektakulär. Als Saubermann und Anwalt gegen den Tribalismus verschaffte sich *Moi* zunächst Sympathien. Aber nach einem Putschversuch begann er 1982 Kenia in einen **Einparteienstaat** zu verwandeln, den er mittels **Korruption und Folter** regierte. Nach dem Ende des Kalten Krieges waren die westlichen Geberländer nicht mehr gewillt, darüber hinwegzuse-

GESCHICHTE UND POLITIK

hen und versuchten die aufkeimende Demokratiebewegung mit politischem Druck auf die Regierung zu unterstützen. Tatsächlich kehrte Kenia schließlich zum Mehrparteiensystem und zu freien Wahlen zurück. Dennoch überstand *Mois* Regierung dank einer völlig zersplitterten Opposition und meisterhafter Intrigen noch zwei weitere Legislaturperioden.

Neuanfang unter Mwai Kibaki

Wandel zum Positiven

Im Dezember **2002** gewann ein breiter Zusammenschluss verschiedener Parteien mit dem Namen **National Rainbow Coalition (NARC)** unter Führung von *Mwai Kibaki* die Wahlen. Die Kenianer hatten entschieden: Sie wünschten sich ein Ende der Korruption, die die kenianische Wirtschaft in die Rezession getrieben hatte. Getragen von Euphorie und einer wachsamen Öffentlichkeit kam es tatsächlich zu **Veränderungen:** Die Sicherheit in Kenia verbesserte sich, die marode Infrastruktur wurde verbessert, Gebühren für die Grundschulbildung wurden abgeschafft, was zu Rekordzahlen bei den Einschulungen führte. Dass die Korruption inzwischen wieder ein ernstes Problem ist, liegt vor allem daran, dass viele Mitglieder der Moi-Regierung noch rechtzeitig vor den Wahlen zur Opposition überliefen und für ihren Beitrag zum Wahlsieg durch Posten belohnt wurden. Zu viele vorbelastete Politiker an den Schaltstellen der Macht verhinderten ein allzu hartes Durchgreifen bei der Aufarbeitung der Moi-Ära.

Die größte politische Krise erlebte die Regierungskoalition bei der **Volksabstimmung über eine neue Verfassung,** die eigentlich helfen sollte, Machtfülle und Willkür zukünftig zu verhindern. Doch die Regierungskoalition war selbst zerstritten, und so konnten die Gegner der neuen Verfassung, die eine Orange zu ihrem Zeichen erkoren hatten, gewinnen. *Kibaki* warf die abtrünnigen Parteien aus der Regierung.

Wirtschaft

Als sich bei den **Wahlen 2007** ein deutlicher Sieg von *Kibakis* schärfstem Widersacher *Raila Odinga* und seinem Koalitionsbündnis **Orange Democratic Movement** (ODM) abzeichnete, kam es zu massiven Unregelmäßigkeiten bei der Stimmenauszählung, *Kibaki* wurde überhastet zum Präsidenten ernannt. Während der wütenden **Unruhen,** die daraufhin im ganzen Land ausbrachen, kamen rund 1300 Menschen ums Leben, Hunderttausende wurden vertrieben und verloren ihre Habe. Unter Vermittlung des einstigen UNO-Generalsekretärs *Kofi Anan* kam es zu einer großen Koalition von *Kibakis* PNU und *Raila Odingas* ODM, für den der Posten des Premierministers geschaffen wurde. Wichtigstes Projekt der neuen Regierung war die Ausarbeitung einer **neuen Verfassung,** die im August **2010** mit Zweidrittelmehrheit des Wahlvolkes angenommen wurde.

Wirtschaft

Vom Musterknaben zum Bankrott

Kenia galt über Jahrzehnte als der politische und wirtschaftliche Musterknabe Ostafrikas. Seit der Unabhängigkeit verfolgt das Land einen marktwirtschaftlichen Kurs. **Ab Mitte der 1980er Jahre** führte die **ausufernde Korruption** dazu, dass die einst vorbildliche Infrastruktur zunehmend verkam. **1998** erklärte sich Kenia in aller Öffentlichkeit für **bankrott.**

Armut und Arbeitslosigkeit

Mittlerweile leben rund 50 Prozent der Bevölkerung unterhalb der Armutsgrenze, das **jährliche Pro-Kopf-Einkommen** liegt bei **1222 US$,** die Arbeitslosenrate bewegt sich in einer Größenordnung von rund 40 Prozent. Nach Weltwirtschaftskrise und Wahlunruhen nimmt die kenianische Wirtschaft aber wieder Fahrt auf, das Wachstum beträgt gegenwärtig etwa 3 Prozent. Die Auslandsverschuldung beläuft sich gegenwärtig auf rund 7,7 Milliarden Dollar.

WIRTSCHAFT

Kenias wichtigste **Ausfuhrländer** sind Großbritannien, Niederlande, Uganda und Tansania, bei den **Einfuhren** liegt Indien an erster Stelle, gefolgt von China, den Vereinigten Arabischen Emiraten und Südafrika. Das Land profitiert auch von der inoffiziellen **Rolle Nairobis** als wirtschaftlicher, kultureller und politischer Hauptstadt der gesamten Region.

Landwirtschaft und Fischerei

In der Landwirtschaft arbeiten rund 70 Prozent der Kenianer. Kenia ist nach Indien, China und Sri Lanka der **viertgrößte Teeproduzent der Welt,** aber auch Kaffee ist eine wichtige Exportpflanze. Mittlerweile erwirtschaftet Kenia mit **Schnittblumen und Gemüse** mehr als zehn Prozent seiner Ausfuhrwerte. In den Hochländern und im Rift Valley gibt es Milch- und Fleischbetriebe.

Das Fischereiwesen Kenias ist weniger bedeutend, vom Lake Victoria wird **Nilbarsch** im größeren Stil nach Europa exportiert.

Arbeiter sortieren Mais, bevor dieser in einer Mühle in Naivasha gemahlen wird

WIRTSCHAFT

Bergbau und Industrie Kenia ist nicht besonders reich an Bodenschätzen. Bedeutsam ist vor allem das Vorkommen von **Sodaasche,** einem wichtigen Rohstoff für die Glasindustrie. Der gesamte industrielle Sektor macht knapp ein Fünftel des Bruttoinlandsproduktes aus. Kenia besitzt eine starke **Lebensmittel- und Zementindustrie** und große **Textil- und Schuhfabriken.** Vor der Küste und im Norden des Landes sollen Erdölvorkommen liegen; 2006 wurde mit Probebohrungen begonnen.

Tourismus Der Dienstleisungssektor Kenias ist der bei weitem wichtigste Wirtschaftssektor des Landes. Rund 60 Prozent des Bruttoinlandsproduktes gehen auf sein Konto, wobei allein der Fremdenverkehr für rund ein Fünftel der Deviseneinnahmen und etwa ein Zehntel der Arbeitsplätze sorgt. Jedes Jahr kommen **über 750.000 Gäste** ins Land.

Landschaft und Klima

Überblick

Kenia wird ziemlich exakt in seiner Mitte **vom Äquator durchschnitten.** Die Geografie des Landes umfasst klar voneinander abgesetzte Naturräume, die **von tropischem Regenwald bis zu Wüstengebieten** reichen. Im Hinterland des schmalen Küstenstreifens dehnen sich die Ebenen des Nyika-Plateaus aus, das von vereinzelten Bergen besetzt ist. Richtung Inland steigt die Landschaft allmählich zum Zentralen Hochland an. Dieses bricht abrupt in den **Ostafrikanischen Graben** ab, der Kenia von Norden nach Süden durchzieht. Vom westlichen Rand dieses Grabenbruchs läuft das Hochland zum Becken des Lake Victoria hin relativ sanft aus.

Pflanzen mit Riesenwuchs am Mt. Kenya

Landschaft und Klima

Klima

Von Mitte Mai bis Anfang September herrscht in Kenia ein moderates Klima, während es von November bis März am wärmsten ist. Das Jahr kennt in Kenia **zwei Regenzeiten:** die kurze Regenzeit im November, die sich bis in den Dezember hineinziehen kann, und die lange Regenzeit, die häufig schon Ende März beginnt und bis einschließlich Mai anhält. Zu beiden Regenzeiten gibt es spätnachmittags und abends kräftige Wolkenbrüche, dazwischen scheint aber oft die Sonne. Vor allem in der langen Regenzeit sind viele Pisten selbst mit einem 4WD-Fahrzeug schlecht passierbar. Im **trockenen Nordkenia** ist es das ganze Jahr über heiß, trocken und sonnenreich.

Die Küstenregion

Der Küstenstreifen am **Indischen Ozean** ist 500 Kilometer lang und zwischen 20 und 80 Kilometer breit. Im mittleren Abschnitt münden die **längsten Flüsse** Kenias ins Meer: der **Sabaki** und der **Tana**. Bei Ebbe gibt der Ozean Wattgebiete und Korallenpools frei. Wo das Ufer nicht von Mangroven bewachsen ist, erstrecken sich häufig kilometerlange **feine Sandstrände.** An der Küste herrschen das ganze Jahr über feucht-warme Temperaturen, die eine **tropisch-üppige Vegetation** gedeihen lassen.

Nyika-Plateau

Das Nyika-Plateau steigt von der Küste bis auf 900 Meter an. Eine nennenswerte Erhebung in seiner südlichen Hälfte sind die **Taita Hills** (bis 2025 Meter). Die **Chyulu Range** (2174 Meter), eine der jüngsten Bergketten der Erde, liegt schon in der Übergangszone zum Zentralen Hochland. Wie der **Kilimanjaro** am Südrand der **Amboseli-Ebene** sind sie vulkanischen Ursprungs, ebenso wie das **Yatta-Plateau** entlang des Athi River, dass aus einem gigantischen alten Lavastrom besteht. Östlich davon erstreckt sich das **Bergland von Kitui.**

Rift Valley

Das Rift Valley ist ein tiefer Graben in der Erdoberfläche, der durch tektonische Bewegungen im Erd-

Von Riesen und Greisen –
die merkwürdige Vegetation ostafrikanischer Berge

Die Vegetation vieler ostafrikanischer Berge weist einen eigenartigen **Riesenwuchs** auf. An der Südseite des Mt. Kenya wachsen bis zu sechs Meter große Baumfarne. Bambusstauden, Pflanzen aus der Familie der Gräser (!), werden bis zu 15 Meter hoch. Afrikanische Lobelienarten, deren Verwandte im europäischen Klima 20–30 Zentimeter messen, werden hier mehrere Meter hoch und bilden verholzte Stengel mit Durchmessern von bis zu zehn Zentimetern. Auch Heidepflanzen sind auf dem Mt. Kenya mit bis zu zehn Metern im Vergleich zur Lüneburger Verwandtschaft riesenhaft. Bis heute gibt es nur vage Theorien zur Erklärung dieses Gigantismus. Vielleicht verursacht die starke UV-Strahlung in der dünnen Bergluft eine hohe Mutationsrate? Oder spielen die hohen Niederschläge, die in den feuchteren Lagen bis zu 3800 Millimeter pro Jahr betragen, eine Rolle? Die Pflanzen haben faszinierende Mechanismen entwickelt, um die häufigen Nachtfröste und gelegentliche Schneefälle zu überstehen. Manche sondern eigene Frostschutzmittel ab, um die empfindlichen Wachstumskegel zu schützen. Andere werden von einem isolierenden Pelz abgestorbener Blätter umgeben. Die skurrilen Wuchsformen vermitteln das Gefühl, von einer Zeitmaschine in die Epoche der Dinosaurier zurückkatapultiert worden zu sein. Über das tatsächliche **Alter der Pflanzen** kann man nur spekulieren. Sicher ist, dass jegliches Pflanzenwachstum in dieser großen Höhe nur im Zeitlupentempo abläuft. Auf 100–200 Jahre schätzen Wissenschaftler das Alter der Pflanzen, was für Blumen weltrekordverdächtig klingt. Bis sich die empfindliche Vegetation von Beschädigungen erholt, können Jahre vergehen. Als Tourist trägt man die Verantwortung, mit eigenem Verhalten den Fortbestand dieses einmaligen Ökosystems nicht zu gefährden.

LANDSCAPT UND KLIMA

innern aufriss. Vor allem an seinen Rändern stehen gewaltige **Vulkane** wie der **Kilimanjaro,** der **Mt. Kenya** und der **Longonot.** Ascheregen verwandelten einen Teil der Rift-Valley-Seen, etwa den **Turkana-** und den **Nakuru-See,** in alkalische Gewässer. Einzig der **Lake Baringo** und der **Lake Naivasha** führen Süßwasser. Im Tal herrscht ein gemäßigtes Klima mit relativ wenig Niederschlag.

Die Hochebenen

Die um die 2000 Meter hoch gelegenen zentralen und westlichen Hochebenen wurden bei der Entstehung des Ostafrikanischen Grabens aufgeworfen. Herausragende Gebirge sind die **Aberdare Range** (4001 Meter) in den zentralen und die **Cherangani Hills** (3581 Meter) in den westlichen Hochländern sowie Kenias zweithöchster Berg, der 4321 Meter hohe **Mt. Elgon.** Es sind regenreiche und fruchtbare Gebiete mit gemäßigtem Klima, in denen die wichtigsten Flüsse Kenias entspringen. Dezember, Januar und Februar hat man

Arabuko-Sokoke-Wald im Hinterland von Watamu

LANDSCAPE UND KLIMA

die besten Chancen, die höchsten Gipfel unverschleiert zu sehen.

Vegetation Gemäß den verschiedenen Regionen ist die Vegetation Kenias **vielfältig.** Sie reicht von Trockenwäldern und Savannen auf dem Nyika-Plateau, im Mara-Becken und in weiten Teilen Nordwestkenias bis zur kargen Pflanzenwelt der Halbwüsten und Wüstengebiete in Nordkenia mit kleinen Büschen, Akazien und Gräsern. Der ursprüngliche Pflanzenbewuchs der feuchteren Gebiete bestand meist aus Wald, heute werden aber vielerlei Kulturpflanzen angebaut, darunter Gewürze, Bananen und Exportpflanzen wie Tee oder Kaffee.

Der artenreiche **Arabuko-Sokoke-Wald** bildet das größte verbliebene Stück des **tropischen Küstenwaldes,** der genau genommen den genügsamen Brachystegia-Wald, feuchten Mischwald und den Cynometra-Wald in sich vereint. Lange Uferabschnitte werden noch von Mangrovenwäldern bedeckt.

Die kenianischen **Bergregen- und Nebelwälder** sind noch vielfältiger: In den Höhenlagen zwischen 2000 und 3000 Metern wächst ein alpiner Wald, zwischen 2500 und 3300 Metern folgt die Bambuszone, an die sich bis 3500 Meter Höhe die Montanwälder anschließen. Ab 4600 Metern wachsen nur noch Flechten und Moose.

Der **Kakamega Forest** in Westkenia ist dagegen ein echter **Flachlandregenwald.**

Kenias Flüsse werden von **Galeriewäldern** gesäumt. Je nach Trockenheit besteht dieses Dickicht aus Akazienarten, Wildfeigen und Doumpalmen.

In den **Trockensavannen** sprießen nur nach Regenfällen zahlreiche Gräser und Blumen. Oftmals eingestreut finden sich die Kerzenständer-artigen Candelaber-Euphorbien und der Baobab-Baum. Der Charakterbaum Ostafrikas schlechthin ist aber die **Schirmakazie** mit ihrer gestauchten Krone, die in der Grassavanne wächst.

Mombasa

Mombasa

Einleitung

Zweitgrößte Stadt

Mombasa ist mit **500.000 Einwohnern** die zweitgrößte Stadt Kenias. Die Innenstadt liegt auf einer 14 km² großen **Insel,** die von zwei Meeresarmen eingefasst wird. Jedes Jahr landen Hunderttausende Urlauber auf dem **internationalen Flughafen** auf dem Festland, doch in die City zieht es die Pauschaltouristen aus den luxuriösen Küstenhotels meist nur zu Tagesausflügen. So wird das Gesicht der Hauptstadt von Kenias Küstenprovinz eher durch die Suaheli-Kultur, den größten Hafen Ostafrikas und die vielseitige Industrie geprägt. In **Kilindini,** dem Tiefwasserhafen, stapeln sich Container mit Importwaren für und Exportgütern aus ganz Ostafrika. Auch die **Teebörse** von Ostafrika ist traditionell in der bunten, internationalen Stadt angesiedelt. Im **Blue Room,** einem bekannten Fastfood-Restaurant Mombasas, sieht man Sikhs mit großväterlichen Rauschebärten, Ismaelitinnen in wallenden Kleidern und Spitzenhäubchen, afrikanische Mittelklasse-Väter, die ihre Kinder zum Essen ausführen, arabische Geschäftsleute, aufgetakelte indische Teenager und europäische Rucksacktouristen einträchtig vereint. Im überwiegend muslimisch geprägten Mombasa herrscht ein **liberales Klima.** Die langen kulturellen und wirtschaftlichen Beziehungen der Stadt nach Arabien, Persien, Indien und Europa spiegeln sich in den Gesichtern ihrer Bewohner und im friedlichen Nebeneinander eines Sammelsuriums von Kirchen, Moscheen und asiatischen Tempeln. Überhaupt: Die **Atmosphäre** ist deutlich **gelassener als im hektischen Hochland.** Abends, nach der Tageshitze, beginnt das Leben in der Stadt erst richtig zu erwachen. Großfamilien ziehen mit Kind und Kegel über die Bürgersteige, um beim Flanieren an einem der zahlreichen Holzkohlegrills einen gerösteten Maiskolben oder Fleischspieße zu erwerben.

Bild auf den Seiten zuvor: Schuhverkäufer in der Innenstadt

Geschichte

Frühzeit (bis 1498)

Mombasa wurde im Jahr 1154 von *Al Idrisi,* einem arabischen Geografen am Hof des sizilianischen Königs, als Manfasa erstmals urkundlich erwähnt: „... ein kleiner Ort, eine Niederlassung der Zanj (Schwarzen). Die Bewohner arbeiten in Eisenminen [...]. Sie haben Hunde, die gegen allerlei wilde Tiere kämpfen, selbst gegen Löwen." Für Historiker aufschlussreicher sind die aus dem Meer vor Mombasa geborgenen antiken Gefäße und andere archäologische Funde. Sie beweisen, dass bereits vor 2000 Jahren ein **reger Überseehandel** zwischen dem ptolemäischen Ägypten, dem indischen Subkontinent und der ostafrikanischen Küste bestand. Den berühmten arabischen Weltreisenden *Ibn Batuta* beeindruckten 1332 Mombasas zahlreiche Moscheen. Im 15. Jahrhundert teilte sich die **wohlhabende Metropole** mit Kilwa in Tansania den Ruf als mächtigste Handelsstadt der gesamten Küste. Durch portugiesische Augenzeugenberichte wissen wir, dass ihre Bewohner golddurchwirkte Kleidung trugen und in mehrstöckigen, mit reichlich Schnitzwerk verzierten Gebäuden wohnten. Von ca. 1300 bis 1573 herrschte in Mombasa die alteingesessene **Shirazi-Dynastie,** deren bekanntester Herrscher *Shehe Mvita* noch heute verehrt wird.

Portugiesische Periode (1498–1697)

Im Jahr 1498 ankerte die Flotte von *Vasco da Gama* auf dem Weg nach Indien vor Mombasa, aber der Empfang war feindselig. So baute man die Rivalin Malindi zur Basis aus, von wo aus Portugal nach und nach sämtliche Küstensiedlungen in die Tributpflicht zwang. Das reiche, **strategisch wertvolle Mombasa** mit seinem Tiefwasserhafen legten die Portugiesen im 16. Jahrhundert gleich dreimal in Schutt und Asche. Aber erst 1591 musste der Sheikh die europäische Oberhoheit endgültig anerkennen. Portugal verlegte seine Basis nach

GESCHICHTE

Mombasa und inthronisierte den loyalen **Sultan von Malindi** als lokalen Herrscher. Mit dem Bau der Festung Fort Jesus sicherte die Seefahrernation ihr Handelsmonopol im Indischen Ozean ab.

Arabische Periode (1698–1888)

Als es den **Omanis** gelang, Portugal den Hafen von Muskat wieder zu entwinden, begann die Vormacht der portugiesischen Krone im Seehandel zwischen Asien, Arabien, Afrika und Europa zu schwinden. Küstenstation für Küstenstation eroberten die Araber zurück. Gleichzeitig drangen Holländer, Engländer und Franzosen in den Indischen Ozean vor. Das Ende der portugiesischen Ära war besiegelt, als 1698 Fort Jesus nach langer Belagerung an den Sultan von Oman zurückfiel. Unter dem arabischen Herrscher, der von Sansibar regierte, erfuhr Mombasa ab 1837 dank des

Gewürz- und Sklavenhandels enormen Auftrieb. Zahlreiche indische Händler verlagerten ihren Geschäftssitz von der Gewürzinsel nach Mombasa. Einige ihrer imposanten Häuser sind noch heute in der Altstadt zu bewundern.

Britische Periode (1888–1963)

Als 1846 der Deutsche *Johann Ludwig Krapf* mit seinem Amtsbruder *Johannes Rebmann* im nahen Rabai die erste Missionsstation Ostafrikas gründete, fanden sie auf Mombasa Island noch Wildtiere und Plantagen vor. Die Zahl der überwiegend in Holzhütten lebenden Stadtbewohner schätzten sie auf 10.000. Nur 60 Jahre später blickte Mombasa schon auf eine **Epoche als koloniale Hauptstadt** zurück, bevor diese Funktion 1906 an Nairo-

Ansicht der Altstadt vom Krapf-Denkmal aus

bi im Hochland übertragen wurde. Was für eine rasante Entwicklung hatte sich in Mombasa abgespielt!

Mit der Eröffnung des Suezkanals 1869 zog der Tiefwasserhafen das strategische Interesse der britischen Krone auf sich. Eine eher unbedeutende Rebellion in der Garnison des Sultans von Sansibar lieferte den Briten dann den Anlass, um in Fort Jesus wieder Ordnung herzustellen, sich die Dankbarkeit des Sultans zu sichern – und sich militärisch und politisch an der ostafrikanischen Küste festzusetzen. 1888 erteilte der Sultan der **Imperial British East African Company** die Handelskonzession für die kenianische Küste und das Hinterland – der Beginn der britischen Kolonialzeit in Kenia und Uganda. Als Einfuhrhafen entwickelte sich Mombasa rasant. Vor allem der 1901 vollendete Bau der **Uganda-Bahn** beflügelte die Stadt nachhaltig, unter anderem durch Tausende von indischen Bahnarbeitern, deren Nachkommen sich als geschickte Händler erwiesen.

Orientierung

Zwei Verkehrsachsen

Zwei große Verkehrsachsen durchziehen die 5 Kilometer lange und 3,5 Kilometer breite Insel: Die **Nyerere Avenue** durchquert die Innenstadt von Nord nach Süd und verbindet dabei die New Nyali Bridge (über die man an die nördliche Küste gelangt) mit der Likoni-Fähre (sie stellt die Verbindung zur Südküste her). Die Altstadt von Mombasa mit ihrem malerischen Gassengewirr und dem Fort Jesus erstreckt sich östlich dieser Achse. Als vierspurige Ost-West-Achse durchzieht die **Jomo Kenyatta Avenue** die Insel. Sie führt über einen Fahrdamm zum Flughafen und geht dann in den

Fort Jesus effektvoll illuminiert bei einer Ton- und Lichtshow

Mombasa Highway über, die wichtigste Straße ins Inland. An der Moi Avenue, die ebenfalls die Nyerere Avenue kreuzt, befinden sich Cafés, Souvenirshops und Geschäfte. Das große Hafen- und Industriegebiet nimmt die Südseite von Mombasa Island ein.

Fort Jesus

Geschichte Größte Sehenswürdigkeit Mombasas und so etwas wie das **Wahrzeichen der Stadt** ist Fort Jesus am Rande der Altstadt. Seit 1958 ist es **Nationalmonument** und beherbergt das Stadtmuseum. Das von den Portugiesen errichtete Bauwerk wacht seit seiner Vollendung im Jahr 1596 an strategisch überragender Stelle über die schmale **Einfahrt zum alten Hafen.** Ein Platz, mit dessen Kontrolle meist auch die Macht an der umkämpften ostafrikanischen Küste verbunden war.

Konzipiert wurde die Anlage von dem obersten Architekten Portugals in Indien, dem Italiener **Joao Batista Cairato,** die Ausführung oblag dem

MOMBASA ISLAND

Mombasa Island

- ★ 1 Frere Town Glocke
- • 2 Ratna Square Einkaufszentrum
- 🍴 3 Tamarind Restaurant
- ★ 4 Krapf Denkmal
- ★ 5 Point Mackenzie
- ✚ 6 Mombasa Hospital
- • 7 KWS HQ's
- ★ 8 Swahili Cultural Centre
- ★ 9 Fort Jesus

- • 25 Mission to Seamen
- ☪ 26 Kilindini Moschee
- ☾ 27 Mombasa Yacht Club
- • 28 Little Theatre Club
- ✚ 29 Doctor Plaza
- • 30 Extelcom House
- ✚ 31 Pandya Hospital
- ✚ 32 Aga Khan Hospital
- • 33 Mombasa Golf Club
- ★ 34 Fort St. Joseph
- 🎵 35 Florida Night Club
- ★ 36 Baobab Wald
- • 37 Nakumatt Likoni
- ★ 38 Mbaraki Pillar

Locations on map:

- North Coast, Malindi
- Port Tudor
- Ras Makamaiwe
- Kwakiziwi
- New Nyali Bridge
- Tom Mboya Ave.
- Tom, Manyi, Mbo, Mboya, Nguru, Swaleh Aves.
- Makupa
- Koinange St.
- Tononoka
- Ronald, Ngala Rd.
- Wajir St.
- Ziwani
- Jomo Kenyatta Ave.
- Sidiriya
- Makupa Causeway
- Nairobi Airport, Rabai und Tsavo Nationalpark
- Lumumba Rd.
- Gatundu Rd.
- Mwangeka Rd.
- Baringo St.
- Makande Rd.
- Kinyozi
- Shimanzi
- Shimanzi Rd.
- Kilindi Hafen
- Kilindini
- Port Reitz

Kartenausschnitt S. 80 **MOMBASA ISLAND**

- 10 Fischmarkt
- 11 Bohra Moschee
- 12 Mackinnon Markt
- 13 Tana Bus
- 14 Mombasa Bus & Coast Express
- 15 Malindi Bus
- 16 Lamu Busse
- 17 Lady Grigg Hospital
- 18 Coast General Hospital
- 19 Water Sports Club
- 20 Mombasa Polytechnic
- 21 Makupa Markt
- 22 Hotel Sapphire
- 23 Hauptbahnhof
- 24 Stoßzähne

- Aussichtspunkt
- Grünfläche
- Bebauung
- Hafen & Industrie

Südküste: Diani Beach, Shimoni, Shimba Hills Nationalpark

MOMBASA CITY

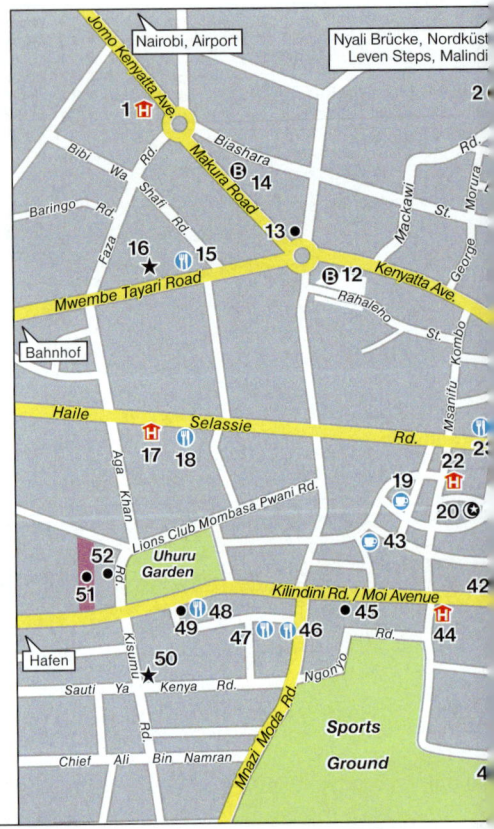

- ☪ 6 Mandhry Moschee
- ○ 7 Jahazi Coffee House
- ☪ 8 Moschee
- ★ 9 Jain Tempel
- • 10 Mackinnon Markt
- 💲 11 Barclay's Bank
- Ⓑ 12 KBS Bus
- • 13 Caltex-Tankstelle/Matatus nach Voi, Wundanyi
- Ⓑ 14 Busse nach Nairobi
- 🍴 15 Singh Restaurant
- ★ 16 Sikh Tempel
- 🏨 17 Royal Court Hotel
- 🍴 18 Indo African Restaurant
- ○ 19 Splendid Views Café
- ☪ 20 Sheikh Jundani Moschee
- 🏨 21 Beshara Guesthouse
- 🏨 22 Hotel Hermes
- 🍴 23 Blue Room Restaurant
- ☪ 24 Konzi Moschee
- • 25 Bima Towers
- 🎭 26 Club Rio
- ☪ 27 Baluchi Moschee
- ★ 28 Tempel
- • 29 Polizei
- • 30 Swahili Cultural Centre

Karte S. 78 **MOMBASA CITY** 81

Mombasa City

- 1 Amani Lodge,
- 2 Busse & Matatus nach Malindi, Lamu
- 3 Basheikh Moschee
- 4 Bohra Moschee
- 5 Zoll

200 m

- 31 Würgefeige
- 32 Lotus Hotel
- 33 Oriental Building
- 34 New Palm Tree Hotel
- 35 Social Security Building
- 36 Kenya Cinema
- 37 Electricity Building
- 38 TSS-Towers
- 39 Ambalal House
- 40 Palli House
- 41 Biashara Building
- 42 Salambo Disco & Royal Casino
- 43 Pistacchio
- 44 Castle Royal Hotel
- 45 Diamond Plaza
- 46 Casablanca Bar/Restaurant
- 47 Namirembe Restaurant
- 48 Le Bistro
- 49 Tusks-Stoßzähne
- 50 Hare Krishna Tempel
- 51 Jubilee Arcade
- 52 Reinsurance Plaza

FORT JESUS

portugiesischen Kommandanten von Malindi. Da sich die Südeuropäer als Statthalter der katholischen Kirche sahen, segelten sie unter der Flagge des Ordens Christi – der Name Fort Jesus war da naheliegend.

Vermutlich waren nie mehr als 100 portugiesische Soldaten im Fort stationiert. Man kann ihr **trostloses Dasein** gut nachvollziehen: ein halbes Jahr Seereise von der Heimat entfernt und immer in Erwartung eines Übergriffs durch die Bevölkerung der feindseligen muslimischen Stadt, die damals 1,5 Kilometer vor den Mauern lag. 1698 markierte die Eroberung des Forts durch die Omanis das Ende der 200 Jahre langen Vorherrschaft Portugals über die Küste. Während der zweijährigen Belagerung verendeten wohl über 1500 Menschen an Hunger und Pest: portugiesische Soldaten und ihre Familien, vor allem aber loyale Suaheli. Der Sultan von Sansibar verwandelte das Fort nach dem Triumph in eine **Garnison,** die Briten schließlich in ein **Gefängnis.** 1958 ermöglichte eine großzügige Spende der Calouste Gulbenkian Foundation seine Renovierung. Es zählt zu den besterhaltenen Forts seiner Epoche.

Besichtigung	Nach dem Überqueren des drei Meter tiefen Grabens gelangt man durch ein Tor in die rund **einen Hektar große Fortanlage.** 16 Meter hoch und 2,5 Meter dick ist ihr **imposantes Mauerwerk.** Eine portugiesische Inschrift über dem Tor aus dem Jahr 1639 verrät die Haltung Portugals: „Im Jahre 1635 wurde *Francisco de Seixas de Cabriene,* 27 Jahre alt, für vier Jahre zum Kommandanten dieses Forts gemacht (...). Er machte die Könige von Otondo, Manda, Luziwa und Jaca tributpflichtig gegenüber seiner Majestät. (...) Er bestrafte Musungulos und kasteite Pemba, wo er auf eigene Verantwortung die rebellierenden Gouverneure und alle führenden Bürger hinrichtete. (...) Für diese Dienste wurde er zum Ritter des königlichen Hofes ernannt (...)."

FORT JESUS

So eingestimmt betritt man einen überraschend **offenen Hof,** der von **vier Wehrtürmen** überragt wird. Beeindruckend sind die geschickt gegen Anstürme von Land- oder Seeseite gerichteten Bastionen. Das Fort glich einer kompletten Ortschaft mit Soldatenunterkünften, Brunnen, einer Kirche, vermutlich sogar Läden und Zisternen. Aus der arabischen Herrschaft der Mazrui stammen bezaubernd poetische Inschriften, in einem Raum in der südöstlichen Ecke haben sich Portugiesen mit Wandritzereien die Zeit vertrieben. Deutlich lassen sich Galeonen, Kirchen, Fische und menschliche Figuren erkennen. Vom Omani House in der nordwestlichen Ecke öffnet sich ein wunderbarer Blick über Mombasa und den Innenhof.

Museum

Das Museum an der Stelle der einstigen Soldatenunterkünfte beherbergt unter anderem eine Ausstellung über die **Geschichte und Völker der Suaheli-Küste.** Interessant sind auch die Objekte aus dem 1697 bei der Belagerung des Forts gesunkenen Schiff „Santo Antonio de Tanna". Sie umfassen Alltagsgegenstände der Besatzung, Navigationsinstrumente und Teile der Ladung. Portugal finanzierte eine Ausstellung über *Vasco da Gamas* Entdeckung der Seeroute nach Indien.

● **Eintritt 800 Ksh, Kinder 400 Ksh, täglich von 9.30–18 Uhr geöffnet.**

Show

Eine einmalige Art, das Fort Jesus zu erleben, ist die **Ton-und-Licht-Show,** die mehrmals wöchentlich veranstaltet wird und kurzweilig und mit effektvoller Beleuchtung die bewegte Geschichte des Forts erzählt. „Tour Fort Jesus exclusive" ist die Edelvariante mit Segeldhau-Tour vor der Altstadtkulisse, einem Gang durch ihre nächtlichen Gassen und anschließendem Mehrgänge-Menü in dem von Fackeln erleuchteten Fort.

● **Infos und Buchungen unter Jahazi Marine, Tel. 020/ 268 424-7 und -8; www.severin-kenya.com.**

Die historische Architektur Mombasas

Suaheli- und indischer Baustil

Die ältesten erhaltenen Gebäude – mit Ausnahme des Forts und von Teilen einiger Moscheen – dürften vom **Anfang des 19. Jahrhunderts** stammen. Sie stehen **an der Ndia Kuu,** der Hauptgasse der Altstadt, gegenüber des ehemaligen Zollamtes und weisen den klassischen **Suaheli-Bautypus** auf. Einzelne Suaheli-Stilelemente erkennt man auch bei jüngeren Bauwerken: die Flachdächer, auf denen sich die Küche befindet, die langen schmalen Räume, die ineinander übergehen und die Steinbänke vor den Eingängen.

Die meisten Altstadthäuser sind aber von der **indischen Bauweise** geprägt, die über Sansibar hierher gelangte. Diese **Handelshäuser** aus dem 19. Jahrhundert sind in der Regel zwei- bis dreistöckig und bis auf die großen beeindruckenden Türen eher klassisch-schlicht. Charakteristisch für **die britischen Kolonialbauten** sind die tiefen, angenehm schattigen Veranden und Balkone.

Vier **Besonderheiten** zeichnen viele alte Häuser Mombasas aus: natürliche Kühlsysteme in Form von Windfängen auf dem Dach, holzverkleidete Balkone, die die Frauen vor fremden Blicken schützten und zum Teil wunderbar geschnitzt sind, außen liegende Treppenhäuser aus Holz oder Metall und schließlich die vielen Formen von geschnitzten Holztüren. Es scheint, als hätten die Geschäftsleute beim Übersiedeln aus Lamu, Sansibar, Siyu oder Bagamoyo gleich ihre eigene Haustür nach Mombasa mitgebracht. Tatsächlich lässt sich an Form und Ausführung der Türen gesellschaftlicher Status und Herkunft der einstigen Hausbewohner ablesen.

Rundgang durch die Altstadt

Swahili Cultural Centre

Hinter dem Fort Jesus befindet sich das Swahili Cultural Centre, in dem **junge Handwerker** in der **Kunst des Holzschnitzens,** der **Restaurierung alter Gebäude** und in anderen Tätigkeiten ausgebildet werden. Man kann den Männern über die Schulter blicken und auch kunsthandwerkliche Objekte erwerben.

Treasury Square

Unweit davon stößt man auf den Treasury Square, an dem bis 1905 der ursprüngliche Bahnhof von Mombasa stand. Um den Platz mit seiner gepflegten Grünanlage und riesigen alten Würgefeigebäumen gruppiert sich ein sehenswertes **architektonisches Kolonial-Ensemble.** Verschiedene Banken, die Town Hall und natürlich das alte Gebäude des Finanzministeriums, das Treasury Building, das heute von der Distriktverwaltung genutzt wird, stehen hier.

Die Mandhry-Moschee in der Altstadt ist die älteste von Mombasa

Rundgang durch die Altstadt

Vom Platz geht die von vielen schönen Häusern aus dem 19. Jahrhundert gesäumte **Mbarak Hinawy Road** ab. Sie führt zum **Government Square** mit dem alten Zollgebäude und der ersten Post in Mombasa und zu den **Kaianlagen des alten Hafens.** Von den mächtigen Dhaus (Holzschiffe), die hier vertäut liegen, schleppen schwitzende Träger Fernsehgeräte, Mehlsäcke, Teppiche und Waschmittelkartons zum Zoll.

Moscheen In der Altstadt gibt es über 20 Moscheen, die jeweils von einer bestimmten ethnischen oder religiösen Glaubensgemeinschaft genutzt werden. Viele sind bemerkenswerte Gebäude. Die älteste ist die **Mandhry-Moschee** mit ihrem auffälligen konischen Minarett; sie wurde bereits 1570 gegründet!

Holy Ghost Cathedral An der Kreuzung von Nyerere Avenue und Moi Avenue steht die 1918 im **neoromanischen Stil** errichtete Holy Ghost Cathedral, deren Decke jener des Westminster Abbey in London nachempfunden wurde.

Einkaufszentrum Die **Nyerere Avenue** und ihre Verlängerung, die **Abdel Nasser Road,** bilden mit ihren modernen Geschäften das Einkaufszentrum. Die Bürgersteige quellen fast zu jeder Tageszeit von Menschen über. Ein Ausweichen auf die Straße ist aber nicht empfehlenswert, denn meist schiebt sich dort eine hupende und qualmende Blechlawine im Schneckentempo vorwärts.

Tusks Folgt man der **Moi Avenue,** passiert man eine lange Reihe von Andenkenläden, um am schattigen **Uhuru Garden** das moderne Wahrzeichen Mombasas zu erreichen: die Tusks, **vier riesige Elefan-**

An der Kreuzung von Moi Avenue und Digo Road

tenstoßzähne, die die Straße überspannen. Sie wurden 1956 anlässlich des Besuchs der englischen Prinzessin *Margret* errichtet.

Stadt der Tempel

Jain-Tempel Neben vielen Moscheen weist Mombasa auch indische Tempel auf, die einen Besuch wert sind, so der Jain-Tempel aus weißem Marmor an der **Langoni Road.** Elefantenstatuen bewachen seinen Eingang, sein Dach ist ein Gebilde aus Kuppeln und Pagoden. Im Innersten des 1963 erbauten Heiligtums huldigt man in Indien gefertigten Statuen der Götter *Parshavnath, Shantinath* und *Adinath*.

Shiva-Tempel Der Shiva-Tempel am **Jamhuri Park** fällt durch seine von einer goldenen Kuppel gekrönten Pagode auf. Im Tempel selbst befindet sich neben anderen Götterdarstellungen eine Statue des Nandi-Stieres, des Reittieres von Gott *Shiva,* die Wohlstand und Glück symbolisiert.

Reiseservice

Schlafen
- **Castle Royal Hotel,** Tel. 041/222 682; www.castlemsa.com. DZ ab 127 US$. Das wunderbare Kolonialgebäude aus dem Jahr 1928 wurde umfassend renoviert und verfügt über schöne Zimmer.
- **Lotus Hotel,** Tel. 041/313 207; www.lotushotelkenya.com. DZ ca. 50 US$. Ausgezeichnetes Preis-Leistungsverhältnis.

Essen
- Das **Rozina House** serviert gute asiatische Gerichte zu fairen Preisen.
- Internationale Küche gibt es im **Le Bistro** auf der Moi Avenue.
- Ein Klassiker für Cappuccino, Eis, Kuchen und Pasta ist das **Pistacchio.**
- Ein nettes Café an der Hauptstraße durch die Altstadt, der Ndia Kuu, ist das **Jahazi Coffee House.**

Ausgehen
- Das Nachtleben von Mombasa spielt sich in erster Linie in den **Touristendiscos an der Nordküste** ab.
- **In der Stadt** sind das **Casablanca,** der **New Florida Nightclub** und die **Bar auf dem Dach des Excellent Hotel** zu nennen, wo am Wochenende in relaxter Atmosphäre oft eine Live-Band spielt.

Touren
- **Southern Cross Safaris,** Tel. 041/475 07-4, -5, -6; www.southerncrosssafaris.com, Kanstan Centre, Nyali Bridge.

Mombasa North Coast

Anfang des Tourismus

Mombasas Nordküste ist der Ort, wo alles begann: **Mitte der 1960er Jahre** entstanden entlang der wunderbaren Sandstrände an dem 12 Kilometer langen **Küstenabschnitt zwischen der Nyali Bridge und dem Mtwapa Creek** die ersten großen Küstenhotels. Inzwischen haben die Ferienanlagen und Privathäuser praktisch jede freie Baulücke geschlossen. Viele Ausländer haben sich hier dauerhaft niedergelassen, und so gibt es ein gutes Angebot an Supermärkten, Restaurants und Nachtclubs.

In **Kisauni** und **Kongowea,** nahe der heilen Ferienwelt, leben viele der **Hotelangestellten** in dem für kenianische Städte charakteristischen Durcheinander von Bars, billigen Guesthouses, Werkstätten und kleinen Läden.

Strände

Von Süden nach Norden, also von Mombasa in Richtung Malindi, folgen an der North Coast die Strände **Nyali, Kenyatta, Bamburi** und **Shanzu** aufeinander. Der einzige öffentliche Badestrand ist der Kenyatta Beach, aber gegen eine kleine Tagesgebühr kann man die Hotelanlagen und die jeweiligen Strandabschnitte nutzen, ohne im entsprechenden Hotel zu wohnen.

Mombasa Marine National Reserve

Die vorgelagerten **Korallenriffe und Seegraswiesen** sind seit 1986 durch das 200 km² große Mombasa Marine National Reserve geschützt. Es umschließt den kleineren Mombasa Marine National Park, in dem Angeln verboten ist. Vor allem **Meeresschildkröten,** die bis heute an den Stränden nisten, brauchen viel Schutz. Leider sind die Zeiten noch nicht vorbei, da Eier und Fleisch als Delikatesse gelten und Souvenirhändler Schildkrö-

Das Obst ist frisch, der Karren weniger ...

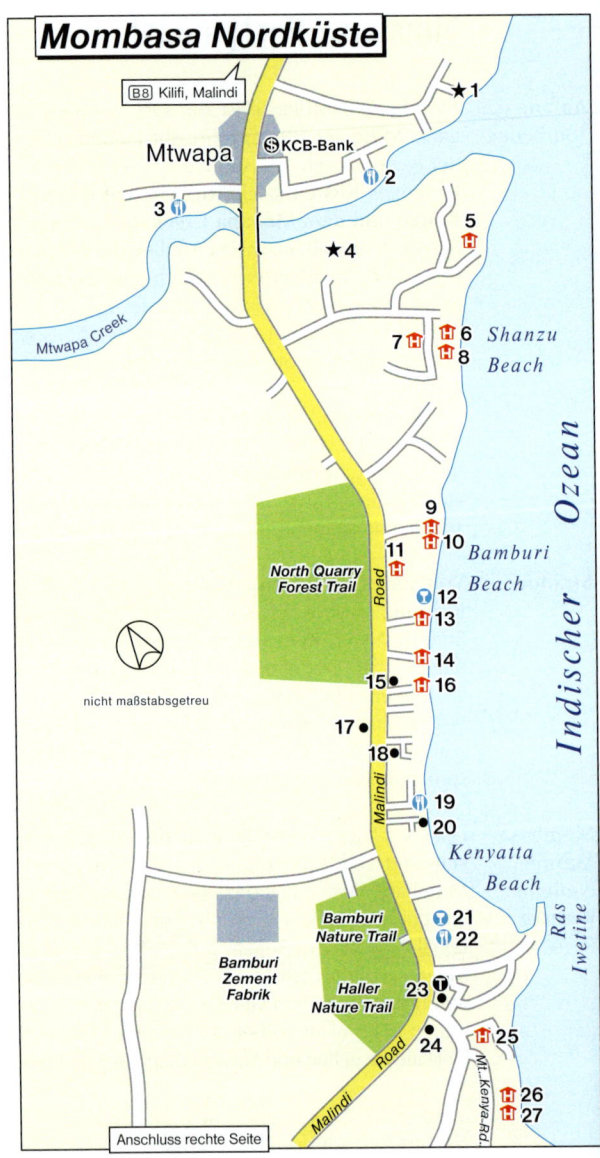

Mombasa Nordküste

- ★ 1 Jumba La Mtwana Ruinen
- 🍴 2 Aquamarine Restaurant
- 🍴 3 Moorings Restaurant
- ★ 4 Ngomongo Village
- 🏨 5 Shanzu Resort
- 🏨 6 Intercontinental Resort
- 🏨 7 Safari Inn
- 🏨 8 Serena Beach
- 🏨 9 Neptune Beach Resort
- 🏨 10 Severin Sea Lodge
- 🏨 11 Fontana Hotel
- 🍴 12 Il Covo Restaurant
- 🏨 13 Kenya Bay Beach Hotel
- 🏨 14 Travellers Beach Hotel &
- • 15 Shopping Centre, Post, Barclay's Bank
- 🏨 16 White Sands
- • 17 Bamburi Police Station
- • 18 Shopping Centre
- 🍴 19 Pirates Restaurant & Night Club
- • 20 Kenya Wildlife Service
- 🍴 21 Elephant Disco
- 🍴 22 Black Havanna Restaurant
- • 23 Nakumatt Supermarket (Nyali Shopping Complex),
- ⛽ Kenol-Tankstelle
- • 24 Birgis Complex
- 🏨 25 Rick's Villas
- 🏨 26 Mombasa Beach Apartments
- 🏨 27 Bahari Beach Hotel
- 🏨 28 Voyager Beach Resort
- • 29 Bombolulu Centre
- ★ 30 Wild Waters
- 🍴 31 Krokodil Farm & Disco
- • 32 Nyali Golf Club
- 🏨 33 Nyali Beach Holiday Resort & Luxury Apartments
- 🏨 34 Nyali Beach Hotel
- ⛪ 35 Freretown Kirche
- • 36 Freretown Glocke
- • 37 Ratna Square Shopping Centre
- • 38 Nyali Police, Post
- ⛽ 39 Tankstelle
- 🍴 40 Hunter's Steak House
- 🏨 41 Tamarind Village, Restaurant & Dhau

tenpanzer verkaufen. Einige der Touristenhotels engagieren sich für den Schutz der Meeresreptilien und ihrer Gelege. Als Hotelgast kann man mit einer Schildkrötenpatenschaft seinen Teil dazu beitragen.

René Haller Nature Park

Zahlreiche Wildtiere Der weltberühmte Naturpark, der 1999 zu Ehren seines geistigen Vaters von Bamburi Nature Park in René Haller Nature Park umgetauft wurde, ist neben Bombolulu die zweite große Attraktion an Mombasas Nordküste. Kaum zu glauben, dass der tier- und pflanzenreiche Dschungel Anfang der 1970er Jahre ein wüstenhafter Steinbruch war. Nach der einzigartigen Renaturierung erfreuen sich hier zahlreiche Wildtiere eines geschützten Daseins. Während beide Giraffen des Parks, Nilpferde und andere größere Säugetiere hier angesiedelt wurden, stellten sich die meisten Vögel und Kleinsäuger von alleine ein, nachdem die Pflanzversuche auf dem nackten Fels erste Erfolge zeigten. In Bamburi sind 25 größere Tierarten leicht zu beobachten, darunter auch Nilwarane, Wasserböcke und Antilopen, sowie mehr als 100 Vogelarten. Zum Park gehören inzwischen auch eine **Fisch- und Krokodilfarm,** die sogenannte **Baobab Farm,** sowie ein **Palmengarten.** Empfehlenswert sind geführte Nachtspaziergänge, bei denen man viele nachtaktive Tiere wie Stachelschweine, Bushbabys, Zibetkatzen oder Wildbüffel zu Gesicht bekommt.

●Eintritt 600 Ksh, täglich von 9–17.30 Uhr geöffnet.

Bombolulu-Kunsthandwerksstätten und -Kulturzentrum

Behinderte Menschen Es ist wohl das erfolgreichste Projekt seiner Art: Von der Vereinigung der Körperbehinderten Kenias (APDK) 1969 gegründet, möchten die Werk-

stätten behinderte Menschen **beruflich ausbilden** und ihnen ein finanziell **unabhängiges Leben** in Würde, mit Selbstrespekt und ohne falsches Mitleid ermöglichen. Inzwischen leben und arbeiten hier mehr als 260 vorwiegend blinde und taubstumme Menschen. Die behinderten Angestellten erhalten kostenlose Wohnung und weitere sozialen Leistungen, sogar einen eigenen Kindergarten gibt es. Dabei finanziert sich die Einrichtung mittlerweile selbst und macht sogar Gewinn. Allein die kunsthandwerklichen Werkstätten tätigen Ausfuhren im Wert von 500.000 Euro. Nach Likoni ausgelagert sind eine Möbelproduktion, die Herstellung von Rollstühlen und Dreirädern sowie eine Polio-Spezialklinik für Kinder. Im Austellungsraum von Bombolulu finden Touristen ein riesiges

Krokodile im René Haller Nature Park

Angebot an hochwertigem **Schmuck, Holz- und Specksteinschnitzereien, handbedruckten Stoffen, Kleidern** und weiteren Dingen. Die meisten ihrer Hersteller lassen sich gerne bei der Arbeit zusehen und fotografieren. Im Kulturzentrum erhält man – wenigstens kleine – **Einblicke in das traditionelle Dorfleben** von sechs verschiedenen kenianischen Völken.

●Werkstätten Mo bis Fr von 8–13 und 14–17 Uhr, Verkaufsraum Mo bis Sa von 8–18 Uhr, So von 10–15 Uhr, Kulturzentrum und Restaurant Mo bis Sa von 8–17 Uhr geöffnet.

Mamba Village Krokodil- und Schlangenfarm

Aquarien und botanischer Garten — Außer einem Krokodil- und Schlangenpark gibt es auch einen kleinen botanischen Garten sowie Meer- und Süßwasseraquarien. Wer will, kann auf Kamelen oder Pferden ein paar Runden drehen.

●Eintritt 650 Ksh, täglich geöffnet von 9–18.30 Uhr, Fütterung um 17 Uhr.

Wild Waters

Badelandschaft — Die riesige Badelandschaft mit 18 Wasserrutschen lohnt gewiss einen Besuch. Für Wasserscheue gibt es Autoscooter, Schaukeln und Videospiele.

●Eintritt 1000 Ksh, unter der Woche von 11–18 Uhr, am Wochenende von 10–18 Uhr geöffnet.

Ngomongo Village

Dorfmuseum — Einen Nachmittag kann man für den Besuch dieses unkonventionellen Dorf„museums" schon einplanen: In einem ehemaligen Korallensteinbruch sind die unterschiedlichen **traditionellen Baustile** von Kenias bedeutendsten Völkern zu sehen.

Mit viel Idealismus erzählen Mitglieder der einzelnen Ethnien in traditionellem Gewand an „ihrem" Haus von der eigenen Kultur. Besucher sind eingeladen, verschiedene **traditionelle afrikanische Arbeiten** zu verrichten, etwa wie ein El Molo mit der Harpune auf Fischjagd zu gehen oder mit Mörser und Stößel Hirse zu stampfen. Alles andere als ein totes, staubiges Museum also, welches Kurzzeitbesuchern ohne die Gelegenheit zum Besuch im Inland wenigstens einen Eindruck von der kulturellen Vielfalt und dem traditionellen Leben vermittelt. Im Restaurant gibt es kenianische Küche zum Probieren.

●**Eintritt 1000 Ksh, täglich von 8–16.30 Uhr geöffnet.**

Die Ruinen von Jumba la Mtwana

Alter Handelsposten

In einem schattigen, mit riesigen Baobabs durchsetzten Wäldchen voller Schmetterlinge und Vögel hat der Archäologe *James Kirkman* 1972 **acht Häuser, drei Moscheen und ein Grab mit Inschriften** freigelegt. Der um 1350 gegründete Handelsposten an der ostafrikanischen Küste existierte vermutlich nur rund 100 Jahre lang. Auffällig ist, dass die Siedler Jumba la Mtwana an der ungeschützten Küste errichteten, obwohl der Mtwapa Creek nur wenige Kilometer südlich einen perfekten Naturhafen bot. Geheimnisumwoben bleibt auch, warum die Siedlung verlassen wurde. Der Name Jumba la Mtwana bedeutet auf Kisuaheli „Haus des Sklaven" – wurden die Bewohner etwa versklavt?

Besonders interessant ist das **„Haus der vielen Türen",** dessen zahlreiche bauliche Veränderungen und Wanddurchlässe vermuten lassen, dass es sich bei den Überresten um das älteste bekannte Hotel der Küste handelt.

●**Eintritt 500 Ksh, täglich von 8–18 Uhr geöffnet.**

Mombasa North Coast

Reiseservice

Schlafen

- **Severin Sea Lodge,** Tel. 020/268 42 47 oder 020/268 42 48; www.severin-kenya.com. Schöne Anlage, gemütliche Zimmer mit Balkon. DZ zwischen 156 und 222 US$.
- **Fontana Hotel,** Tel. 041/548 75 54. Kleines, deutsch geführtes Hotel für Individualreisende. Der Strand ist 150 Meter entfernt. Gegen einen geringen Aufpreis gibt es eine Klimaanlage. DZ für 35–45 Euro.
- **Mombasa Beach Villas,** Tel. 041/474 848 und 473 231, msabeachapts@wananchi.com. Wohnungen mit jeweils fünf Betten, Klimaanlage, Seeblick und netter Einrichtung. Je nach Saison zwischen 70 und 90 US$.

Essen

- Das **Tamarind Restaurant** in Nyali ist eines der bekanntesten Restaurants von Kenia, das unter anderem hervorragendes Seafood serviert.
- Das **Il Covo Restaurant** am Bamburi Beach serviert hervorragende italienische Küche, Fischgerichte und Sushi. Bei Ebbe sogar auf dem Strand!
- Im **Fontana Restaurant** im gleichnamigen Hotel können sich Urlauber mit heimwehkrankem Magen an deutscher Küche erfreuen.
- Besonders gutes Fleisch gibt's im **Hunter's Steak House,** das von einem Koch aus dem Schwarzwald geführt wird. Das erklärt auch die Schwarzwälder Kirschtorte.

Ausgehen

- Die bekanntesten **Nachtclubs** an der Nordküste: die gigantische **Mamba Disco** für 3000 Besucher mit Lasershow und Schnickschnack, das **Pirates** am Kenyatta-Strand sowie die **Tembo Disco** an der Hauptstraße nach Malindi.
- Nett für ein Bier ist **Murphy's Irish Pub** gegenüber vom Nyali Shopping Complex, das **Black Havanna** neben der Tembo Disco empfiehlt sich für Salsa-Liebhaber.

Tauchen

Die Möglichkeit zu tauchen und unterschiedlichste **Wassersportarten,** von Surfen über Katamaran-Segeln bis zu Jetski-Fahren, bieten alle größeren **Strandhotels** an.

Ausflug nach Rabai

Erste Missionsstation Ostafrikas

„Ob das Resultat Leben oder Tod ist, die Mission muss begonnen werden!", soll der fieberkranke *Krapf* zu seinem ebenso kranken deutschen Landsmann *Rebmann* gesagt haben, als sie **1846** mit den Ältesten von Rabai verhandelten, um Land für die erste Missionsstation Ostafrikas zu kaufen. Noch im selben Jahr wurde sie eröffnet. 1848 entstand die **erste feste Kirche,** die wegen der stark angestiegenen Zahl von Christen 1887 durch die große St. Pauls-Kirche ersetzt wurde. Das ursprüngliche Kirchengebäude, die älteste (erhaltene) Kirche auf Kenias Boden, beherbergt heute **ein kleines Museum** mit interessanten Exponaten zum lokalen Rabai-Volk. Vor allem der sprachbegabte *Krapf* machte sich auch als Forscher verdient. Er schrieb die erste Grammatik sowie ein Lexikon für Kisuaheli, übertrug die Sprache von arabischen in lateinische Buchstaben und übersetzte die Bibel in die Lingua franca Ostafrikas. Eine große Bedeutung erhielt Rabai Ende des 19. Jahrhunderts als **Zufluchtsstätte ehemaliger Sklaven.** Auf Betreiben der Church Missionary Society kaufte man sie bisweilen sogar von den Schiffen frei und siedelte sie in der Region an, wo für sie Dörfer, Schulen, Krankenhäuser und Kirchen errichtet wurden. Mit dem Anwachsen der afrikanischen Kirchen verlor die traditionsreiche Missionsstation an Einfluss und schloss 1922 ihre Tore. Ein wichtiges Schulzentrum – und einen Ausflug wert – ist Rabai bis heute geblieben. Der Ort liegt rund 40 Kilometer von Mombasa entfernt, abseits des Mombasa Highway im Hinterland.

Dorfmuseum Ngomongo Village

98 Die Küste und Lamu

Die Küste und Lamu

Einleitung

Traumstrände

Viele Urlauber, die nach Kenia kommen, verbringen den Großteil ihres Aufenthaltes an der Küste. Die **großen Hotels** konzentrieren sich auf **Malindi, die Nordküste von Mombasa** und auf **Diani Beach.** An diesen Orten gibt es wahre Traumstrände, und entsprechend gut ausgebaut ist die touristische Infrastruktur mit Restaurants, Discos, Safariunternehmen, Sport- und Unterhaltungsangeboten.

Suaheli-Kultur

Doch jenseits dieser touristischen Welt warten spannende Entdeckungen. Die Suaheli-Kultur, die aus der 2000 Jahre währenden Verschmelzung afrikanischer, arabischer, indischer, persischer und europäischer Einflüsse entstanden ist, bietet exotische Eindrücke. Knapp 100 **archäologische Stätten** bergen die Überreste versunkener Handelsposten. Die rätselhafte, von Urwald überwucherte **Ruinenstadt Gede** wirkt wie eine Vorlage für das „Dschungelbuch", während die Altstadt der Insel Lamu das Beispiel einer lebendigen Suaheli-Siedlung abgibt.

Vielfältige Natur

Doch die Küstenregion zeichnet sich auch durch eine faszinierende Natur aus. In den waldbedeckten **Shimba Hills** leben große Elefantenherden. Im Küstenregenwald von **Arabuko Sokoke** trifft man auf eine üppige Pflanzenwelt und seltene Tierarten. Im Meer vor der Küste bieten die vielen Korallenriffe Lebensraum für Myriaden von bunten Fischen. Die schönsten Abschnitte wie **Watamu** und **Kisite-Mpunguti** sind als Unterwassernationalparks geschützt und für Taucher und Schnorchler zugänglich.

Bild auf den Seiten zuvor: Personentransport auf Lamu

Die Südküste Kenias

Küste zwischen Mombasa und Shimoni

In dem Küstenabschnitt zwischen Mombasa und Shimoni liegen zwei der beliebtesten Strände am Indischen Ozean. Während **Tiwi Beach** eher Individualtouristen anzieht, bietet **Diani Beach** große Strandhotels mit jedem denkbaren Komfort. Außerhalb dieser touristischen Gebiete, etwa in dem kleinen Städtchen Ukunda, findet der kenianische Alltag statt. Die Südküste besitzt auch noch weitgehend naturbelassene Landstriche wie die bizarre Schönheit der Unterwasserwelt im **Kisite-Mpunguti Marine National Park** und das **Shimba Hills National Reserve.** In weiten Küstenstrichen und auf der **Halbinsel Shimoni** gehen die Menschen wie schon vor Jahrhunderten ihrem einfachen ländlichen Alltag nach.

Tiwi Beach

Traumstrände

Auch wenn inzwischen das erste größere Hotel in Tiwi Beach entstanden ist – noch immer markiert der Küstenabschnitt ein **Strandparadies für Individualtouristen.** Mit kleinen Bandas und Feriencottages finanzieren sich Hoteliers und Privatleute ihren Lebensabend. Die großen Abstände zwischen den Unterkünften haben bisher verhindert, dass das Phänomen der „Beach Boys" zur Strandplage geworden ist wie in Diani Beach (siehe dort). Der Preis, den man für die (relative) Unverdorbenheit zahlt, ist das **Fehlen jeglicher Infrastruktur,** wie Post, Banken, öffentliche Fernsprecher oder größere Geschäfte.

Schlafen

● **Moonlight Bay Cottages,** Tel. 040/330 00 12; www.mawenibeach.com. Schöne Cottages an einer kleinen Sandstrandbucht für 2–6 Personen ab 60 US$.
● **Sand Island Beach Cottages,** Tel. 040/330 00 43, Mobil 0722/395 005, www.sandislandtiwi.com. Grünes Anwesen am Strand mit preiswerten Unterkünften, das sich eher durch Ungezwungenheit als durch Komfort auszeichnet. DZ 42 US$.

Ukunda

Kenianischer Alltag

Die **kleine Stadt** an der Abzweigung nach Diani Beach von der Hauptstraße zur tansanischen Grenze bildet mit ungeschminkter Vitalität die unansehnlichere, aber authentische Rückseite des touristischen Hochglanzbildes vom Badeort am Indischen Ozean. Das Heer der einfachen Hotelangestellten, die Matatu-Fahrer, aber auch Prostituierte und Beach Boys wohnen hier. Autogaragen, Handwerksbetriebe und profane Läden, die das Postkartenbild von Diani Beach nicht stören sollen, haben hier ihren Platz gefunden. Natürlich lässt es sich in Ukunda deutlich günstiger wohnen als direkt am Traumstrand von Diani.

Diani Beach

Tropenparadies

Diani Beach, der **Haupttouristenort** an Kenias Küste, liegt rund 40 Kilometer südlich von Mombasa. Weil die riesigen Hochseeschiffe, die in den Hafen von Kilindini einfahren, keine Brückenverbindung von Mombasa Island nach Süden erlauben, schlummerte der Strand lange in einem Dornröschenschlaf seiner Entdeckung durch den Tourismus entgegen. In den 1970er und -80er Jahren wurde die verschlafene Entwicklung aber stürmisch nachgeholt. Heute reiht sich an den 13 Kilometer langen **Stränden von Diani und dem südlich gelegenen Galu** ein Hotel ans andere. Verständlich, denn mit seinem feinen, gleißend weißen Sand, der von Kokospalmen gesäumt wird, dem türkisblauen Wasser und dem mächtigen, mittlerweile unter Schutz stehenden Korallenriff einige hundert Meter vor der Küste entspricht Diani dem Idealbild vom klassischen Tropenparadies. Die meisten **Hotelkomplexe** stehen **in sehr großen parkähnlichen Gartenanlagen,** architektonische Bettenburgsündenfälle von mehr als drei Stockwerken Höhe sind ausgeblieben. Wen das

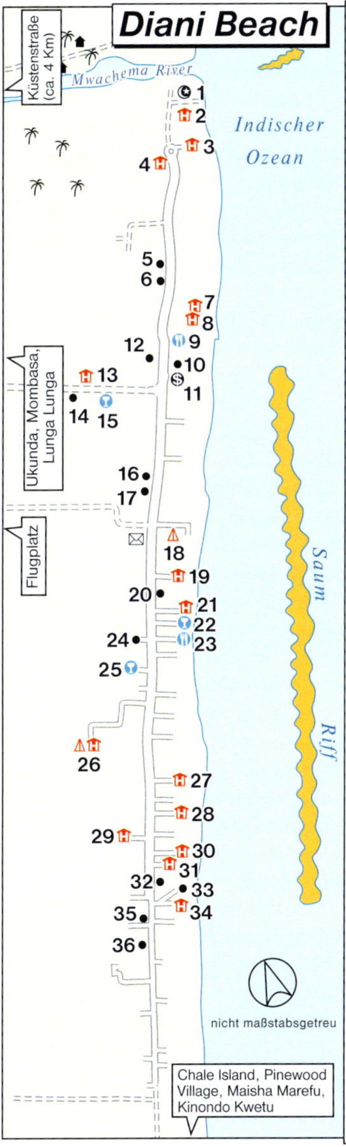

DIANI BEACH

Diani Beach

- 1 Kongo Moschee
- 2 Jacaranda Indian Ocean Beach Resort
- 3 Southern Palms Beach Resort
- 4 Diani Palm Resort
- 5 Bazaar Shopping Complex
- 6 Diani Shopping Complex
- 7 Leisure Lodge
- 8 Leopard Beach Hotel
- 9 African Pot Restaurant
- 10 Barclay's Plaza
- 11 Barclay's Bank
- 12 Diani Beach Colliers Centre
- 13 Glory Guesthouse
- 14 Private Safaris
- 15 Club Willow
- 16 Diani Bazaar Shopping Centre
- 17 Diani Beach Shopping Centre/Agip-Tankstelle
- 18 Diani Beach Campsite
- 19 Diani Sea Resort
- 20 Diani Sea Resort Shopping Centre
- 21 Diani Marine Divers Villages
- 22 40 Thieves Beach Bar
- 23 Ali Barbour's Rest.
- 24 Diani Plaza
- 25 Chakatak Nightclub
- 26 Kanini Island Cottages
- 27 The Sands At Nomads
- 28 Ocean Village Club
- 29 Forest Dream Cottage
- 30 Baobab Beach Resort
- 31 Shanti Holistic Health Resort
- 32 KFI Supermarkt
- 33 Colobus Trust
- 34 Diani Beach Chalets
- 35 Wäscherei
- 36 Galu Kinondo Supermarkt

Die Küste und Lamu

Grauen packt, wenn er im Ausland am Kiosk die „Bild-Zeitung" kaufen kann, eine Speisekarte mit deutscher Hausmannskost vorgelegt bekommt oder Schilder wie „Wir suchen noch nette Nachbarn ..." liest, sollte um Diani, wo sich auch viele Landsleute niedergelassen haben, lieber gleich einen Bogen machen.

Fernreisende gab es in Diani schon lange vor Ankunft der ersten Sonnenhungrigen. Weil die Einmündung des **Mwachema River** den ersten geschützten Hafen südlich von Mombasa bildet, ankerten hier in den vergangenen Jahrhunderten häufig die großen Lastensegler der Monsunhandelsroute.

Diani- und Jadini-Urwald

Im Süden von Diani Beach findet man noch Reste des Küstenurwalds. Diani- und Jadini-Urwald bilden herrlich **dichte Waldinseln mit einer vielfältigen Tier- und Pflanzenwelt.** Bei einer Erkundung per pedes helfen etwas Geduld und Glück zur Beobachtung seltener Vogelarten wie dem Uluguru-Nektarvogel oder von Pavianen, Blauer Ducker Antilope, drei verschiedenen Buschbaby-Arten, einigen Katzenarten und vielen anderen Tieren. Allein 125 Schmetterlingsarten kommen hier vor!

Der heimliche Star von Dianis Tierwelt ist aber eine besondere Art des Colobus-Affen, nämlich der **Weißbartstummelaffe.** Sein seltsamer Name leitet sich von dem charakteristischen zurückgebildeten Daumen her. In Kenia kommt dieser Primat nur in den Shimba Hills und in den Küstenregenwäldern vor. Die einzelnen Gruppen grenzen ihr Territorium ab, indem sie laute Geräusche erzeugen. Dabei sind die Tiere recht pragmatisch und nutzen auch vom Menschen erschaffene Dinge für dieses Ritual – vorausgesetzt, sie machen

Bootstour durch die Mangrovenwälder in der Mündung des Ramisi River

gehörig Krach. Besonders beliebt scheint dabei das Auf- und Niederhopsen auf Wellblechdächern zu sein ... Mit einer anderen technischen Errungenschaft kommen die Colobus-Affen aber überhaupt nicht zurecht: mit Autos. So elegant die Tiere mit halsbrecherischen Sprüngen durch das Geäst fliegen – auf dem Boden verwandeln sie sich in hilflose Fellbüschel. Auf dem zwei Kilometer langen Straßenstück durch ein relativ dichtes Waldgebiet an Dianis Hauptstraße wurden innerhalb von drei Monaten 17 Tiere totgefahren. Das führte zur Gründung eines Vereins mit dem Namen **„Wakuluzu – Friends of the Colobus Trust",** der sich ganz dem Schutz der Affen verschrieben hat. Er zeichnet verantwortlich für die Warnschilder an der Straße von Diani, die um eine langsame Fahrweise bitten. Auch die seltsamen waagerechten Strickleitern, die an einigen Stellen die Straße überspannen, sind sein Werk. Auf diesen „Colobus-Brücken" können die Affen auf sicherem Wege die Straße überqueren. Doch mit-

telfristig geht die größte Gefahr von der fortschreitenden Lebensraumzerstörung aus. Deshalb prangert Wakuluzu mit Öffentlichkeitskampagnen bekannte Waldzerstörer an und verhandelt mit privaten Landbesitzern um die Erhaltung der natürlichen Vegetation. Wakuluzu bietet täglich **Besucherführungen** zu lokalen Affengruppen an, Freiwillige sind bei der Organisation willkommen (Tel. 040/320 35 19; www.colobustrust.org).

Kriminalität

Wie in vielen anderen Touristengebieten gehören in Diani gelegentliche **Diebstähle** zu den negativen Begleiterscheinungen des Fremdenverkehrs. Als Fußgänger sollten Sie daher einsame Straßenabschnitte und nächtliche Strandspaziergänge vermeiden. Dass man seine Wertgegenstände nicht offen zur Schau trägt, versteht sich von selbst.

Beach Boys

Zu den unangenehmen, wenn auch nicht bösartigen Erscheinungen von Diani gehören auch die vielen „Beach Boys", die einen **am Strand ansprechen,** um Safaris, Souvenirs und anderes an den (weißen) Mann zu bringen. Mit freundlicher Bestimmtheit kann man sie ganz gut abwimmeln. Andererseits verdienen sie auch ein gewisses Verständnis, denn hinter jedem Beach Boy steht meist eine ganze Großfamilie, die versorgt sein will.

Schlafen

- **Jacaranda Indian Ocean Beach Resort,** Tel. 040/320 37 30; www.jacarandahotels.com. Geschmackvolle und komfortable Unterkünften mit vielen Freizeitangeboten. DZ 110 US$.
- **Leopard Beach Hotel,** Tel. 040/320 27 21; www.leopardbeachresort.com. Sympathisches Hotel zu fairen Preisen. DZ je nach Kategorie ab 70 US$.
- **Diani Marine Divers,** Tel. 040/320 23 67; www.diani-marine.de. Eigentlich auf Tauchgäste spezialisiert, aber auch für andere Individualreisende empfehlenswert. Picobello sauber, direkt am Strand neben der 40 Thieves Bar.

Essen

Alle größeren Hotels haben eine ausgezeichnete Küche, es gibt zudem eine **Vielzahl an Pizzabäckern** sowie **indischen** und **chinesischen Restaurants.**

Karten Umschlag hinten, S. 103 **DIE SÜDKÜSTE KENIAS**

- **Ali Barbour's Restaurant** ist in einer Korallensteinhöhle am Strand untergebracht – ein einmaliger Platz mit erlesenem Essen und der gemütlichen **40-Thieves-Strandbar.**
- **Leonardo's** ist ein Italiener im Diani Beach Colliers Centre, der trotz edlem Ambiente durchschnittliche Preise hat und keine Wünsche offenlässt.
- **African Pot**, nur 500 Meter nördlich der Abzweigung nach Ukunda, serviert leckere afrikanische Gerichte in nettem Ambiente.

Ausgehen

Die bekanntesten **Discos** von Diani sind das **Chakatak** (mit Biergarten) und das **Tropicana** im Diani Shopping Centre. Legendär sind die Abende in der **40 Thieves Bar** direkt am Strand (Mi, Fr und Sa wird getanzt).

Touren

- **Beach Air Tours & Safaris**, Tel. 040/320 31 35, im Barclay's Plaza. Autovermietung, Flug- und Straßensafaris.
- **Fredlink Tours** bietet Mietmotorräder und Motorbike-Safaris an. Tel. 040/320 26 47, www.motorbike-safari.com.

Sport

- Fast alle größeren Hotels bieten zahlreiche **Wassersport- und Tauchmöglichkeiten** an.
- **Golf:** Der 18-Loch-Kurs der **Leisure Lodge** hat täglich geöffnet, die Greenfee beträgt 39 US$ pro Tag.
- **Hochseeangeln: Blue Marlin**, Tel. 040/320 27 99, ist wohl der renommierteste Anbieter vor Ort.
- **Segeltörn mit einer Dhau:** Inzwischen bevölkert eine recht stattliche Anzahl touristischer Segel-Dhaus die Gewässer der kenianischen Küste. Die Paketangebote der einzelnen Anbieter sind mehr oder weniger identisch: Abholung vom Hotel, Segeltörn, Schnorchelgang, ein opulentes Meeresfrüchtemahl und manchmal auch noch eine Tour durch den Mangrovenwald oder ein Dorfbesuch. Die Programme, die einen erlebnisreichen Tag füllen, lassen sich in den meisten Safaribüros buchen.

Mwazaro Beach

Heiliger Platz

In dem Knick, wo das Festland in die Halbinsel von Shimoni übergeht, hat der Deutsche *Hans von Loesch* ein **außergewöhnliches Hotel** errichtet: Von einfachen, aber netten Hütten und inzwischen auch einem festen Korallensteinhaus unter Kokospalmen blickt man auf dichten Mangrovenwald, der schützend den gleißend weißen Sand einfasst – was für eine Einladung zum Baden! *Hans* ist ein ausgezeichneter Koch, der mit fri-

Mangroven – der Meereswald

Weite Teile der ostafrikanischen Küste werden von einem dichten Wald bedeckt. Das **giftgrüne Dickicht** wächst im Meer – es handelt sich um **salzwassertolerante Mangroven** (auf Kisuaheli „Mikoko"). Mangrovenwälder sind ein faszinierender Lebensraum an der Nahtstelle von Festland und Meer.

Auffällig sind die **verschiedenen Waldzonen,** in denen nur ganz bestimmte Pflanzen vorkommen, abhängig davon, wie salzig der Boden ist und wie lange ihre Wurzeln im Ebbe-Flut-Rhythmus von Salzwasser bedeckt werden. Um in ihrem extremen Lebensraum zu überleben, haben die Pflanzen besondere **Anpassungen** entwickelt. Die Wurzeln jeder normalen Pflanze würden in dem sauerstoffarmen Schlickboden ersticken. Die Mangroven bilden zahlreiche **Atemwurzeln** aus, die quasi in die verkehrte Richtung, also nach oben, wachsen und bei Niedrigwasser überall aus dem Boden ragen – was aussieht wie ein gigantisches Nagelbrett (siehe Bild rechts oben). Ihr korkähnliches Gewebe kann bei Ebbe Luft aufnehmen und verhindert bei Flut das Eindringen von Salzwasser in die Wurzeln. Auch auf das giftige Meersalz haben sich Mangroven eingestellt: Sie scheiden es über die Blätter wieder aus.

Ihre **Fortpflanzung** ist kurios: Mangroven sind gewissermaßen „lebend gebärend". Die Samen keimen bereits am Mutterbaum. Wenn die Jungpflanzen irgendwo angespült werden, sind sie bereits voll entwickelt und wachsen innerhalb von Stunden an. Landet der Samen keinen Bodentreffer, kann er bis zu drei Monate im Salzwasser überleben. Strömungen tragen ihn riesige Strecken über die Meere – daher wachsen an der amerikanischen und der afrikanischen Atlantikküste die gleichen Mangroven. Weltweit gibt es 60 Arten, neun davon kommen in Kenia vor.

Die Wälder schützen die Küste vor Erosion, fördern die Verlandung und dienen als gigantische Wasserfilter. Sie sind ein wichtiger Schutz vor Sturmfluten und in gewisser Weise der „Kindergarten" des Ozeans. Denn in ihrem Wurzelgeflecht gedeihen die Jugendstadien vieler Meerestiere, wie Krabben, Garnelen, Weichtiere und bis zu 70 Prozent der Fische. In kenianischen Mangrovenwäldern, etwa im Mündungsgebiet des Ramizi River, gibt es eine **reiche Vogelwelt** mit Reihern, Ibissen, Eisvögeln (siehe Bild rechts unten), Kormoranen, Greif- und Stelzvögeln, aber auch Krokodile, Affen und Schlangen leben in den Wäldern.

Die Waldbestände werden in Ostafrika **seit über 200 Jahren vom Menschen genutzt.** Teile der Pflanzen finden in der traditionellen Medizin Verwendung. Sie sind Bau- und Brennholzlieferant. Dank des hohen Mineraliengehalts weist das schwere rötliche Holz große Härte und Termitenresistenz auf, was ihm selbst im feucht-heißen Küstenklima eine Haltbarkeit von 50–100 Jahren verschafft! So ist Mangrovenholz seit Urzeiten eines der wichtigsten Handelsgüter an der Suaheli-Küste.

MANGROVEN – DER MEERESWALD

schen Zutaten vom Acker und aus dem Meer sowie traditionellen Gewürzen herrliche Gerichte zaubert. Mwazaro Beach mit seinem mächtigen Baobab-Baum ist dem **Küstenvolk der Digo** ein heiliger Platz, für dessen Respektierung *Hans* verantwortlich ist. Daher sind TV und Radio hier tabu, es ist wunderbar ruhig, man vernimmt nur das Rauschen von Meer und Wind. In unmittelbarer Nähe mündet der **Ramizi River** in einem großen **Mangrovenwald** in den Ozean – ein **Naturparadies** mit Krokodilen und überbordender Vogelwelt, für dessen Erhalt sich *Hans* engagiert und das man mit ihm per Boot erkunden kann.

Schlafen

- **Mwazaro Beach Mangrove Lodge,** Tel. 0722/961 848. DZ in normalen Cottages kosten 104 US$, im Korallensteinhaus 175 US$.

Shimoni

Dorf und Halbinsel

Das Dorf Shimoni liegt an der Spitze der gleichnamigen Halbinsel, die sich im südlichsten Abschnitt der kenianischen Küste in den **Pemba-Kanal** vorstreckt. Zum Teil ist das Land noch von dichten Wäldern bedeckt, und an den Küsten wachsen undurchdringliche Mangroven. Im Ort Shimoni stehen zwei relativ noble Hotels – dank der fischreichen Gewässer, die **viele Hochseeangler** anziehen, und den berühmten Korallenbänken des Kisite-Mpunguti Marine National Park. Die Siedlung selbst macht mit ihren wellbechgedeckten Lehm- und Korallensteinhäusern einen etwas verwahrlosten Eindruck, der durch eine große Hausruine im Ortskern noch verstärkt wird. Bei dem Gebäude, das gegenwärtig renoviert wird, handelt es sich um den **alten Sitz der Imperial British East Africa Company,** ein seltener Zeuge der frühen Kolonialarchitektur Ende des 19. Jahrhunderts. Heute wird das Mauerwerk von mächtigen Schlingpflanzen und Würgefeigen zusammengehalten. Spannender als ein Besuch der finsteren Höhlen im Korallenfels, die als Sklavengefängnis dienten und dem Ort zu ihrem Namen verhalfen, ist die morgendliche **Fischauktion.** Begegnungen mit Ehrfurcht gebietenden Haien, Schwertfischen und Mantas verlaufen hier ganz harmlos.

Schlafen

●**Pemba Channel Lodge,** Tel. 0722/2050-20 und -21, www.pembachannellodge.com. Persönlich eingerichtete Bandas, köstliches Essen. DZ ca. 200 US$.

Wasini Island

Korallengarten

Eine seltene Gelegenheit, **Korallen auf dem Trockenen** zu erleben, bietet der Korallengarten von Wasini Island. Die mit mehr als mannshohen prä-

Im Korallengarten auf Wasini Island

historischen Korallenblöcken übersäte Ebene befindet sich am Rande des Dorfes Wasini. Auf der Insel gibt es noch immer kein fließend Wasser, keine Autos oder Mopeds und für den Durchschnittsbewohner auch keinen Strom. So ist das **freundliche Fischerdorf** mit seiner einfachen Unterkunftsmöglichkeit ein gutes Rückzugsgebiet für Flüchtlinge vor dem Touristenrummel.

Schlafen

●**Wasini Mpunguti Lodge,** Tel. 040/52288. Einfach und sauber. Pro Person 13–28 US$.

Kisite-Mpunguti
Marine National Park und Reserve

Herrliche Tauchgründe

Die **Riffe und bunten Korallengärten vor Wasini Island** stehen seit 1978 unter Schutz. Auf einer Fläche von 28 km² (Kisite Marine National Park) und 11 km² (Mpunguti Marine National Reserve) tummelt sich an ausgesprochen schönen Riffen eine schier **unüberblickbare Fülle tropischer Fische.** Zu den schönsten Tauchplätzen der Gegend gehört das **Nyulli Reef,** das wegen starker Strömungen und seiner Lage in 40 Metern Tiefe nur erfahrenen Tauchern zugänglich ist. Die Belohung sind spektakuläre Korallenformationen, Zackenbarsche von über zwei Metern Länge und andere Tiefwasserfische wie Barrakudas und Weißspitzenriffhaie. Das **Pink Reef** ist ein rundes Riff in flacheren Gewässern zwischen drei und 17 Metern Tiefe, das sich durch herrliche Hart- und Weichkorallenbestände auszeichnet. Hier trifft man am ehesten auf Wasserschildkröten. Zwei weitere außergewöhnlich gute Tauchplätze sind das Riff am **Dolphin Point,** das seinen Namen wegen der verspielten Delfinschulen trägt, die dort öfter vorbeischauen, und das Riff am **Kisite Point.** Dessen Hauptattraktion sind die ausgesprochen zahmen Fische, die Taucher neugierig umringen. Das am häufigsten von den Schnorchelgruppen angesteuerte Riff ist das von **Inner Kisite,** das bis

Umschlagkarte hinten   **SHIMBA HILLS NR**

auf drei Meter unter der Wasseroberfläche ansteigt. Wunderbare farbenfrohe Korallenbestände und Tausende von tropischen Rifffischen, darunter viele Muränen und zahme Papageienfische, schwärmen hier durchs kristallklare Wasser. Die geschützte Lage erlaubt auch Nachttauchgänge. All diese Plätze können nur per Schiff angesteuert werden.

- **Parkgebühren 20 US$.**

Tauchen

- Tauch- und Schnorcheltouren im Unterwassernationalpark: **Pilli Pipa Dolphin Safaris,** Tel. 040/320 35 59; www.pillipipa.com. Im Paketpreis ist auch ein Meeresfrüchtemenü enthalten.

Shimba Hills National Reserve und Mwaluganje Elephant Sanctuary

Waldschutzgebiet

Erstaunlicherweise verirren sich nur wenige Touristen von der Küste in die **Shimba Hills,** die nur 20 Kilometer im Rücken von Diani Beach liegen. Ein Waldschutzgebiet, das Shimba Hills National Reserve, und das Mwaluganje Elephant Sanctuary bilden ein **zusammenhängendes geschütztes Ökosystem,** das für Urlauber wegen der vielen Elefanten und der abwechslungsreichen Landschaft eigentlich ein Muss ist. Der Literaturnobelpreisträger *Ernest Hemingway,* der in den Shimba Hills auf Großwildjagd ging, hat die bis zu 448 Meter hohen Berge in seiner Erzählung „Die grünen Hügel Afrikas" literarisch verewigt. Nach Osten hin eröffnen sich grandiose Ausblicke über die tropische Küstenebene, landeinwärts auf den ewigen Busch. Welch eine landschaftliche Vielfalt: Dampfende Küstenregenwälder wechseln sich mit offenen Grassavannen ab, Galeriewälder säumen

SHIMBA HILLS NATIONAL RESERVE

die Flusseinschnitte in den Hängen. An den **Sheldrick-Fällen** stürzt der **Rongo Mwangandi** rund 20 Meter tief in einen herrlichen Badepool hinab, den man vom Elephant Lookout in Ranger-Begleitung zu Fuß erreicht.

600 Elefanten

600 Elefanten leben in den Shimba Hills und im Mwaluganje Elephant Sanctuary. Es ist ein Naturschauspiel erster Güte, wenn die Elefanten im Sanctuary **kurzzeitig gigantische Herden** von bis zu 200 Tieren bilden. Wie bei menschlichen Familienfesten begleiten geräuschvolle Begrüßungsszenen das Wiedersehen.

Neben den Elefanten sind vor allem die seltenen **Rappenantilopen** die Stars von Shimba. Die Böcke mit ihren großen, nach hinten gebogenen Hörnern und dem schwarzen Fell geben einen prächtigen Anblick ab. Ansonsten kommen die typischen **Waldtierarten** vor: Wildbüffel, verschiedene Arten von Böcken und Duckern, Buschschweine, Leoparden, Servale und mehrere Affenarten. Giraffen, Warzenschweine, Hyänen und Löwen halten sich eher in den Savannenregionen von Shimba Hills auf. Während des **Vogelzugs nach Europa** fallen im Frühjahr riesige Schwärme in den Park ein.

Ein pflanzliches Kuriosum des üppigen Küstenwaldes sind die palmenähnlichen **Cycadeen,** die inzwischen auch in vielen Hotelgärten wachsen. Wie der Ginkgobaum sind sie lebende pflanzliche Dinosaurier.

●Parkgebühren 20 US$.

Schlafen

●**Traveller's Mwaluganje Elephant Camp,** Tel. 020/548 512-1 bis -6. Wunderbar im Wald direkt an einem Elefantenbadeplatz gelegenes Blockhaus-Hotel. DZ 180 US$.

Die Nordküste Kenias

Küste von Mombasa bis Lamu

Ähnlich wie an der Küste südlich von Mombasa konzentriert sich auch an der Nordküste der Badetourismus auf wenige Zentren, nämlich die Städte **Kilifi, Watamu** und **Malindi.** Abseits davon, zum Beispiel in der kleinen **Inselstadt Lamu,** lässt sich die Suaheli-Kultur beobachten. Ruinen von historischen Handelsstädten wie jene von **Gede** lassen auch faszinierende Blicke in die Vergangenheit der fast 2000 Jahre alten Kultur zu. An der Nordküste gibt es mit dem **Arabuko-Sukoke-Regenwald** und den **Unterwasserschutzgebieten von Malindi und Watamu** zudem besondere Naturreservate zu erkunden.

Kilifi

15.000 Einwohner

Kilifi liegt auf halber Strecke zwischen Mombasa und Malindi, **am Südufer des gleichnamigen Meeresarms,** der kilometerweit ins Landesinnere reicht. Bevor die moderne Betonbrücke das türkisblaue Wasser überspannte, warteten in der 15.000-Einwohner-Stadt viele Reisende auf die „Malindi"; das rostige Fährschiff sorgte über Jahrzehnte für glorreiche Verspätungen. Mit den kleinen Restaurants und fliegenden Händlern am Anleger ist es nun vorbei, und auch der etwas abseits der Teerstraße nach Malindi gelegene Verwaltungssitz wirkt eher verschlafen. Neben einigen Badegästen kommen vor allem Taucher, um die **Korallenriffe im Creek** und weiter draußen am Saumriff zu erkunden. Im Winterhalbjahr lebt die Stadt für einige Tage auf, wenn sie zum Mekka der kenianischen Hochseeangler wird. Gleich fünf traditionsreiche **Angelwettkämpfe** werden vor der Küste zwischen Weihnachten und Ostern ausgetragen. Erst dann bekommt man die vielen Weißen zu Gesicht, die in der Umgebung von Kilifi versteckt auf ihren Anwesen leben.

Die Nordküste Kenias

Ruinen von Mnarani Auf der südlichen Seite des Creek liegen die Ruinen von Mnarani, die nicht nur wegen ihrer Lage auf den Klippen und der **wunderbaren Aussicht** auf den Meeresarm sehenswert sind. Mnarani gehörte zu den Suaheli-Siedlungen, die während der portugiesischen Ära den Ministaat Kilifi bildeten. Zu sehen sind die Überreste zweier Korallenstein-Moscheen, eines Brunnens, der Stadtmauer sowie einiger Gräber.

Schlafen

●**Baobab Sea Lodge,** Tel. 041/522 511; www.madahotels.com. Bemerkenswert schöne Anlage mit netten Bandas. Kein Sandstrand. DZ abhängig von der Jahreszeit zwischen 100 und 155 Euro.

Watamu

Malerische Badebuchten Der Strand von Watamu zählt zu den **schönsten Küstenlandschaften Kenias.** Drei malerische Badebuchten und die einzigartige Unterwasserwelt des Watamu Marine National Park machen die Stadt zu einem beliebten, **angenehm ruhigen Touristenort,** in dem man noch die Seele des früheren Fischerortes spürt. Von Watamu nach Süden erstreckt sich eine rund vier Kilometer lange Halbinsel, welche den Einschnitt des **Mida Creek** vom offenen Meer trennt. Seine **vogelreichen Mangrovenwälder** und Wattgebiete sind ein ornithologischer Geheimtipp. Es scheint, in Watamu sei jeder glücklich zu machen: Im offenen Ozean finden **Taucher** ein Unterwasserparadies vor, **Surfer** ausgezeichnete Windverhältnisse und **Hochseeangler** reiche Fischgründe.

Schlafen

●**Riedl Cottages,** Tel. 042/233 20 99, www.scuba-diving-kenya.com. Schöne Appartments und Cottages unter deutscher Führung zu fairen Preisen, allerdings kein Strand. DZ ab 32 Euro.

Auf der Terrasse des Hemingway Hotel in Watamu

DIE NORDKÜSTE KENIAS

- **Temple Point Resort,** Tel. 042/233 205-7 und -8, www.clubtemplepoint.com. Wunderschön an der Spitze der Halbinsel von Watamu gelegen.

Essen

- Lecker und edel italienisch speist man im **Baracuda Inn** und im **Blue Bay Village.**
- Gute Buffets werden im **Ocean Sports** und im **Hemingways** aufgebaut.
- Empfehlenswert ist auch das von einer Deutschen geführte **Bistro Watamu** neben dem Watamu Supermarket mit leckerem Kuchen und Snacks.

Tipp

- **Bio Ken Laboratory** und **Snake Farm:** Die kleine biologische Forschungsstation in Watamu wirkt auf den ersten Blick wie ein etwas chaotischer Garagenbetrieb. Es ist das Wirkungszentrum des britischstämmigen Ehepaars *Ashe,* Schlangenspezialisten von internationaler Reputation, nach denen sogar eine Buschvipern-Art benannt wurde. Seit 25 Jahren halten sie Hunderte von Schlangen, darunter allein 80 hochgiftige Grüne Mambas, die regelmäßig zur Herstellung von Antiseren gemolken werden. Einen Besuch der Schlangenfarm sollte man sich nicht entgehen lassen. Leider ist *James Ashe* verstorben, aber auch seine Frau und sein Sohn erzählen mit viel britischem Humor aus einem bewegten Leben mit den geschuppten Freunden. Täglich von 10–12 und 14–17 Uhr geöffnet, Eintritt 700 Ksh.

Watamu Marine National Park und Reserve

Der Nationalpark

Der bereits 1968 gegründete Watamu Marine National Park und das gleichnamige Reserve zählen zu den **schönsten Tauch- und Schnorchelgründen an der ostafrikanischen Küste** mit über 100 Arten von **Stein- und Weichkorallen** sowie mehr als **600 (!) Fischarten.** So skurril und vielfältig wie die Namen der Fische – etwa Soldaten-, Engels-, Doktor-, Frosch- oder Kofferfisch – sind auch ihre Formen und Farben. Erfahrene Taucher kommen vor allem wegen der **Walhaie** nach Watamu. Der größte Fisch der Erde, der bis zu zwölf Meter Länge erreicht, lässt sich nur an wenigen anderen Stellen auf der Erde so häufig blicken.

Die Regionen von Park und Reserve

Der Watamu National Park umschließt größtenteils ein **Lagunenhabitat** von durchschnittlich sechs Metern Wassertiefe, das sich besonders zum **Schnorcheln** eignet. Von den **drei Saumriffen,** die ein bis zwei Kilometer vor der Küste verlaufen, liegen die äußeren beiden bereits im Malindi Marine National Reserve, ebenso wie die einzelnen **Korallenblöcke,** die wie Unterwasserinseln vom Meeresboden aufragen. Zum geschützten

Gebiet gehören auch die **Mangrovenwälder und Wattgebiete des Mida Creek.** Weite Teile dieses Ökosystems fallen bei Ebbe trocken; dann sammeln sich die Fische in kleinen Pools, und für einige Stunden krabbeln alle möglichen Krebse, Krabben und Schlammspringer aus ihren Höhlen im Schlick. Einheimische Wasser-, Watt- und Stelzvögel wie etwa Gelbschnabelstorch oder der Große Flamingo finden dann ein reichhaltiges Mahl. In der Mida-Bucht überwintern denn auch zahlreiche nordeuropäische Zugvogelarten. Mit etwas Glück lassen sich hier auch Warane, Dikdik-Antilopen und sogar verschiedene Affenarten beobachten. Auf **Sudi Island** ist ein interessanter **Naturpfad** durch den Mangrovenwald angelegt worden, der erklärt, warum der Wald als Kinderstube vieler Fischarten für das Leben unter Wasser eine gewichtige Rolle spielt.

Die Tierwelt	Besonders bekannt ist Watamu für seine **Meeresschildkröten,** die hier gleich mit vier verschiedenen Arten auftauchen, nämlich dem Loggerhead, der Großen Leder-, der Grünen Meeresschildkröte und dem Hawksbill. Die Strände der Umgebung sind wichtige Brutgebiete, sodass man bei manchen Tauchgängen gleich mehrere Tiere sichten kann! Weltweit wird in den vergangenen Jahren ein starker Rückgang der Meeresschildkröten verzeichnet. In Ostafrika werden die Reptilien vor allem durch die Souvenirindustrie bedroht, aber es kommt auch immer wieder vor, dass Tiere qualvoll an Plastikabfall ersticken, den sie für Quallen – ein Teil ihrer Nahrung – halten. Zwischen Januar und April kommen sie an Watamus Strände, um ihre Eier abzulegen. In Watamu macht sich das „Turtle Conservation Committee" für den Schutz der Tiere und ihrer Gelege stark. Als Tourist kann man diese Arbeit mit einer Schildkrötenpatenschaft unterstützen.

Die zweite außergewöhnliche Attraktion im Meer vor Watamu sind die riesenhaften **Walhaie.**

Die größte Fischart des Planeten ist völlig friedfertig, denn sie ernährt sich ausschließlich von Plankton und Krill. Taucher und Schnorchler können sich den trägen Giganten nähern und sie sogar berühren. Auch andere Planktonfresser wie Adler- und Mantarochen sind hier zu bestimmten Jahreszeiten leicht zu beobachten.

●Parkgebühren 15 US$.

Tauchen

●Am Eingang des Nationalparks werden Boote für **Schnorcheltouren** vermietet. Pro Person sind 800 Ksh zzgl. Parkeintritt zu zahlen.

Arabuko Sokoke Forest Reserve

Der Wald

Der Arabuko Sokoke Forest zwischen Malindi und Kilifi ist mit rund 417 km² Fläche das **größte verbliebene Stück der ostafrikanischen Küstenwälder.** Eine **unglaubliche Artenvielfalt** macht das relativ kleine Waldgebiet zu einer biologischen Schatzkammer, die seit 1976 geschützt ist. Wer Glück hat, mag einen Blick auf Wildbüffel oder gar einen von rund 100 Elefanten erhaschen. Die „Stars" von Arabuko Sokoke sind aber viel kleiner:

Sumpfgebiet im Arabuko Sokoke Forest

Es sind bedrohte Kleinsäuger, Vögel und Schmetterlinge sowie eine Vielzahl von Amphibien, Reptilien und Insekten. Zudem wurden bisher über 600 Pflanzenarten im Wald beschrieben, von denen mehr als 100 als **Medizinalpflanzen** verwendet werden. Traditionelle Heiler dürfen sie weiterhin sammeln, ist die Einbindung der Waldanlieger in eine nachhaltige Nutzung doch Teil des Naturschutzkonzeptes. Exkursionen und Wanderungen in diesem Reserve überraschen mit so mancher Schönheit und manchem Kuriosum aus Tier- und Pflanzenwelt.

Der Cashewnuss-Baum

Der Cashewnuss-Baum, auf Kisuaheli „Korosho", sticht an der Küste durch seine großen, eiförmigen Blätter ins Auge. Die Pflanze wird auf **Plantagen** angebaut und wächst in **Privatgärten.** Ursprünglich aus Ostbrasilien stammend, wurde die Pflanze von den Portugiesen in diesen Teil Afrikas gebracht. Was wir als Nuss in gerösteter und gesalzener Form knabbern, ist botanisch gesehen der Samen einer Steinfrucht. Die **Früchte** sind am Baum kurios anzuschauen. Wie ein gebogenes Würmchen sitzen sie an der Unterseite des deutlich größeren, birnenförmig angeschwollenen Fruchtstils und werden deshalb auch als **„Elefantenlaus"** bezeichnet. Roh sind die Nüsse, die wegen geringer Erntemengen teuer sind, nicht genießbar. Zunächst werden sie geschält, dann mit etwas Butter, Salz und Pfeffer geröstet. Aus der **Schale** wird übrigens ein Öl gewonnen, mit dem man Hautwarzen und Hühneraugen behandeln kann, das sich aber auch als wirksames Holzschutzmittel gegen Termiten verwenden lässt und zu hitzebeständigen Bremsbelägen verarbeitet wird. Aber selbst der **gelb-rote Fruchtstil** des pflanzlichen Tausendsassas, der sogenannte Cashew-Apfel, ist nutzbar: Er wird als süß-säuerliches Obst gegessen und zu Marmelade, Saft und Wein verarbeitet.

DIE NORDKÜSTE KENIAS

Die Regionen des Waldes

Der schmale, feuchte Vegetationsstreifen parallel zur Teerstraße wird von **Mischwald** bedeckt. Hier finden sich 67 der insgesamt 89 Baumarten von Arabuko Sokoke. Weiter im Inland schließt sich auf nährstoffarmen weißen Sandböden ein trockeneres **Buschland** an, das von *Brachystegia spiciformis,* einer Hartholzart, dominiert wird und in dem auffällig viele Epiphyten und Flechten in langen Bärten von den Ästen hängen. Die Zone eignet sich bestens für Vogelbeobachtungen. Die roten Sandböden des gesamten Westteils sind von **Cynometra-Wald** bedeckt, der nach der hier dominanten Baumart benannt ist. Die Trockenheit dieser Vegetationszone bietet auch Euphorbienbäumen ideale Wachstumsbedingungen.

Die Tierwelt

Im Wald leben etwa 230 **Vogelarten.** Der Clarkwebervogel ist hier endemisch, aber auch die lediglich 16 Zentimeter große Sokoke-Scops-Eule lebt fast ausschließlich hier. Rund 260 unterschiedliche **Schmetterlinge** schweben geräuschlos durch das Blätterdach. Die größten und buntesten dieser „fliegenden Blumen" gehören zu den Schwalbenschwänzen. Dagegen ist das Konzert der 25 bisher bekannten Frosch- und Krötenarten alles andere als lautlos. Einige **Amphibien** hängen ihre Eier in Schaumbällen direkt übers Wasser, so purzelt der Quappen-Nachwuchs direkt nach dem Schlüpfen ins feuchte Element.

Drei vom Aussterben bedrohte Säugetiere haben in Arabuko Sokoke ihr Refugium: Die **Elefantenspitzmaus,** ein hasengroßer Nager mit rüsselartiger Schnauze, jagt am Waldboden nach Insekten; der nachtaktive **Sokoke-Buschschwanzmungo** bringt in Gruppen sogar Giftschlangen zur Strecke; **Ader's Duckerantilope** kommt sonst nur auf Sansibar vor. Die größten Tiere des Waldes sind Elefanten und Wildbüffel.

Gede – Ruinen im Urwald

DIE NORDKÜSTE KENIAS

- Parkgebühren 20 US$.

Wandern

- **Waldwanderungen:** Trotz der guten Beschilderung empfiehlt sich einer der lokalen Führer, die über ein großes botanisches und zoologisches Fachwissen verfügen. Eine dreistündige Führung für vier Personen kostet 800 Ksh.

Gede

Ruinen einer Suaheli-Stadt

Für alle, die verwunschene Orte lieben, ist der Besuch der von Urwald überwucherten Ruinen von Gede, bisweilen auch Gedi genannt, Pflicht. Auf rund **18 Hektar** verteilen sich romantisch **von Baumwurzeln umklammerte Mauerreste, orientalische Spitzbögen und rätselhafte Säulengräber,** die als die besterhaltenen Überreste einer Suaheli-Stadt in Kenia gelten. Affenhorden turnen durch die Zweige der mächtigen Würgefeigenbäume. Mit rund 2500 Einwohnern und einer meterdicken Stadtmauer war die Siedlung beachtlich. Dennoch rätseln Archäologen immer noch, wer Gede gründete, warum die Stadt im Wald lag und warum sie schließlich wieder verlassen wurde. Ein

datierter Grabstein trägt die Inschrift der islamischen Jahreszahl 802 nach der Hedschrah, was auf den Bau der Mauern Ende des 14. Jahrhunderts hinweist. Dank ihrer versteckten Lage wurden die denkmalgeschützten Ruinen erst Ende des 19. Jahrhunderts wiederentdeckt.

Bei den Mauerresten handelt es sich lediglich um das aus Korallenstein erbaute **„Nobelviertel" der Stadt.** In dem Ruinenfeld im Inneren der Stadtmauern stechen vor allem die Überreste von zehn Häusern, der großen Freitagsmoschee, einer weiteren kleinen Moschee und einer Palastanlage hervor. Auffällig ist, dass die Gebäude ein ausgeklügeltes Sanitärsystem besaßen. Im Innenraum der Freitagsmoschee befanden sich drei Säulenreihen. Die Mihrab, die Gebetsnische, weist genau in Richtung Mekka. Einst war sie mit eingemauerten chinesischen Porzellanschalen verziert. Westlich der Moschee steht ein spitzbogenförmiges Portal am Empfangshof des einstigen Palastes, dessen Inneres aus einem unbeschreiblichen

Gede Post Office

Durcheinander von Mauerresten besteht. Wer der alten Steine überdrüssig ist, kann auf einem schönen **Naturpfad** dem Verlauf der äußeren Mauer folgen oder eine Aussichtsplattform in einem alten Baobab erklimmen. Zu der ausladenden Ruinenanlage gehört auch ein kleines **Museum,** in dem die wichtigsten Funde, die bei der Ausgrabung zu Tage kamen, ausgestellt sind.

● **Eintritt 800 Ksh, täglich von 7–18 Uhr geöffnet.**

Kipepeo-Projekt

Auf dem Areal von Gede gibt es eine weitere Sehenswürdigkeit: ein außergewöhnliches **Schmetterlingszuchtprogramm,** dass dem Schutz des nahen Arabuko-Sukoke-Regenwaldes dient. Bauern, die um den Wald herum leben, beliefern das Programm mit eingesammelten Raupen. Sie verdienen gut an der Zucht und dem Verkauf von Schmetterlingen aus dem Wald. Dank begleitender Aufklärungskampagnen verbessert sich ihre Einstellung zum Wert und der Schutzwürdigkeit des Waldes. Besucher werden durch die Volieren geführt und bekommen die skurrilsten Raupen und Puppen gezeigt – nicht im Traum würde man vermuten, dass aus ihnen irgendwann ein wunderschöner, zerbrechlicher Falter entsteht. Einige Puppen imitieren perfekt die Farbe von Blättern, andere sehen aus wie polierte Halbedelsteine. Frühmorgens hat man die besten Chancen, Zeuge einer „Schmetterlingsgeburt" zu werden. Die Farm versorgt Zoos in Europa, USA und Kanada.

● **Eintritt 100 Ksh, täglich von 8–18 Uhr geöffnet.**

Malindi

Überblick

Obwohl Malindis Anfänge als Badeort in den 1930er Jahren liegen, hat sich die mit **60.000 Einwohnern** zweitgrößte Stadt an der kenianischen Küste erst ab Mitte der 1960er Jahre zum **Touristenzentrum** gemausert. Auch wenn der Tourismus wichtigste Einnahmequelle und Arbeitgeber ist, besitzt Malindi im Gegensatz zu Diani Beach an der Südküste neben der touristischen Seite mit Hotels, Restaurants, Boutiquen und Diskotheken dank kleiner Läden, der sogenannten Dukas, einem **bunten Marktviertel** und vieler Moscheen das Gesicht einer kenianischen Küstenstadt. Die **meisten Gäste und Investoren** kommen **aus Italien,** was erklärt, warum man selbstverständlich zunächst auf Italienisch angesprochen wird und viele Läden ein ansehnliches mediterranes Sortiment von Chianti bis Parmesan-Käse führen. Die Deutschen stellen die zweitgrößte Touristengruppe, was diverse „Beergarden"-Schilder beweisen. Malindi ist bekannt für seine **exzellenten Fischgründe,** die schon „Papa" *Hemingway* vor der Küste die Rute auswerfen ließen. Bei Tauchern und Schnorchlern ist die Stadt für die Korallenbänke des **Malindi Marine National Park** bekannt.

Geschichte Zum ersten Mal erwähnte der arabische Geograf *Abu Al Fida* (1273–1331) Malindi schriftlich. Aus dem Jahr 1417 sind direkte Kontakte zwischen Malindi und dem chinesischen Kaiserreich belegt, die sich um die Schenkung einer lebenden Giraffe an den Herrscher *Yung Lo* aus der Ming-Dynastie drehen. Am 15. April 1498 lief **Vasco da Gama** auf der Suche nach dem Seeweg nach Indien in die Bucht von Malindi ein, nachdem man seine Flotte in Mombasa abgewiesen hatte. Getreu dem Motto „Die Feinde meiner Feinde sind meine Freunde" wurden die Portugiesen mit offenen Armen empfangen. In der Folge bauten sie Malindi zu ihrem Machtzentrum an der ostafrikanischen Küste aus. Durch den Export von Lebensmitteln, Rhinozeroshorn, Elfenbein, Amber und Mangrovenholz war die **Handelsstadt** wohlhabend geworden. Unter dem Schutz Portugals blühte sie weiter auf – bis die Europäer nach der endgültigen Unterwerfung Mombasas Ende des 16. Jahrhunderts ihre Basis in die strategisch günstiger gelege-

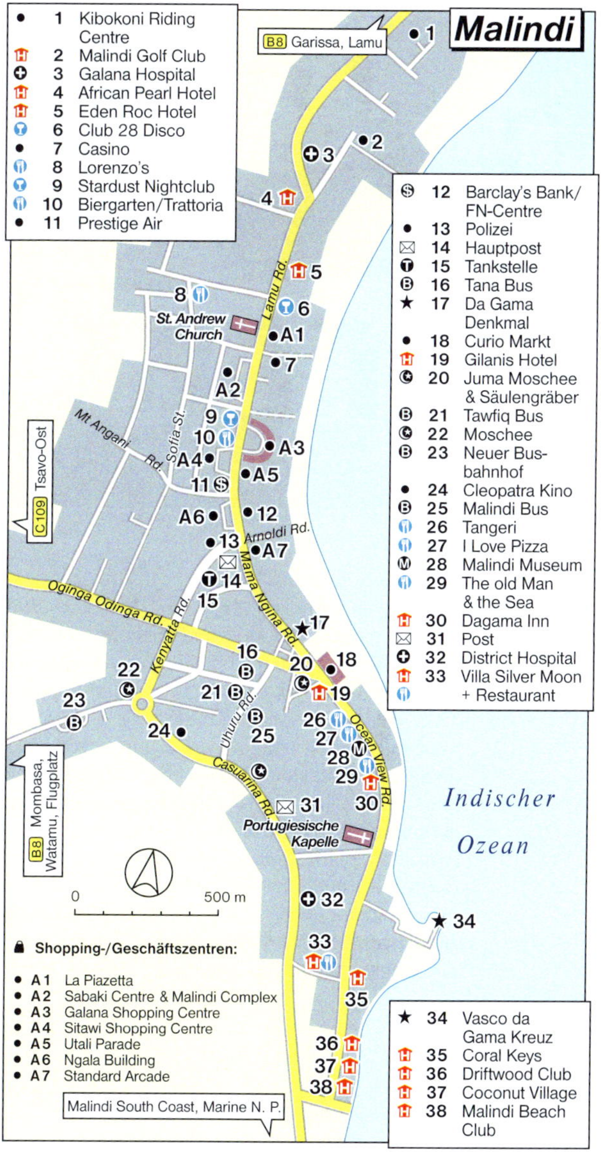
Malindi
1 Kibokoni Riding Centre
2 Malindi Golf Club
3 Galana Hospital
4 African Pearl Hotel
5 Eden Roc Hotel
6 Club 28 Disco
7 Casino
8 Lorenzo's
9 Stardust Nightclub
10 Biergarten/Trattoria
11 Prestige Air
12 Barclay's Bank/ FN-Centre
13 Polizei
14 Hauptpost
15 Tankstelle
16 Tana Bus
17 Da Gama Denkmal
18 Curio Markt
19 Gilanis Hotel
20 Juma Moschee & Säulengräber
21 Tawfiq Bus
22 Moschee
23 Neuer Busbahnhof
24 Cleopatra Kino
25 Malindi Bus
26 Tangeri
27 I Love Pizza
28 Malindi Museum
29 The old Man & the Sea
30 Dagama Inn
31 Post
32 District Hospital
33 Villa Silver Moon + Restaurant
34 Vasco da Gama Kreuz
35 Coral Keys
36 Driftwood Club
37 Coconut Village
38 Malindi Beach Club
Shopping-/Geschäftszentren:
A1 La Piazetta
A2 Sabaki Centre & Malindi Complex
A3 Galana Shopping Centre
A4 Sitawi Shopping Centre
A5 Utali Parade
A6 Ngala Building
A7 Standard Arcade
B8 Garissa, Lamu
C109 Tsavo-Ost
B8 Mombasa, Watamu, Flugplatz
Malindi South Coast, Marine N. P.
Lamu Rd.
St. Andrew Church
Mt Angani Rd.
Sofia St.
Arnoldi Rd.
Mama Ngina Rd.
Oginga Odinga Rd.
Kenyatta Rd.
Uhuru Rd.
Ocean View Rd.
Casuarina Rd.
Portugiesische Kapelle
Indischer Ozean
0 500 m

ne Stadt weiter südlich verlagerten. Malindi wurde allmählich bedeutungslos, und nach einem Überfall der Galla gab man die Stadt gänzlich auf. Der deutsche Missionar *Johann Ludwig Krapf* sprach 1845 von „der zerstörten und verlassenen Stadt Malindi, die eines Tages wieder ein bevölkerter und florierender Hafen sein könnte." Mitte des 19. Jahrhunderts erwachte Malindi zu neuem Leben, als der Sultan von Sansibar mit Hilfe von Sklavenwirtschaft **Plantagen im Umland** anlegen lies. Doch im Grunde fristete Malindi bis zum Beginn des Tourismus ein Dasein als Fischerort. Fischfang ist bis heute allerdings ein wichtiger Erwerbszweig geblieben.

Ein altes Kolonialhaus beherbergt das Malindi Museum

Karten Umschlag hinten, S. 127

DIE NORDKÜSTE

Sehenswertes

Mehrere Brände haben die Altstadt Malindis ihrer alten Bausubstanz beraubt. Das **vitale Treiben** in den engen Gassen zwischen Markt und Küste ist dennoch malerisch anzusehen. Neben der großen **Juma-Moschee** in Küstennähe stehen zwei **Säulengräber** aus dem 15. Jahrhundert. Die größere der seltsam geformten Korallensteinsäulen zählt zu den besterhaltenen Gräbern dieser Art an der gesamten Küste. Nur ein paar Schritte entfernt erhebt sich das **Vasco-da-Gama-Denkmal** aus dem Jahr 1960. Wegen der schleichenden Verlandung der Bucht von Malindi wirkt es hier – fern des Meeres – inzwischen irgendwie deplatziert.

Wandert man die Bucht weiter in Richtung Süden, passiert man die **portugiesische Kapelle** von Malindi. Das schlichte, weiß gekalkte Häuschen geht angeblich bis auf das Jahr 1542 zurück. Ein zweites Relikt aus dieser Zeit ist das **Vasco-da-Gama-Kreuz,** das der Seefahrer 1499 als Navigationspunkt vor dem Sultanspalast errichten ließ. Im 16. Jahrhundert wurde es nach Protesten der muslimischen Bevölkerung an die Einfahrt der Bucht von Malindi, an der Spitze einer Landzunge, versetzt. Das aus Lissaboner Kalkstein gemeißelte Kreuz gilt als eines der ältesten europäischen Monumente auf schwarzafrikanischem Boden.

Informationen über historische Spuren erteilt die „**Malindi Museum Society",** die sich um den Erhalt dieser Kulturdenkmäler bemüht und in einem der ältesten Kolonialgebäude an der Seefront ein interessantes **Museum** eingerichtet hat, das sich der Suaheli-Kultur widmet und spannende Exponate zeigt.

Die Küste und Lamu

Schlafen

- **Driftwood Club,** Tel. 042/201 55; www.driftwoodclub. com. Größere Anlage mit vielen verschiedenen Unterkünften ab 100 US$ fürs DZ. Ungezwungene Atmosphäre und vielfältiges Wassersportangebot.
- **Hotel African Pearl,** Tel. 0725/131 956. Ein Hotel zum Verlieben mit historischem Gebäude, aufmerksamen Gastgebern und wunderbarem Garten. Pool, aber kein Strandzugang. DZ ab 40 US$.

Essen
- Gutes Essen von einer bunten Karte erhält man im **Kilili Baharini Hotel** sowie im **Driftwood Club.**
- **The old Man and the Sea** empfiehlt sich als gutes Fischrestaurant.
- Italienische Küche in nettem Ambiente gibt es im **I love Pizza.**

Ausgehen

Malindi hat ein recht lebendiges Nachtleben, das sich in **Bars** und **Hoteldiscos (Driftwood Club, Coral Keys, Tropical African Dream Village)** abspielt. Die energiegeladensten Discos sind das **Stardust** und der **Disco Hot Club 28.**

Touren
- **Southern Cross Safaris,** Tel. 042/204 93, im Malindi Complex. Renommierter Tour Operator.

Sport
- **Hochseeangeln: Kingfisher Safaris,** Büro im Erdgeschoss des Sea Fishing Club; Tel. 042/211 68.
- **Reiten: Kibokoni Riding Centre,** einige Kilometer nördlich von Malindi. Knapp 13 US$ pro Stunde.
- **Golf: Malindi Golf & Country Club,** die Greenfee für den 9-Loch-Kurs beträgt rund 23 US$.

Malindi Marine National Park

Korallengärten

Einer der Höhepunkte für Malindi-Besucher dürfte ein Ausflug in den 1968 gegründeten, nur 6,3 km² großen Malindi Marine National Park sein, um mit Schnorchel, Taucherbrille und Flossen oder vom Glasbodenboot aus die tropischen Korallengärten mit ihren zahlreichen bunten Arten von Rifffischen zu erkunden. Das südlich anschließende **Malindi Marine National Reserve** verbindet das Schutzgebiet mit jenem des **Watamu Marine National Park.** Dieses **geschützte Küsten-Ökosystem** besteht aus einer Serie von Saumriffen, Lagunen, Korallengärten und Seegraswiesen, in denen Wasserschildkröten und vereinzelt Dugongs leben. Der Nationalpark steht unter strengem Schutz. Rund 20 verschiedene Korallenarten und mehr als 50 Fischarten leben in seinen Gewässern. Die schönsten Riffe liegen an der Südgrenze des Parks.

- **Parkgebühren 15 US$.**

Hell's Kitchen

Beim Dorf Marafa

Beim Dorf Marafa nördlich von Malindi haben Erosionskräfte die faszinierende „Höllenküche" geformt. Riesige **Erosionsrinnen** von mehr als 30 Metern Tiefe bilden einen **Minicanyon aus beeindruckenden Sandsteinplastiken.** Ihr Farbenspektrum reicht von Weiß über Gelb bis hin zu tief Rot und Schwarz. Mit etwas Fantasie lassen sich in ihnen durchaus menschenähnliche Figuren erkennen, womöglich erklärt das den seltsamen Namen dieses Platzes. Ein Pfad führt in das Gewirr aus Gräben und Spalten hinab.

Der Lamu-Archipel

Überblick

Der Lamu-Archipel am nördlichsten Zipfel der kenianischen Küste besteht aus **vier größeren bewohnten Inseln – Lamu, Manda, Pate** und **Kiwaiyu** – sowie zahlreichen kleineren Eilanden. Irgendwie scheinen die **muslimisch geprägten Inseln,** die sich durch eine **wunderbare Küstenlandschaft** mit Mangrovenwäldern und Sandstränden auszeichnen, noch der Vergangenheit verhaftet, da man vom Seehandel mit Arabien lebte. **Lamu, Hauptort** der gleichnamigen Insel und Distrikthauptstadt, zählt als größte Siedlung 25.000 Einwohner. Erst Ende der 1960er Jahre wurde die Stadt, die man wegen ihrer malerischen Bauweise als „Klein-Sansibar" bezeichnen könnte, ans Stromnetz angeschlossen, und bis heute verkehren – von der Karosse des District Commissioner einmal abgesehen – **keine Autos.** Man ist zu Fuß, mit dem Esel oder per Dhau (Holzschiff) unterwegs. Das macht den Reiz dieses abgelegenen Landstrichs aus, dem durch den zunehmenden Tourismus und ein geplantes Hafenprojekt wohl große Veränderungen bevorstehen …

DER LAMU-ARCHIPEL

Geschichte Die ältesten bekannten Siedlungsspuren im Lamu-Archipel gehen auf das 8. Jahrhundert nach Chr. zurück. Man geht aber davon aus, dass die **Handelsbeziehungen nach Arabien und Indien** noch wesentlich weiter zurückreichen. Die heutige Stadt Lamu existiert seit Mitte des 14. Jahrhunderts und wurde vermutlich von Kaufleuten aus dem Mittleren Osten gegründet. Durch die vorteilhafte Insellage konnte sie kriegerischen Bedrohungen vom Festland standhalten, bis schließlich die **Portugiesen** den König in die Tributpflicht zwangen. Zu Beginn des 17. Jahrhunderts befreiten die **Omanis** die Stadt von der Knute Portugals, was Lamus Wirtschaft und Kultur zu neuer Blüte verhalf. Bald war die von einem Ältestenrat, dem Nyumbe, regierte **Stadtrepublik** in kultureller Hinsicht sogar noch bedeutsamer als Mombasa. Die **Suaheli-Dichtung** von Lamu ist legendär, der allgemeine Wohlstand drückte sich in neuen Moscheen und prächtigen Kaufmannshäusern aus, die überreich dekorierte Innenräume und fortschrittliche sanitäre Anlagen besaßen.

Der **Niedergang** Lamus ist eng mit der Ankunft der Briten in Ostafrika verknüpft. Einerseits verlor der Hafen mit dem Aufstieg Mombasas an Bedeutung, andererseits traf Lamu das Verbot der Sklaverei hart, denn die Inselbevölkerung besaß große Plantagen auf dem Festland. Zudem wurde nach und nach der Handel mit den klassischen Exportprodukten der Insel, mit Mangrovenholz, Elfenbein und Rhinozeroshorn, verboten. Der Tourismus könnte für neue Einnahmen sorgen, trifft in der traditionsbewussten Gesellschaft von Lamu aber auf einige Vorbehalte.

Lamu Town

Berühmtes Maulidi-Fest **Mkomani,** der **ursprüngliche Stadtkern,** wird von wohlhabenden Familien mit politischem Einfluss bewohnt. Im Süden und Westen schließen sich ärmere Gegenden an. Aus den Mkomani-Fa-

Karten Umschlag hinten, S. 134 **DER LAMU-ARCHIPEL** 133

milien wird traditionell der Vorbeter für die **Juma-Moschee** gewählt, die Ort des großen Freitagsgebets ist. Die **Riyadah-Moschee im ärmeren Stadtteil Mlangoni** ist Hauptschauplatz des berühmten Maulidi-Fests anlässlich des Geburtstags des Propheten *Mohammed*. Jedes Jahr zieht es Tausende Pilger aus dem Raum des westlichen Indischen Ozeans an. Seine besondere Bedeutung verdankt es einem Mann, der 1866 zum Koranstudium nach Lamu kam und heute noch als Heiliger verehrt wird: *Swaleh ibn Alwi Gamalileil*.

Altstadt Die größte Sehenswürdigkeit Lamus ist aber zweifellos die Altstadt, deren traditionelles Antlitz noch **zu großen Teilen intakt** ist. Viele der zwei- und dreistöckigen Häuser stammen aus der ersten Hälfte des 19. Jahrhunderts oder sind sogar noch älter. Bei einem Rundgang stößt man immer wie-

Verkaufsstand an der Strandpromenade von Lamu

LAMU TOWN

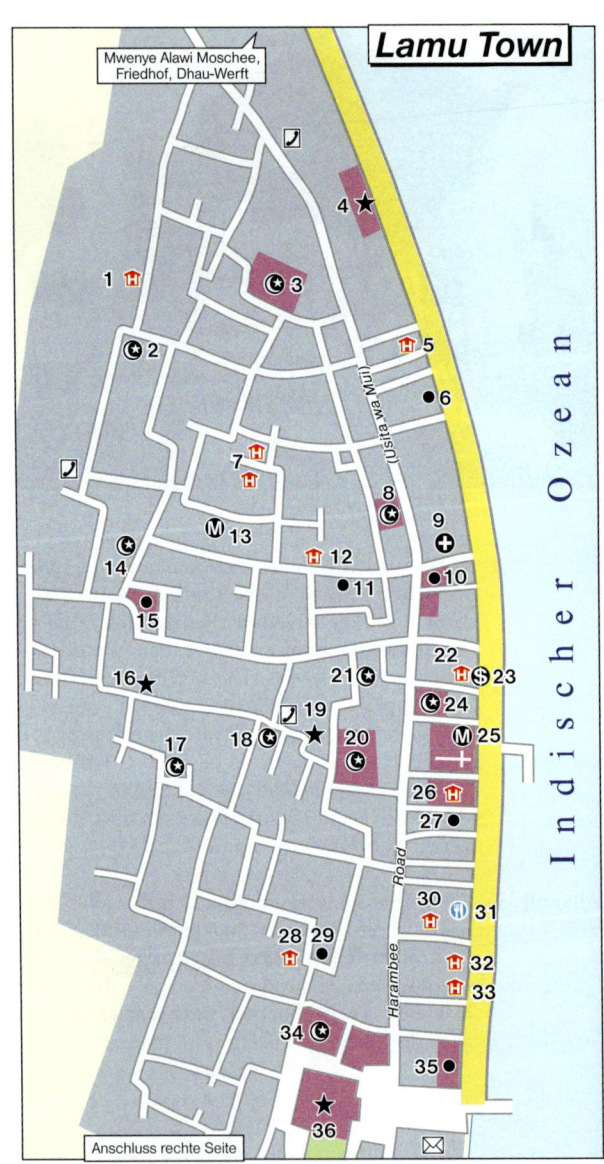

LAMU TOWN 135

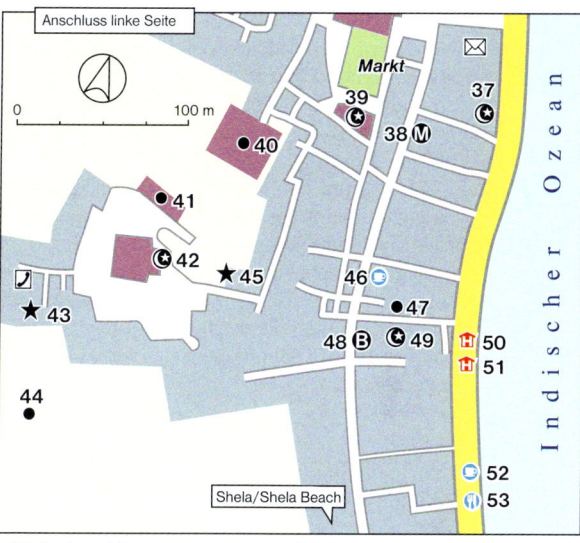

	1	Jannat House		28	Wild Beast Guesthouse
	2	Mwana Mshamu Moschee	•	29	Mwana Kupona House
	3	Jumaa-Moschee (1511)		30	Bush Garden Guesthouse
★	4	Jua-Kali Holzschnitzer		31	Bush Garden Restaurant
	5	Lamu House Hotel		32	Hapahapa Restaurant/Guesth.
•	6	Lamu Tourguide Association		33	Sunsail Hotel & Eagle Aviation
	7	Yumbe House		34	Pwani Moschee (1370)
	8	Nuru Moschee (1946)	★	35	DC Office & Immigration
	9	Lamu Medical Clinic	★	36	Fort
•	10	Donkey Sanctuary		37	Shaiithua Asheri Moschee
•	11	Cats Clinic		38	German Post Office Museum
	12	Stone House Hotel		39	Nyebai Moschee (1824)
	13	Swahili House Museum	•	40	Polizei
	14	Utukuni Moschee (1873)	•	41	Muslimische Akademie
•	15	Achudy Guest		42	Riyadha Moschee (1901)
★	16	Wetzstein	★	43	Säulengrab
	17	Sheil Bin Ali Moschee (1873)	•	44	Polizei Kantine
	18	Mpya Moschee (1845)	★	45	Habib Swaleh's Haus
★	19	Mwana Hadie Famau Grab		46	Baharini Whispers
	20	Bohora Moschee	•	47	Rumours & Air Kenya
	21	Mua Lalo Moschee		48	TSS-Bus/Abbas Stationery
	22	Casuarina Guesthouse		49	Raskopu Moschee (1797)
	23	Standard Bank		50	Sultan's Palace Hotel
	24	Rodha Moschee (1877)		51	Lamu Archipelago Villas
	25	Lamu Museum		52	Sudi's Café
	26	Petley's Inn & Prestige Air		53	Tamarine Juice Garden
•	27	Petley's Garden			

der auf Ruinen verlassener Häuser, was die verwunschene Atmosphäre noch fördert. Reges Treiben herrscht bei Flut am Kai: Personenboote legen an und ab, Dhaus werden mit Korallenstein, geflochtenen Matten und vor allem Mangrovenholz beladen.

Die **Festung von Lamu** ist das auffälligste Gebäude der Stadt. Sie wurde 1821 mit omanischer Hilfe vollendet. Das nach Fort Jesus in Mombasa zweitgrößte derartige Bauwerk an der Küste kann seine architektonischen Anleihen bei der portugiesischen und italienischen Festungsbaukunst nicht verbergen. Heute dient das Fort kulturellen Zwecken.

Karten Umschlag hinten, S. 134 **DER LAMU-ARCHIPEL** 137

Museen

Am lohnenswertesten ist wohl ein Besuch des **Lamu Museum** an der Uferpromenade im ehemaligen „Palast" des britischen Konsuls. In den zahlreichen Zimmern ist eine umfangreiche Sammlung vorwiegend zur Suaheli-Kultur ausgestellt. Ihre vielleicht schönste Ausdrucksform stellen die geschnitzten Haustüren dar, die im gesamten Raum des Indischen Ozeans verbreitet waren. Bemerkenswert ist auch die Silberschmuck-Sammlung. Weitere Abteilungen enthalten Ethnografika wie Suaheli-Trachten oder Handwerksobjekte der Boni und Pokomo aus dem Küstenhinterland.

Beim **Swahili House Museum** handelt es sich um ein typisches Suaheli-Haus des 18. Jahrhunderts. Insbesondere die speziellen Küchengeräte – zum Beispiel die Mbuzi, eine kleine Kokosnuss-Sägebank – zeichnen ein plastisches Bild von der damaligen Lebensweise.

Das **German Post Office Museum** erinnert an das erste deutsche Postamt Ostafrikas und beleuchtet mit historischen Dokumenten ein Kapitel aus den Anfängen der europäischen Kolonialzeit in Ostafrika: den Helgoland-Sansibar-Vertrag.

●Eintritt in die Museen jeweils 500 Ksh oder als Kombiticket für 3000 Ksh, geöffnet jeweils von 8–18 Uhr.

Lamu Donkey Sanctuary

Mangels Autos oder Fahrrädern tragen in Lamu **3000 bis 4000 Esel** die Hauptlast des Inselverkehrs auf ihrem Rücken. Einige der oft herrenlos durch die Gassen streifenden Huftiere – auf Kisuaheli „Mpunda" – ernähren sich von herumfliegendem Papier und Karton, von Markt- und Küchenabfällen. Bei Ebbe grasen sie sogar Algen und Seegras am Strand ab. Dass die Esel trotzdem gesund aussehen, ist zu einem guten Teil Verdienst des Lamu Donkey Sanctuary, das in den 1980er Jahren von einer englischen Tierärztin gegründet wurde. Die Britin, die auf Lamu als „Mama Mpunda", also „Mutter der Esel" bekannt wurde, gründete mit ihrem eigenen Geld eine **Eselsklinik,** die den langohrigen Tieren eine kostenlose Behandlung angedeihen lässt und auch verwaiste Eselsfohlen großzieht. Es dauerte ein Jahr, bis die lokalen Bauern endlich Vertrauen zu der Einrichtung fassten. Dank ihr stieg die Lebenserwartung der Lamu-Esel um satte 22 Jahre – auf heute bis zu 28 Jahre!

● **Mo bis Fr von 9–13 Uhr für Besucher geöffnet, Spenden sind willkommen!**

Schlafen

● **Wild Beast Guesthouse,** Tel. 042/632 261. Das Haus einer amerikanischen Künstlerin ist die außergewöhnlichste Herberge von Lamu. Mit viel Fantasie eingerichtet und herrlich offen gebaut. 39–65 US$ pro Person.
● **Lamu Archipelago Villa,** Tel. 042/633 247. Große und luftige Zimmer und eine schöne Terrasse. DZ 26 US$.

Essen

● Die beiden besten Restaurants mit guten Fischgerichten, Suaheli-Küche und Fruchtsäften sind das **Hapahapa Restaurant** und das **Bush Garden.**
● Das schönste **Café** mag jenes von **Baharini Whispers** in einem grünen Innenhof sein, wo es Eis, Kaffee, Suppen, Wein und reichlich Ruhe gibt.

Tipp

● **Dhaufahrten:** Wer nie bei einer Dhaufahrt das Farbenspiel von gleißendem Segel, gelbem Sand, knatschigem Mangrovengrün und türkisblauem Wasser erlebt hat, wer nicht versucht hat, auf der „Mtenga", der Holzplanke, zu balancieren, die die Bootsmannschaften als Trapezersatz verwenden, und wer nicht mitgefiebert hat, wenn sich die Dhaus am späten Nachmittag ein Wettrennen zurück nach Lamu Town liefern, hat Lamu nicht wirklich erlebt. Pro Person und Tag muss man mit ca. 20 US$ rechnen.

Shela

Goldener Sandstrand

Rund vier Kilometer südöstlich von Lamu liegt das 1000-Einwohner-Örtchen Shela. Die sechs Moscheen verraten, dass der Ort **einst** als **Hafen von Lamu** bedeutsam war. Heute weist Shela die Atmosphäre eines Fischerdorfs auf und strahlt **große Ruhe** aus. Die einzigen lauten Geräusche sind der Gebetsruf des Muezzins und ab und an ein Esel, der sich die Lunge aus dem Hals schreit. Viele der alten Korallensteinhäuser sind von Europäern aufgekauft und in **komfortable Ferienhäuser** umgewandelt worden. Einladend ist der zwölf Kilometer lange goldene Sandstrand von Shela, der wegen seiner hohen Brandung von Wellenreitern frequentiert wird.

Manda Island

Flugplatz von Lamu

Viele Reisende werden ihren ersten Eindruck von Lamus Nachbarinsel aus der Luft erhalten, denn auf Manda liegt der kleine Flugplatz des Lamu-Archipels. Beim Landen und Starten sieht man sehr schön die **dichten Mangrovenwälder,** die die Insel säumen. Vom 15. bis zum 17. Jahrhundert erlebte Manda eine Blütezeit. Eindrucksvolles Zeugnis dieser Zeit sind die **Ruinen von Takwa** im Süden der Insel, die in einem Baobab-Wald verstreut liegen. Bei Ausgrabungen kamen unter anderem die Überreste von Moscheen, Häusern und einer Stadtmauer ans Tageslicht. Als die Süßwasserbrunnen versiegten, siedelten die Bewohner nach Shela, auf der anderen Seite des Kanals, über.

Fahrt auf einer Dhau – ein echtes Erlebnis!

Land am Kilimanjaro

Land am Kilimanjaro

Einleitung

Abwechslungsreiche Landschaften

Der **Schneegipfel des Kilimanjaro** dominiert das Land zwischen Küste und Hochland. Obwohl auf tansanischem Staatsgebiet gelegen, genießt man von dem kenianischen **Amboseli-Nationalpark** die eindrücklichsten Blicke auf den weißen Riesen. Darüber hinaus verspricht ein Besuch nicht nur Begegnungen mit riesigen **Elefantenherden,** sondern auch mit den stolzen, speerbewehrten Kriegern der **Masai.** Das Land bis nach Mombasa ist abwechslungsreich und weist Savannen, archaische Baobab-Bäume, Dornbusch und unbeschreibliche Weiten auf. Die beiden **Tsavo-Nationalparks,** in denen die berühmten roten Elefanten leben, sind zusammen so groß wie die halbe Schweiz! Eine Wildnis unterschiedlichster Landschaften. Mit glasklaren Süßwasserquellen und dem lehmigen Galana River, mit Lavafeldern und Höhlen. Ein Naturparadies, in dem sich eine reiche Vogelwelt und alle afrikanischen Großwildarten beobachten lassen. Die **Taita Hills,** die abrupt aus den Ebenen von Tsavo aufragen, bieten interessante Urwaldinseln und grandiose Ausblicke. Kleine, aber feine Perlen der Region sind der mysteriöse **Chala-Kratersee** und der krokodil- und nilpferdreiche **Lake Jipe,** an dessen südlichem Ufer die tansanischen Pare-Berge aufragen.

Namanga

Begegnung mit Masai

Bild auf den Seiten zuvor: Giraffe im Masai-Land am Kilimanjaro

Die **Grenzstadt zu Tansania,** die man auf dem Weg von Nairobi zum Amboseli National Park durchquert, besitzt außer dem imposanten Panorama der Granitpyramiden des **Mt. Longido** und des **Ol Doinyo Orok** keine nennenswerten Sehenswürdigkeiten. Eindruck hinterlässt allerdings die Begegnung mit Menschen: Masai-Frauen jeden Alters stürmen in vollem Ornat auf Touristen zu, um ihr **Kunsthandwerk** zu verkaufen: Masai-Schmuck, Kürbisse, Perlenstickereien und Lederarbeiten. Die Preisverhandlungen allerdings starten mit dermaßen verrückten Forderungen, dass man denkt, ein Kaufhandel solle auf jeden Fall ausgeschlossen werden. Wenn man erfolgreich Desinteresse demonstriert und humorvoll handelt, kann man schließlich zu vernünftigen Preisen schöne Stücke erstehen und vielleicht das eine oder andere Bild von den Frauen zum Teil des Andenken-Deals machen. Ist diese erste Welle überstanden, rollt schon die Woge der Geldwechsler an ...

Malerisches Ortsbild

Das Ortsbild Namangas ist im Vergleich zu anderen Ortschaften recht malerisch. Zum Grenzposten hinauf ziehen sich **zwei lange Reihen von farbigen Holz-Dukas** (kleine Geschäfte) mit knalligen Werbeaufschriften: Friseursalons, Bars, Hotelis (Restaurants) und natürlich Curio Shops mit reichhaltigem Angebot.

Der **Grenzübertritt** von und nach Tansania ist in der Regel eine reine Formsache von wenigen Minuten.

Schlafen

●**Namanga River Hotel,** Tel. 045/320 59. Große, saubere Zimmer. Nicht nur wegen des schönen Gartens, sondern auch der Speisekarte halber die beste Unterkunft weit und breit. DZ 55 US$.

Amboseli National Park

Der Nationalpark

Das **grandiose Panorama des schneebedeckten Kilimanjaro mit Elefanten im Vordergrund** – dieses Bild ist zum Inbegriff von Afrika schlechthin geworden. So verwundert es nicht, dass im Amboseli-Nationalpark die bekanntesten Fotos vom höchsten Berg Afrikas aufgenommen wurden und der Nationalpark zu den meistbesuchten Kenias zählt. Das **392 km² große Schutzgebiet** erstreckt sich in der staubigen Ebene am nördlichen Fuß des Kilimanjaro direkt an der Grenze zu Tansania.

Amboseli National Park

„Em Posel" bedeutet in Maa so viel wie „salziger Staub". Ein Drittel der Parkfläche nimmt ein **ausgetrockneter Sodasee** ein, der nur nach sehr ergiebigen Regenzeiten Wasser fasst, meist aber eine gleißende Salzfläche bildet. Dank der Quellen, die vom Regen- und Schmelzwasser des 5899 Meter hohen Bergs gespeist werden, gibt es im Amboseli aber auch ausgedehnte **Sumpfgebiete** und viele Tiere. Seit 1948 ist der Park geschützt.

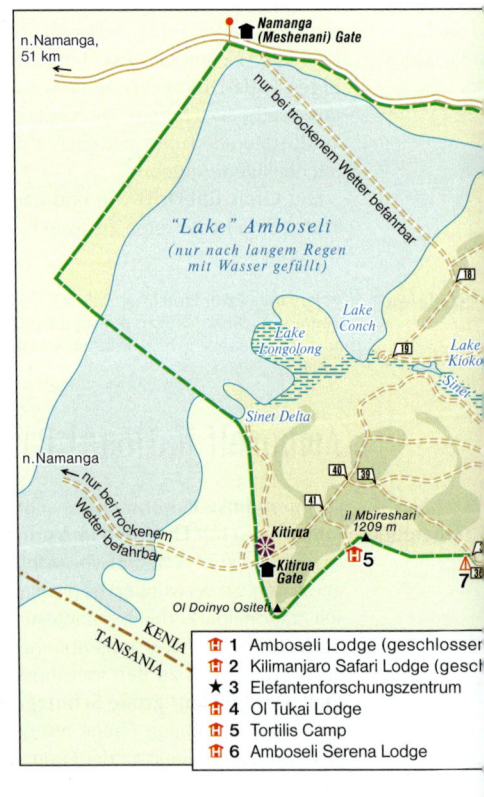

AMBOSELI NATIONAL PARK

Ein bedrohtes Gebiet

Trotz seines Schutzstatus muss ständig für den Erhalt des einmaligen Ökosystems gekämpft werden. Bevor massive **Strafen für das Verlassen der Pisten** ihre Wirkung zeigten, zerpflügten zahllose Safaribusse den empfindlichen Vulkanascheboden und zerstörten den fragilen Pflanzenbewuchs. Heute leben im Amboseli etwa **1000 Elefanten.** Die Dickhäuter mussten ihr Nomadenleben wegen der zunehmenden Besiedlung längst ein-

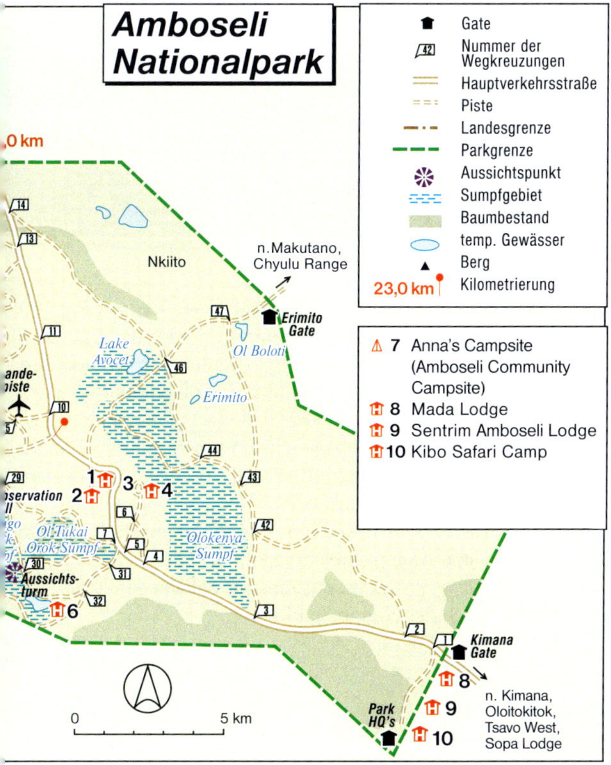

Land am Kilimanjaro

AMBOSELI NATIONAL PARK

schränken. Da jedes erwachsene Tier pro Tag 180 Kilo frisches Grün benötigt, leidet der Baumbestand. Immerhin hat man die **lokalen Gemeinden** in die Schutzbemühungen einbeziehen können. Sie haben durch den Park zwar Weideland verloren, werden aber mehr und mehr an den Einnahmen durch den Tourismus beteiligt. Der Kenya Wildlife Service (KWS) berät und unterstützt sie bei der Umwandlung von Gemeinschaftsfarmen in private Naturschutzgebiete. Ein relativ erfolgreiches Projekt ist das Kimana Wildlife Sanctuary östlich des Nationalparks.

Morgendliche Impression aus dem Amboseli NP

AMBOSELI NATIONAL PARK

Land am Kilimanjaro

Die Regionen des Parks

Der größte Teil von Amboseli besteht aus der **staubigen Salzwüste des Sees.** Die gleißende, weißliche Fläche bedeckt fast den gesamten Westen des Parks und reicht im Süden bis nach Tansania hinein. Skurril verzerrte Fata Morganas in der flirrenden Mittagshitze entpuppen sich beim Näherkommen als Tiere, die über die Salzebene wandern. An den Rändern der **ausgedehnten Sumpfgebiete** wachsen Binsen, Papyrus und Sauergräser. Einige Sümpfe werden permanent von **Süßwasserquellen** gespeist. Die meisten **Lodges** befinden sich hier, wo sich vor allem in der Trockenzeit die meisten Tiere sehen lassen. Das trockene, staubige Gesicht von Amboseli täuscht. Wasser gibt es unter der Erdoberfläche genug. Das verraten auch die großen Haine gelbrindiger **Fieberakazien,** die flaches Grundwasser lieben. Am westlichen Rand des Sumpfgebiets erhebt sich der **Observation Hill,** von dem sich ein schöner Blick über den Enkongo Narok Swamp in Richtung Sonnenaufgang und auf den Kilimanjaro eröffnet.

Die Tierwelt

Wegen der Süßwasservorkommen leben im Park relativ viele Tiere, nicht nur **Elefanten.** Die Sümpfe sind von **Wildbüffeln** und **Nilpferden** bevölkert. Zahlreiche **grasende Tierarten** wie Weißbartgnus, Steppenzebras, Thomson- und Grant Gazellen sowie Impalas, Gerenuks und Spießböcke lassen sich beobachten. Sie bilden die Nahrungsgrundlage für **Raubtiere** wie Löwe, Gepard, Leopard, Wildhund, Schakal, Tüpfelhyäne und sogar die kleinen scheuen Löffelhunde. Ornithologen lockt der Park mit mehr als **400 Vogelarten.** In den Sumpfgebieten stelzen zahlreiche Wasservögel, über die weiten Ebenen sieht man Vertreter verschiedener Trappenarten fliegen, aber auch Webervögel, Glanzstare, Tauben und Flughühner.

●**Parkgebühren 60 US$, im Januar, Februar, Juli, August, September und Oktober 75 US$.**

Schlafen

●**Toritillis Camp,** Tel. 020/604 053, www.chelipeacock.co.ke. Herrlich luftig gebautes exklusives Camp mit atemberaubendem Kilimanjaro-Blick, schönem Garten und Pool. Für sein Umweltengagement und die Einbeziehung der Masai hat das Zeltcamp schon viele Auszeichnungen erhalten. Stilvoller kann man in Amboseli nicht wohnen. DZ je nach Saison zwischen 620 und 970 US$.
●**Ol Tukai Lodge,** Tel. 020/444 55 14; www.oltukailodge.com. Die eindrucksvolle Lodge ist nur aus Holz und Natursteinen errichtet. Swimmingpool. DZ je nach Saison zwischen 196 und 300 US$.

Voi

Versorgungszentrum

So sterbenslangweilig dieses Örtchen auch ist, für Reisende mit Ziel Tsavo ist es in der Wildnis des Nationalparks ein wichtiger Versorgungspunkt. Immerhin erfuhr das **staubige Kaff** einen gewissen Aufschwung und ist heute das wirtschaftliche

Zentrum der dünn besiedelten Region nördlich der **Taru-Wüste** – erkennbar durch einen an dieser Stelle völlig überdimensioniert wirkenden Prunkbau der Barclays Bank. Voi ist ein **Verkehrsknotenpunkt** zwischen Mombasa, Nairobi, Moshi und Arusha, dem die **Sisalpflanzer** aus dem Umkreis an den Markttagen etwas Leben einhauchen. Anfang des 20. Jahrhunderts verbrachten Bahnreisende auf dem Weg nach Nairobi hier die Nacht.

Schlafen

- **Lion Hill Lodge,** Tel. 020/803 08 28, www.lionhilllodge.com. 4 km vor den Toren von Voi, auf einem Felshügel am Rande des Tsavo East National Park. Wunderbarer Blick, freundliche Belegschaft. DZ für 8000 KSh.
- **Wakesho Lodge,** etwas außerhalb des Zentrums. Große, saubere Zimmer. Empfehlenswert. DZ ca. 26 US$.

Essen

- Gutes Essen wird in der **Red Elephant Safari Lodge** 5 km außerhalb der Stadt am Nationalparkeingang zubereitet.
- Das **Distarr Guesthouse** hat einfache schmackhafte Gerichte zu günstigen Preisen und leckere Fruchtsäfte.

Taita Hills

Grün und feucht

Landschaftlich sind diese **uralten Berge** unglaublich schön. Nach der extremen Trockenheit und Staubigkeit der Ebenen von Voi und Tsavo vermeint man zu träumen, wenn sich die Straße plötzlich an grünen Feldern, Wasserfällen, Nadelhölzern, malerischen Bergdörfern und schroffen Felsklippen vorbei höher und höher windet, um dann wieder ein liebliches Tal zu erschließen. Das saftige Geheimnis liegt in den Wolkenmassen, die vom Indischen Ozean landeinwärts ziehen. Sie transportieren beständig Feuchtigkeit über das Küstenhinterland und regnen sich erst an den hohen Bergkämmen ab. Die Ostflanke der Taita Hills erhebt sich ziemlich abrupt. Nur 15 Kilometer liegen zwischen der Ebene und dem Tal von Wundanyi auf 1500 Metern Höhe. **Wundanyi** heißt der größte Ort in den Bergen, der von den Briten wegen des angenehmen Klimas zum Verwaltungssitz des Taita District erkoren wurde. Von vielen Wegen und Pisten, die das Gebirge durchziehen, ergibt sich hin und wieder ein Blick auf den Kilimanjaro. Obwohl die Berge dicht besiedelt sind, lassen sich sehr **schöne Wanderungen** unternehmen. Von dem **Urwald,** der einst Kuppen und Hänge überzog wie ein grüner Guss, sind nur noch Reste vorhanden. Das größte Waldstück ist am 1779 Meter hohen **Mbololo-Berg** im Nordwesten der Taitas, nahe des Dorfes **Wongonyi,** erhalten geblieben – ein bedrohtes Refugium einiger Tier- und Pflanzenarten, die nur hier vorkommen.

Die Tsavo-Nationalparks

Zwei Parks Beide Nationalparks zusammen bedecken eine Fläche von sagenhaften **20.802 km².** Anfang des 20. Jahrhunderts noch ein beliebter Jagdgrund der *Finch-Hattons* und *Blixens,* wurde das Gebiet 1948 als eines der ersten in Kenia zum Nationalpark erklärt. Der **Tsavo West National Park** ist landschaftlich wesentlich abwechslungsreicher als sein östlicher Zwilling. Hier stößt man auf Lavaflüsse und Krater, auf waldreiche Berge und hat herrliche Ausblicke auf den Kilimanjaro. In einem speziellen Nashornschutzgebiet kann man die seltenen Dickhäuter beobachten. Mit Mzima Springs

und dem Tsavo River besitzt das Gebiet gleich zwei permanente Wasservorkommen. Der gesamte Süden besteht aus weiten, rollenden Hügeln und Ebenen von Trockenbusch und Grassavannen. Der **Tsavo East National Park** ist mit einer Fläche von 11.747 km² deutlich größer – und viel trockener. Im südlichen Teil herrschen flache Gras- und Buschsavannen vor, die von Voi nach Nordosten allmählich in Halbwüsten übergehen. Den einzigen Kontrast zu dieser Eintönigkeit bilden die dichten, erfrischend grünen Galeriewälder entlang der krokodilreichen Flussläufe von Athi- bzw. Galana River, Tiva River und Voi River. In beiden Parks kommen die **„Big Five",** also **Löwe, Elefant, Nashorn, Büffel** und **Leopard,** vor.

Tsavo West National Park

Der Nordwesten

Der nordwestliche Teil des Parks weist die meisten Attraktionen auf. Für Tierbeobachtungen eignet sich besonders in der Trockenzeit das nördliche Ufer des **Tsavo River.** Im selben Teil des Parks liegt auch das **Ngulia Rhino Sanctuary,** ein spezielles Schutzgebiet für **Spitzmaulnashörner.** Ein fantastischer Ausblick über die 200 Meter tiefer liegende Ebene bis zum Yatta-Plateau in der Ferne bietet sich von der Ngulia Lodge auf der Kante des 1260 Meter hohen **Ndawe Escarpment.** Westlich ragt der 1824 Meter hohe **Mt. Ngulia** auf. Der Chaimu-Krater hat den Park mit einer wahren Mondlandschaft aus schwarzer und rötlicher Lava beschenkt. Ein außergewöhnlicher Aussichtspunkt über das **Rhino Valley** und auf den Ngulia-Berg sind die **Roaring Rocks,** auf denen der Wind geräuschvoll braust. Um den kahlen **Sheitani-Vulkan** an der **Chyulu Range** ranken sich allerlei unheimliche Mythen, worauf schon der Name Sheitani, Kisuaheli für „Teufel", deutet. Sein letzter Aus-

Einsame Bahnstation im Tsavo National Park

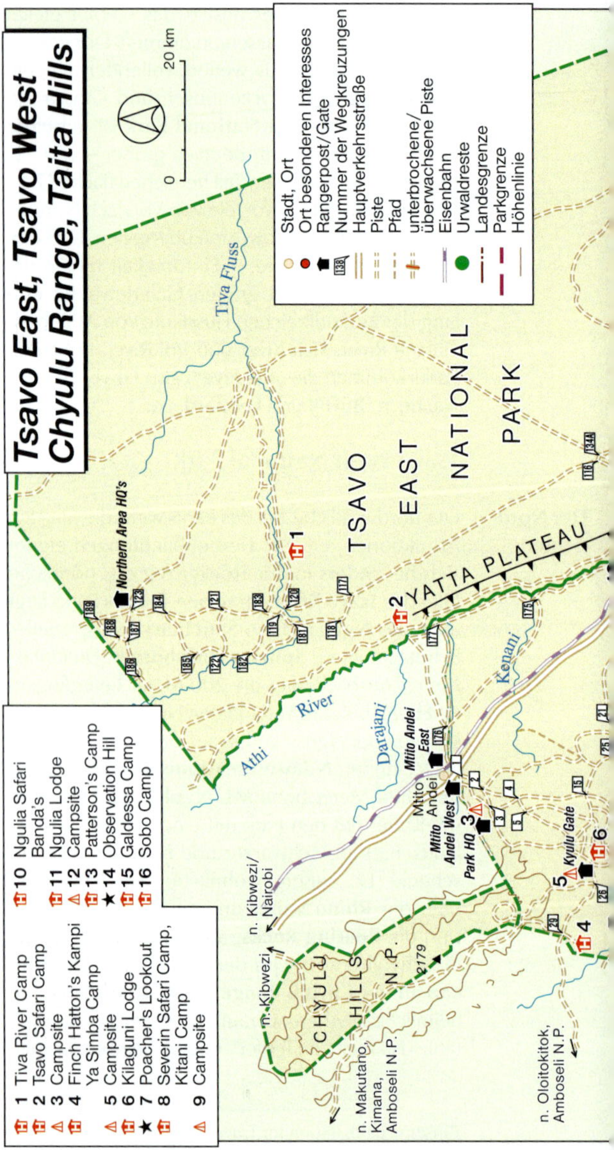

Tsavo East, Tsavo West
Chyulu Range, Taita Hills
0
20 km
Stadt, Ort
Ort besonderen Interesses
Rangerpost/Gate
Nummer der Wegkreuzungen
Hauptverkehrsstraße
Piste
Pfad
unterbrochene/ überwachsene Piste
Eisenbahn
Urwaldreste
Landesgrenze
Parkgrenze
Höhenlinie
1 Tiva River Camp
2 Tsavo Safari Camp
3 Campsite
4 Finch Hatton's Kampi Ya Simba Camp
5 Campsite
6 Kilaguni Lodge
7 Poacher's Lookout
8 Severin Safari Camp, Kitani Camp
9 Campsite
10 Ngulia Safari Banda's
11 Ngulia Lodge
12 Campsite
13 Patterson's Camp
14 Observation Hill
15 Galdessa Camp
16 Sobo Camp
Tiva Fluss
Northern Area HQ's
TSAVO
EAST
NATIONAL
PARK
YATTA PLATEAU
Athi
River
Darajani
Kenani
Mtito Andei East
Mtito Andei
Mtito Andei West
Park HQ
Kyulu Gate
n. Kibwezi/ Nairobi
n. Kibwezi
CHYULU
HILLS
N.P.
2179
n. Makutano, Kimana, Amboseli N.P.
n. Oloitokitok, Amboseli N.P.

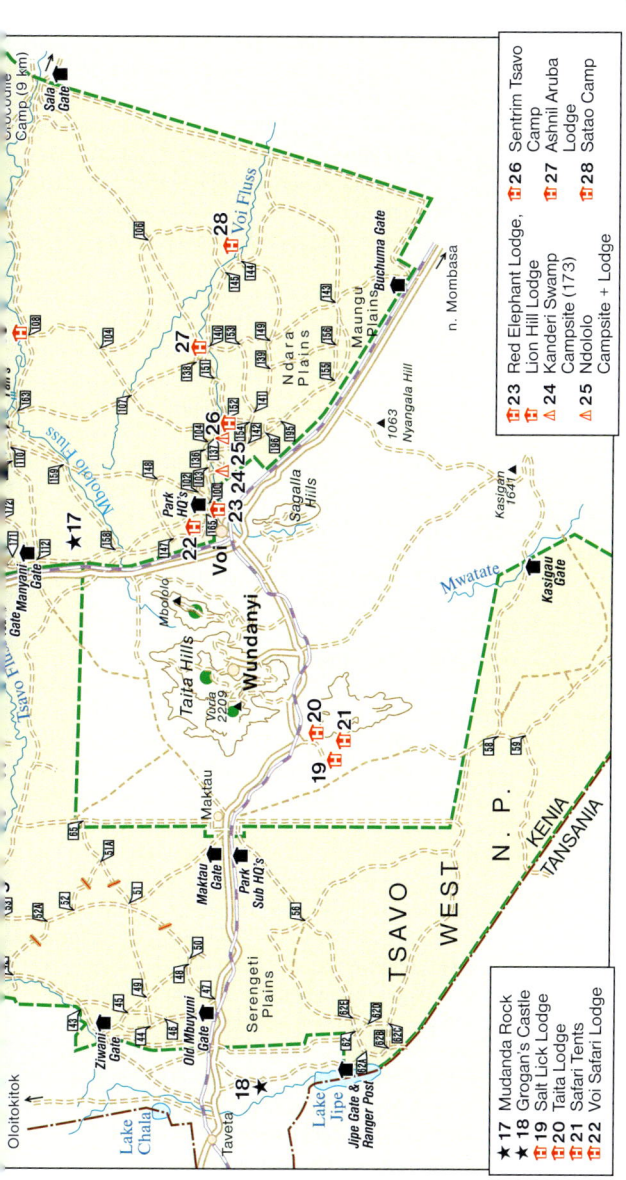

bruch fand vor 200 Jahren statt; die Lava wirkt noch so frisch, dass man unwillkürlich zögert, den schwarzen Stein zu betreten. Doch die Gefahr lauert ganz woanders: In dem erkalteten Lavastrom gibt es ein **Tunnelsystem,** durch das man – wenigstens ein Stückchen – in den Schlund der Erde hinabsteigen kann. Die Knochen abgestürzter Tiere zeigen allerdings, dass Höhlenausflüge gewisse Risiken bergen ...

Einen märchenhaften Kontrast bilden die **Mzima Springs:** Mitten in der trockenen, spröden Lavalandschaft taucht ein grüner Wald aus Doum- und Raphiapalmen auf. Kreischende Meerkatzen turnen in ihren Zweigen, und inmitten dieses Bildes leuchtet ein glasklarer, kühler Süßwassersee. In einer Unterwasserkammer darf man Nase an Nase mit Barben und anderen neugierigen Fischen an der Glasscheibe kleben. Mit Glück kann man auch ein Nilpferd oder Krokodil im Wasser erspähen, und manchmal kommen Elefantenherden zum Baden her.

Der Osten und Südosten

Südlich des Tsavo-Flusses ändert sich die Landschaft fast auf einen Schlag. Man fährt zunächst noch durch Nyika-Busch, der schließlich den Grasflächen der **Serengeti-Ebene** weicht. Brände gehören zum normalen Zyklus dieser Savannenlandschaften. Viele Busch- und Baumsamen werden erst keimfähig, nachdem sie kurzzeitig großer Hitze ausgesetzt waren. Für die Tiere sind die Feuer wichtig, weil sie Schädlinge wie Zecken vernichten und das Gras neu sprießen lassen. Im äußersten Südwesten lohnt der **Lake Jipe** mit seiner reichen Vogelwelt sowie Nilpferdherden und Krokodilen einen Abstecher. Der 18 Kilometer lange See liegt auf der grünen Grenze zu Tansania. Das erklärt die vielen schwer beladenen Fahrradspediteure, die die Wildnis furchtlos durchqueren. Am tansanischen Südufer ragen die North Pare Mountains auf, und bei klarem Wetter lässt sich sogar ein Blick auf den Kilimanjaro erhaschen.

 Karte S. 152

DIE TSAVO-NATIONALPARKS

Die Tierwelt

Neben den „Big Five" lassen sich **viele Vögel** wie Stare, Papageien, Bartvögel und Racken beobachten. Zur Zeit des Vogelflugs im Herbst, also Ende November und Anfang Dezember, fallen bei den Wasserlöchern der Ngulia Lodge Scharen von Zugvögeln ein. **Klippschliefer,** putzige, murmeltierähnliche Kerlchen, sind in Tsavo West wegen der vielen Felsen häufig. Andere Kleintierarten, darunter verschiedene **Reptilien,** etwa Agamen, aber auch **Paviane,** Mangusten, Dikdiks und Ducker lassen sich ausgesprochen gut beobachten. In den weiten Savannengebieten des Südwestens halten sich abhängig von der Jahreszeit viele **Zebras** und **Gnus** auf.

Lake Chala

Der Lake Chala befindet sich nur zehn Kilometer von Tavela entfernt, knapp außerhalb des Nationalparks. Der malerische, von einem 100 Meter hohen und dicht mit Euphorbien bewachsenen Kraterrand eingefasste Winzling von zwei Kilometern Durchmesser liegt **zur Hälfte in Tansania.** Über steile Pfade kann man zum See hinunterklettern, auf dem Fischer mit Einbäumen auf Tilapia-Fang gehen. Wegen der Krokodile sollte man besser nicht baden. Besondere Hochachtung sei hier auch gegenüber Fröschen empfohlen – der Legende nach ließ ein abgewiesener Magier in dieser Tiergestalt ein ganzes Dorf überfluten. Bei klarem Wetter öffnet sich ein überwältigender Blick auf den Kilimanjaro.

●**Parkgebühren 50 US$, im Januar, Februar, Juli, August, September und Oktober 60 US$.**

Schlafen

●**Kilaguni Lodge,** Tel. 045/340 000; Buchungen über Serena Hotels, Tel. 020/284 23 33. Die Zimmer sind hell und geräumig. Wunderbare Blicke auf ein nachts beleuchtetes Wasserloch, im Hintergrund die Chyulu Hills und der Kilimanjaro. DZ 216 US$.

●**Kitani Camp,** Buchungen über das benachbarte Severin Safari Camp, Tel. 041/548 50 01, www.severin-kenya.com. Hübsche Siedlung mit kleinen, komplett eingerichteten Ferienhäusern. Cottage für zwei Personen 50 US$, weitere Betten 15 US$.

Land am Kilimanjaro

Tsavo East National Park

Die Regionen des Parks

Die meisten Attraktionen von Tsavo East befinden sich in seinem südlichen Teil. Ein lohnenswertes Ziel ist der **Mudanda Rock.** Der lang gestreckte Monolith fällt an der Ostseite zu einer Reihe von Wasserlöchern ab, eine reichlich angesteuerte Tiertränke. Weiter nördlich bietet der **Observation Hill** einen tollen Ausblick auf den Zusammenfluss von Athi und Tsavo zum **Galana River.** Flussabwärts liegen die Stromschnellen der **Lugard Falls.** Im Lauf der Jahrtausende hat der Galana River hier ein hunderte Meter breites Felsband durchschnitten und so einen beeindruckenden Skulpturengarten mit schäumenden Wasserspielen hinterlassen. Benannt ist der Ort nach Hauptmann *Frederick Lugard,* der im Auftrag der britischen Krone Uganda unterwarf und später für seine Verdienste zum Lord ernannt wurde. Direkt unterhalb der Stromschnellen befindet sich der **Crocodile Point.** Von dem Hügel blickt man auf Sandbänke, auf denen sich häufig mächtige Krokodile sonnen. Die grüne Vegetation an den Uferbänken des **Voi River** zieht vor allem in der Trockenzeit Vögel, Affen, Elefanten, Antilopen, Gazellen, Löwen und Leoparden an. Der **Aruba-Damm** staut den Voi-Fluss zu einem kleinen See, an dem Tiere aus dem weiten Umkreis ihren Durst stillen.

Die Tierwelt

Das Markenzeichen von Tsavo East sind die berühmten **roten Elefanten.** Hinter der Hautfärbung steht nicht etwa eine genetische Laune der Natur. Die Tiere legen sich nach dem Baden ein Ganzkörper-Make-up aus roter Lateriterde auf, die vermutlich gegen Parasiten hilft und die ihre dicke Haut vor Sonnenbrand schützt. Neben den übrigen vier der „Big Five" finden sich in den Gewässern des Parks **Krokodile** und **Nilpferde.** Kleine Kudus sind am ehesten im trockenen Busch entlang des Galana River zu sehen. In den Savannen im Süden leben **Geparden.** Am Mudanda Rock sind schon Afrikanische Wildhunde gesichtet worden, **Nashörner** sind mit Glück beim Observation Point zu sehen. Am Aruba-Damm tummeln sich regelmäßig Zebras, Grant Gazellen, Impalas, Giraffen, Wasserböcke sowie Gerenuk-, Elen- und Oryxantilopen. Affen und die Vogelwelt konzentrieren sich in den Galeriewäldern der Flussläufe. Darüber hinaus ist Tsavo East die Arche Noah für eine der fünf am meisten bedrohten großen Säugetierarten der Erde: die **Hunter Leierantilope** oder Hirola, die eng mit dem Topi verwandt ist.

- **Parkgebühren 50 US$, im Januar, Februar, Juli, August, September und Oktober 60 US$.**

Schlafen

- **Voi Wildlife Lodge,** besonders erwähnenswert wegen dem sagenhaften Blick von Terrasse, Bar und Pool auf ein Wasserloch und die Weite des Tsavo, ansonsten etwas renovierungsbedürftig. DZ 200 US$.
- **Tsavo Satao Camp,** Buchungen über Southern Cross Safaris, Tel. 020/243 460-0 bis -3, www.sataocamp.com. Aufregende Architektur aus Holz und Naturstein. Liebevolle Details, guter Service und bester Blick auf ein Wasserloch mit regelmäßigen Besuchen von Elefanten. DZ 260 US$.

Tsavo East National Park – ein Gepard ruht sich auf der Piste aus

NAIROBI

Einleitung

Hauptstadt Kenias

Nairobi liegt in 1670 Metern Höhe am Übergang des trockenen Savannengürtels zum fruchtbaren Hochland, **nur 120 Kilometer südlich des Äquators** und knapp 500 Kilometer von der Küste des Indischen Ozeans entfernt. Mit rund **vier Millionen Einwohnern** bildet die kenianische Hauptstadt die Heimat für ein Zehntel der Bevölkerung Kenias. Nairobi wächst von jeher rapide. Schlendert man durch die von Hochhäusern geprägte City, ist es kaum zu glauben, dass sie erst 110 Jahre jung sein soll. Laut Studien soll die Einwohnerzahl im Jahr 2020 die 10-Millionen-Marke überschreiten! Das **schnelle Wachstum** hat seinen Preis: Wie viele andere Millionenstädte hat Nairobi mit Problemen wie Slumbildung, überlasteter Infrastruktur und Kriminalität zu kämpfen, auch wenn der Spitzname „Nairobbery" aus den 1970/80er Jahren nicht mehr uneingeschränkt gerechtfertigt ist. Im Gegenteil, Nairobi bietet auch einige Lebensqualität: vornehme Wohngegenden im Grünen und modernste Freizeit- und Erholungseinrichtungen. Das **geistige, kulturelle und wirtschaftliche Zentrum** der gesamten Region rangiert auch bezüglich seines Kultur- und Unterhaltungsangebots auf internationalem Niveau. In der kosmopolitischen City leben **Menschen aller Hautfarben und Religionen.** Die vielen europäischen und asiatischen Bewohner haben der Stadt ihr afrikanisches Herz aber nicht geraubt. Und nur vier Kilometer vom Zentrum entfernt tummeln sich im Nairobi National Park Savannentiere vor der Skyline.

Bild auf den Seiten zuvor:
An der Pferderennbahn von Nairobi

Geschichte

Bau der Uganda-Bahn

Wie Kenia selbst verdankt auch die Hauptstadt ihre Existenz der Eisenbahn. „Kühler Fluss" nannten die Masai das sumpfige Terrain, auf dem die Eisenbahnbauer der Uganda-Bahn **1899** ein Camp errichteten, um von hier aus den weiteren Streckenbau zu planen. Durch die Zugverbindung nach Mombasa entwickelte sich die kleine Siedlung schnell zu einem **regionalen Versorgungs- und Verwaltungszentrum,** das sich wie eine Westernstadt entlang einer staubigen Hauptstraße hinzog – der heutigen Moi Avenue. 1906 wurde Nairobi zur **Hauptstadt von Britisch-Ostafrika.** Aus den damals rund 15.000 Einwohnern waren nach dem Ersten Weltkrieg bereits 110.000 geworden. Mit dem Wirtschaftsaufschwung der 1950er Jahre blühte die Metropole regelrecht auf. Die Unabhängigkeit Kenias 1963 veränderte allerdings nachhaltig das Gesicht der gepflegten „Stadt der Blumen". Straßen trugen fortan die Namen kenianischer Freiheitskämpfer anstatt von Kolonialbeamten, und durch die einsetzende Landflucht der schwarzen Bevölkerung bildeten sich größere Elendsviertel. Unter der korrupten Regierung des Altpräsidenten *Moi* wurde die Stadt zunehmend vernachlässigt. Erst seit dem Regierungswechsel 2002 haben sich Sicherheit und Sauberkeit wieder zum Positiven gewandelt.

Orientierung

Überschaubares Stadtzentrum

Nairobi erstreckt sich mit seinen Vororten über eine ausgedehnte Fläche. Am Stadtplan lässt sich die streng nach Rassen getrennte Siedlungspolitik der Briten noch sehr gut ablesen, auch wenn die einzelnen Viertel heute eher soziale Gegensätze markieren als Hautfarben. Die **vornehmen Wohngebiete** finden sich im Westen und Norden Nairobis in den **Stadtteilen Langata, Karen, Hurlingham, Westlands** und **Muthaiga,** wo auch die meisten Botschafterresidenzen liegen. Der gesamte Osten der Stadt genießt keinen besonders guten Ruf. **Im Südosten** Richtung Jomo Kenyatta Airport liegt das riesige **Industrie- und Gewerbegebiet** Nairobis. Die eigentliche **Innenstadt** mit nur 3,5 km² Fläche ist sehr überschaubar. Ihre Südhälfte bildet ein reiches Geschäftsviertel mit Banken, Luxushotels und Regierungsgebäuden. Nördlich der Kenyatta Avenue befand sich das frühere Basarviertel, in dem sich niedrigere Häuser und bunte Warenauslagen aneinanderreihn. In dem lauten und bunten **River Road District** östlich der Moi Avenue gilt es, die allgemeinen Sicherheitsregeln besonders zu beherzigen!

Stadtrundgang

Innenstadt Alle wichtigen Sehenswürdigkeiten von Nairobis Innenstadt lassen sich gut **in einem halben bis ganzen Tag** per pedes ansteuern. Dazu zählen die vielen Kolonialbauten, die sich in den Schatten zahlreicher Hochhäuser kauern, deren Zahl aber leider von Jahr zu Jahr sinkt. Man findet sie unter anderem entlang der palmengesäumten **Kenyatta Avenue, Nairobis Prachtstraße,** die für eine Flaniermeile allerdings etwas zu belebt und schmuddelig ist.

The Stanley Hotel Als **Ausgangspunkt** eines Spaziergangs durch die City bietet sich The Stanley Hotel mit seinem berühmten **Thorn Tree Café** an, das bereits Anfang des 20. Jahrhunderts nahe der Kreuzung der beiden Hauptstraßen, der Moi und der Kenyatta Avenue, eröffnete. Das Café verdankt seinen Namen einer Fieberakazie im Hof, die in den rauen Gründerjahren als Briefkasten diente. Erst nagelten die Siedler, später die Globetrotter ihre Nachrichten an die schartige Rinde. Der alte Baum wurde in den 1990er Jahren gefällt und durch einen jüngeren ersetzt, aber das Thorn Tree Café ist trotzdem ein beliebter Treffpunkt geblieben.

Moi Avenue Wer vom Stanley auf der Moi Avenue nach Norden schlendert, passiert ein noch relativ intaktes Ensemble alter **Geschäftshäuser im anglo-indischen Kolonialstil.** Die Stoff-, Mode-, Schreib- oder Eisenwarengeschäfte im Erdgeschoss werden zum Teil bis heute von den Nachkommen der indischen Erbauer geführt. Ein wahres Kleinod ist das **Diamond House** auf der Moi Avenue, das der Besitzer der Diamond Mineral Water Company

Rushhour auf der Kenyatta Avenue

164 Nairobi Zentrum

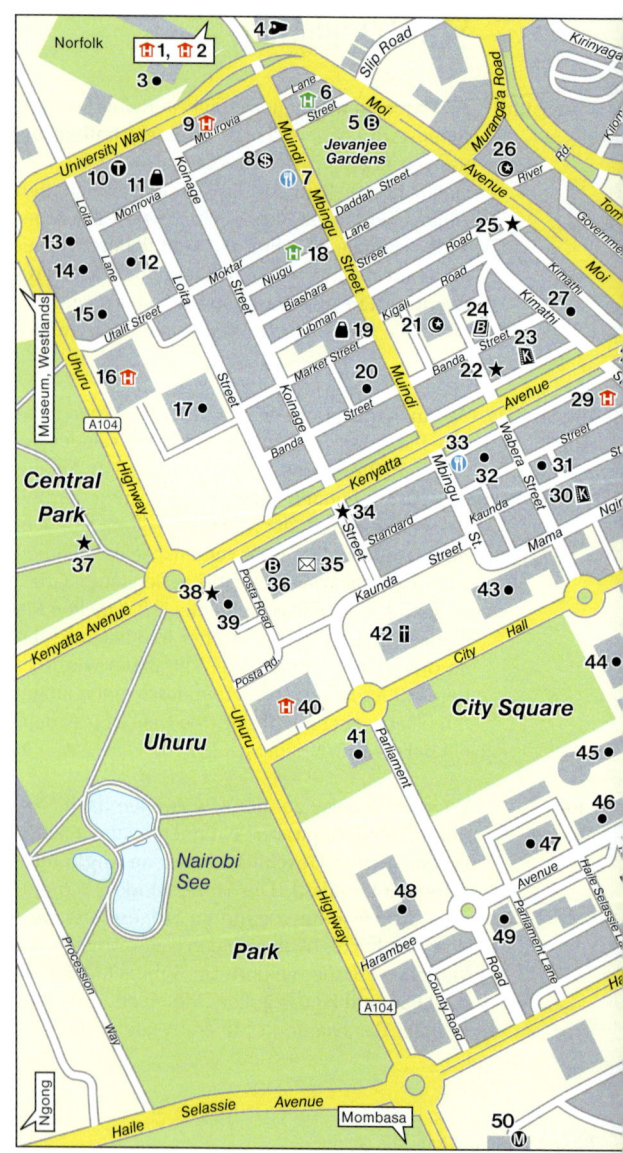

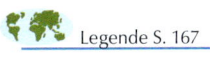

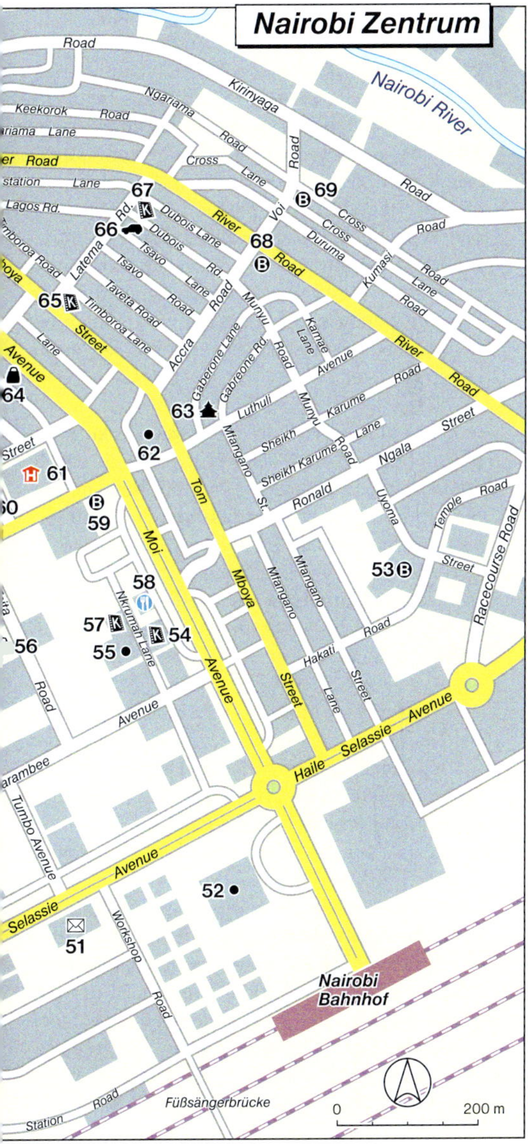
Nairobi Zentrum
Nairobi River
Road
Keekorok Road
Ngariama Road
Kirinyaga Road
Lane
River Road
Cross Lane
Road
Voi
Lane
Lagos Rd.
Latema Rd.
Dubois Lane
Dubois Rd.
Tsavo Lane
Tsavo Road
Timboroa Road
Timboroa Lane
Taveta Road
Accra Road
Cross
Duruma
Kumasi
Road
Lane
Munyu Road
Kamae Lane
Gaberone Lane
Gabreone Rd.
Luthuli Avenue
Karume Road
Sheikh Karume Road
Lane
Street
Ngala
Mtangano St.
Ronald
Uyoma
Temple Road
Street
Racecourse Road
Tom Mboya Street
Moi Avenue
Nkrumah Lane
Mtangano
Hakati Lane
Road
Street
Haile Selassie Avenue
Avenue
Road
Tumbo Avenue
Selassie Avenue
Workshop Road
Station Road
Nairobi Bahnhof
Fußsängerbrücke
0
200 m
67
66
65
64
63
62
61
59
58
57
56
55
54
53
52
51
68
69

Nairobi

erbauen ließ. Mehr oder weniger herausragende Beispiele dieser verträumten Architektur mit den vorgebauten Kolonnaden finden sich auf den gesamten Innenstadtbereich verteilt. Als herausragendes Gebäude sei hier noch die **ismaelitische Khoja Mosque** mit ihrem kleinen Uhrturm an der nördlichen Moi Avenue erwähnt. Ihr schräg gegenüber liegt die nach ihrem indischen Stifter benannte Parkanlage der **Jevanjee Gardens,** in deren Mitte ein marmornes Queen-Victoria-Denkmal thront. Gestresste Hauptstädter verbringen hier ihre Mittagspause mit einem Schläfchen auf dem Rasen oder lauschen einem der vielen ambulanten Prediger.

Norfolk Hotel

Noch weiter nördlich, in der **Harry Thuku Road** gegenüber der Nairobi University, liegt die zweite koloniale Hotel-Instanz: das Norfolk Hotel mit seiner urbritischen **Fachwerkfassade.** Das einst wegen der illustren Gäste augenzwinkernd „House of Lords" genannte Hotel beherbergt in seinem Innenhof eine **Sammlung alter Verkehrsmittel.** Seine Terrasse ist bis heute für einen Sundowner bei Einheimischen und Touristen beliebt.

National Museum of Kenya

Absolut sehenswert ist das 1930 eröffnete National Museum of Kenya, das etwas nördlich des Norfolk Hotel auf dem **Museum Hill** liegt und erst jüngst nach umfangreichen Modernisierungs- und Erweiterungsarbeiten wiedereröffnete. Neben naturhistorischen, paläoanthropologischen, ethnologischen und historischen Exponaten besitzt es auch eine **Galerie für zeitgenössische kenianische Kunst.** Die **Sammlung zu Flora und Fauna** würde in ihrer Fülle an ausgestopften Säugetieren, Vögeln, Käfern und Schmetterlingen in den unglaublichsten Farben und Formen dem Inventar einer Arche Noah alle Ehre machen. Die **geologische Sammlung** klärt über die Entstehung des Ostafrikanischen Grabens und andere erdgeschichtliche Ereignisse in Ostafrika auf. Die größte

Legende zu Nairobi Zentrum

- 🏨 1 Boulevard Hotel
- 🏨 2 Norfolk Hotel
- ● 3 University of Nairobi
- ➤ 4 Central Police Station
- Ⓑ 5 Busse nach Westlands
- 🏨 6 Parkside Hotel
- 🎧 7 Debonaire/Steers
- 💲 8 Bank
- 🏨 9 Nairobi Safari Club
- ⛽ 10 Tankstelle
- 🛒 11 Uchumi Supermarket
- ● 12 French Cultural Centre
- ● 13 Hazina Towers
- ● 14 View Park Towers
- ● 15 Utalii House
- 🏨 16 Grand Regency
- ● 17 Barclays Plaza
- 🏨 18 Kenya Comfort Hotel
- 🛒 19 City Market
- ● 20 African Heritage Building
- ☪ 21 Jamia Moschee
- ★ 22 Bank of India
- 🎬 23 Cameo Cinema
- 📖 24 McMillan Library
- ★ 25 Diamond House, Barclays Plaza
- ☪ 26 Khoja Moschee
- ● 27 Nation Centre
- 🏨 28 Oakwood Hotel
- 🏨 29 The Stanley Hotel
- 🎬 30 20th Century Cinema
- ● 31 City House
- ● 32 Uganda House
- 🎧 33 Simmers
- ★ 34 Galton Fenzi Memorial
- ✉ 35 New General Post Office
- Ⓑ 36 Busse nach Hurlingham & Milimani
- ★ 37 Uhuru Monument
- ★ 38 PC's Office
- ● 39 Nyayo House
- 🏨 40 Intercontinental
- ● 41 Kenyatta Mausoleum
- ⛪ 42 Holy Family Cathedral
- ● 43 City Hall
- ● 44 Law Courts
- ● 45 Kenyatta Conference Centre
- ● 46 Ministry of Foreign Affairs
- ● 47 Office of the President
- ● 48 Parliament Building
- ● 49 Embassy House
- Ⓜ 50 Eisenbahn-Museum
- ✉ 51 Old General Post Office
- ● 52 Kenya Railways Headquarers
- Ⓑ 53 KBS Stagecoach Bus Station
- 🎬 54 Kenya Cinema Plaza
- ● 55 Uchumi House
- 🛒 56 Masai Markt
- 🎬 57 Nairobi Cinema
- 🎧 58 Florida 2000
- Ⓑ 59 Busse nach Westen
- ● 60 International House
- 🏨 61 Hilton Hotel
- ● 62 National Archives
- ♠ 63 Sikh Temple
- 🛒 64 Zanzibar Curio Shop
- 🎬 65 Odeon Cinema
- 🚌 66 DPS Peugeots
- 🎬 67 Embassy Cinema
- Ⓑ 68 Matatus nach Embu, Isiolo & Nanyuki
- Ⓑ 69 Coast Bus, Mawingo, Goldline, Arusha Express

- 🏨 Oberklasse-Hotels
- 🏨 Mittelklasse-Hotels

Attraktion des Museums dürfte allerdings die **paläoanthropologische Sammlung** sein, die zwischen allerlei spannenden Knochenfunden aus der Vorzeit des Menschen auch der berühmte **Turkana-Junge** „bewohnt". Sein Skelett ist das bislang vollständigste eines Hominiden. Diese menschlichen Vorfahren bevölkerten Kenia vor schätzungsweise 1,6 Millionen Jahren. Beeindruckend sind auch die berühmten **Fußabdrücke von Laetoli,** die eine Hominiden-Kleinfamilie sogar bereits vor rund 3,75 Millionen Jahren in frischer Vulkanasche in der tansanischen Olduvai-Schlucht hinterlassen hat. Sehr umfangreich ist auch die ethnografische Sammlung mit Objekten wie Schmuck, Kleidung oder Waffen und einer Porträtreihe der verschiedenen Völker des Landes. Auf dem Museumsgelände dürfen auch junge Künstler Arbeitsräume beziehen. Vom Museum hügelabwärts befindet sich ein **Reptilienpark.**

● Eintritt 200 Ksh, geöffnet von 9.30–18 Uhr.

Weitere Sehenswürdigkeiten

Das **Arboretum,** ein botanischer Garten für mehr als 100 einheimische Baumarten, bildet in Nähe zur City ein Stück paradiesischer Natur. Auf dem Weg zurück in die Innenstadt passiert man die im normannischen Stil errichtete **All Saints Cathedral** und durchquert den **Central Park.** Mitten auf der grünen Wiese steht hier das selten hässliche und doch imposante **Uhuru-Denkmal,** welches an die Unabhängigkeit (auf Kisuaheli „Uhuru") im Jahr 1963 erinnert. Jenseits des Uhuru Highway, an der Ecke mit der Kenyatta Avenue, duckt sich das wohl älteste erhaltene Gebäude Nairobis im Schatten eines Wolkenkratzers, das einstige **Provincial Comissioner's Office.** Es ist im Besitz des Nationalmuseums und beherbergt wechselnde Ausstellungen. Vor dem Gebäude der Hauptpost steht das häufig übersehene **Galton-Fenzi-Denkmal** zu Ehren des Gründers des ersten ostafrikanischen Automobilverbandes.

City Square Einige Straßenzüge weiter im Süden öffnet sich der fahnengesäumte City Square, ein erstaunlich großer Platz mitten im Herzen der Stadt. Die Briten ließen hier den repräsentativen **High Court** errichten. Daneben hat das unabhängige Kenia das **Kenyatta Conference Centre** gestellt, das mit dem runden Turm und der riesigen Konferenzhalle in der Form eines traditionellen Rundhüttendachs das moderne Wahrzeichen Nairobis und das höchste Gebäude in der City ist. Das letzte Gebäude am Platz ist das **Parlamentsgebäude,** durch seinen großen Uhrturm sofort zu erkennen.

Kenya Railways Es bietet sich an, weiter durch das Regierungsviertel **hinunter zur Haile Selassie Avenue** zu spazieren, an deren östlichen Ende sich das **Hauptquar-**

Stofftierverkäufer auf dem größten Altkleidermarkt von Nairobi

tier der Kenya Railways befindet. Das Prunkgebäude aus dem Jahre 1929 spiegelt die einstige wirtschaftliche Macht der Eisenbahngesellschaft wider. Wer sich eingehender für die Geschichte der kenianischen Eisenbahn interessiert, sollte es keinesfalls versäumen, dem **Railway Museum** hinter dem Hauptbahnhof einen Besuch abzustatten. Die größte Attraktion sind 13 ausgemusterte Dampflokomotiven, auf denen man nach Herzenslust herumklettern darf. Die aus allen Nähten platzende Dokumentarabteilung bietet allerlei kuriose Funde.

Auf dem Rückweg zum Stanley Hotel über die südliche Moi Avenue passiert man den **Memorial Park,** der an den fürchterlichen Bombenanschlag auf die US-Botschaft im Jahre 1998 erinnert, und die **Nationalgalerie,** die unter anderem eine lohnenswerte Bilderausstellung beherbergt.

Kenya Railways – im Speisewagen der 1. Klasse

Karten Umschlag hinten, S. 164

REISESERVICE

Reiseservice

Schlafen

- **The Sarova Stanley Hotel,** ein Hotel-Klassiker mit hohem Standard und langer Tradition; Tel. 020/275 70 00; www.sarovahotels.com. DZ 468 US$.
- **Fairview Hotel,** Tel. 020/288 10 00; www.fairviewkenya.com.
- **Parkside Hotel,** Tel. 020/214 155; www.parksidehotel.org. Einfach, aber sauber und gepflegt, direkt gegenüber der Jeevanjee Gardens gelegen. DZ 32 US$.
- **Kitengela Glass Cottage,** Tel. 020/675 18 58; www.kitengela.com. Südlich des Nairobi National Park gelegenes Refugium der deutschen Glaskünstlerin Nani Croze mit netten Cottages, die je nach Größe und Saison zwischen 60 und 120 US$ pro Nacht kosten.

Essen

- Ein Klassiker für alle Fleischliebhaber ist das **Carnivore Restaurant** nahe des Wilson Airport, dass Wild von Krokodil bis Zebra auf der Speisekarte führt.
- Nairobi hat vorzügliche indische Restaurants, etwa das **Haandi Restaurant** in The Mall in Westlands.
- Seit Jahren zuverlässige Adressen für italienisches Essen: das **Trattoria** in der Innenstadt und das **Toona Tree** am Museum Hill.
- Leckere und preisgünstige äthiopische Küche gibt es im **Blue Nile** auf der Argwings Khodek Road in Hurlingham.
- **The Talisman** in Karen bietet bei Essen und Ambiente eine raffinierte Mischung aus Europa, Afrika und Asien.

Ausgehen

Nairobi besitzt ein interessantes Nachtleben mit guten **Bars** und **Discos.** Die Rock Night am Mittwoch im **Carnivore** nahe des Wilson Airport ist legendär. In der Bar des **Gypsy's** in Westlands trifft sich ein internationales Publikum zur Einstimmung auf den Abend, um die Ecke befinden sich zudem das **Black Diamond** mit seiner Dachterrasse und das **Havanna,** eine gemütliche Bar. Der **K2 Club** in der Industrial Area zieht vor allem ein junges kenianisches Publikum an – viel Rap, auch kenianischer Machart. Das **Florida 2000** auf der Moi Avenue ist am Wochenende immer voll, die vielen „Muzungu" ziehen zwangsläufig eine hohe Zahl von Damen mit finanziellen Interessen an.

Touren

- **Kibo Slopes Safaris,** Lenana Rd., nahe der ägyptischen Botschaft, Tel. 020/272 54 35 und 271 73 73, www.kiboslopessafaris.com. Österreichisch-kenianischer Veranstalter mit 20-jähriger Erfahrung.
- **Kuja Safaris,** Caxton House, 2. Stock, Suite 11, Kenyatta Avenue, Ecke Koinange Street, Tel. 020/313 371, Mobil 0722/722 432, www.kujasafaris.com. Preisgünstig und sympathisch.

Im Umland von Nairobi

Shoppen

- Frische Blumen und ein reiches Angebot an Souvenirs gibt es auf dem **City Market** im Stadtzentrum.
- Jeden Samstag findet hinter dem Hilton Hotel an der Taita Road unter freiem Himmel ein großer **Masai-Markt** mit viel Kunsthandwerk statt.
- Das **Kazuri Bead Centre** nahe des Karen Blixen Museum in Karen führt eine große Auswahl an geschmackvollen Kunsthandwerksprodukten.

Im Umland von Nairobi

Interessante Ausflugsziele

Nahe gelegene Ausflugsziele versprechen einige interessante Tage in Nairobis Umgebung. Im Süden der Stadt, in der trockenen **Athi-Ebene,** erstreckt sich der **Nairobi National Park.** Während hier die Gelegenheit für ein Safarierlebnis im Dunstkreis der Großstadt besteht, begegnet man im **Hochland um Limuru** der Lebenskultur der kenianischen Landbevölkerung. Ihre Ackerflächen, Kaffeefarmen und Teeplantagen wirken wie ein grünes Paradies. Im Westen der Stadt liegen die **Ngong-Berge,** die wegen der atemberaubenden Ausblicke ins Rift Valley ein schönes Ausflugsziel sind. Für die wichtigsten Sehenswürdigkeiten in den südwestlichen **Vororten Langata** und **Karen** bieten Reisebüros in Nairobi Tagesausflüge an, die das Karen Blixen Museum, das Langata Giraffe Centre, das Elefanten-Waisenhaus von *Daphne Sheldrick* sowie die Bomas of Kenya einschließen.

Karengata

Stadtteile Karen und Langata

In den weitläufigen, grünen Stadtteilen Karen und Langata, die häufig als „Karengata" bezeichnet werden, leben seit jeher viele der europäischstämmigen Kenianer. Auf dem Weg dorthin passiert man zunächst das afrikanische Mittelklasse-Viertel South C und den **Wilson Airport,** der zwar nur für

Rothschild-Giraffe im Langata Giraffe Centre

den Inlandsverkehr genutzt wird, wegen der vielen Charterflüge in die Nationalparks aber angeblich der Flughafen mit den meisten Starts und Landungen im Afrika südlich der Sahara ist. Dann kommt man zum Haupteingang des Nairobi National Park und zum Kenya-Wildlife-Service-Hauptquartier mit dem sehenswerten **Safari-Walk,** einem Rundwanderweg mit Tiergehegen (20 US$), sowie der **Animal Orphanage** (15 US$), in der verwaiste und mit Verletzungen aufgegriffene Tiere ein Zuhause gefunden haben. Von hier ist es nicht mehr weit zu den **Bomas of Kenya:** Im Freilichtmuseum gibt es Tanzvorführungen und Nachbauten traditioneller Häuser der verschiedensten kenianischen Völker zu sehen.

●**Bomas of Kenya, Eintritt 600 Ksh, geöffnet Mo bis Fr von 14.30–16 Uhr, Sa und So von 15.30–17.15 Uhr.**

Am Rande des weitläufigen Langata, in direkter Nachbarschaft zum Nationalpark, liegt das **Langata Giraffe Centre.** Das amerikanische Ehepaar *Leslie-Melville* gründete 1983 diese Institution, die sich der Rettung der seltenen Rothschild-Giraffen und der Naturschutzerziehung kenianischer Kinder verschrieben hat. Die eigenartigen Tiere mit ihren langen, blauen Zungen und reizenden Wim-

pern kann man hier sogar füttern und streicheln. Jährlich besuchen mehr als 30.000 Schulkinder das Giraffe Centre, von denen viele zum ersten Mal ein Wildtier sehen.

● **Langata Giraffe Centre, Eintritt 700 Ksh, täglich geöffnet von 9–17.30 Uhr.**

Ein ebenso unvergessliches Erlebnis ist der Besuch des **Tierwaisenhauses** der engagierten Tierschützerin **Daphne Sheldrick,** das ebenfalls am Rand des Schutzgebietes liegt. Mit ihrem Team zieht sie kleine Elefanten, Nashörner und andere Wildtiere mit der Flasche auf. Das Waisenhaus ist täglich nur eine Stunde für Besucher zugänglich: Von Montag bis Sonntag darf man der Fütterung der kleinen Schützlinge zwischen 11 und 12 Uhr beiwohnen.

Weiter im Westen liegt der Stadtteil Karen, der das Terrain der ehemaligen Kaffeeplantage von **Karen Blixen** einnimmt – und bis heute den Namen der berühmten Autorin trägt. Das alte Farmhaus aus dem Jahr 1912, in dem die dänische Schriftstellerin lebte, ist ein **Museum,** umgeben von einem wunderbaren Garten. Vor allem ihr Roman „Afrika – dunkel lockende Welt", verfilmt als „Jenseits von Afrika", machte die Autorin weltberühmt.

● **Eintritt 800 Ksh, täglich geöffnet von 9.30–18 Uhr.**

Ngong Hills

2460 Meter hoch

Ein landschaftlich wunderschönes Tagesziel sind die Ngong-Berge, die sich 30 Kilometer westlich der City **am Rande des Ostafrikanischen Grabens** erheben. Dank einer respektablen Höhe von 2460 Metern erblickt man vom Bergkamm an klaren Tagen die Gipfel von Kilimanjaro und Mt. Kenya sowie die endlose Athi-Ebene, auf der sich Nairobi wie ein Haufen Bauklötzchen ausnimmt. Die Ngong-Berge selbst sind ein ausgesprochener

Regenfänger, an deren Ostseite noch die **Überreste eines dichten Urwalds** stehen. An der Westseite stürzen die Ngong Hills in mächtigen Stufen in die schorfige, trockene Landschaft des Rift Valley ab, in der man vereinzelte Masai-Krale ausmacht. Die Entstehung der Berge erläutern die Masai mit einer amüsanten Geschichte: Angeblich stolperte ein Riese, den Kopf von Wolken verhüllt, über den Kilimanjaro. Beim Fallen stützte er sich mit den Händen ab und hinterließ tiefe Abdrücke: die Ngong Hills. Wegen vereinzelten Überfällen in der Vergangenheit empfiehlt es sich, am Schlagbaum des Kenya Wildlife Service (KWS) um die Begleitung eines Rangers zu bitten.

Paradise Lost

Kaffeeplantagen

Ein schöner Ausflug in die Kaffeeplantagen nördlich von Nairobi führt zu Paradise Lost auf dem Misarara Coffee Estate. Neben **drei kleinen Stauseen** und der Möglichkeit zu **reiten** wird hier auch eine **Führung durch Plantage und Fabrik** angeboten, während der erklärt wird, wie aus den Kaffeekirschen das schwarze Lebenselixier wird.

Olorgessailie

Altsteinzeitliche Fundstätte

An der Straße zum Magadi-See, bereits in den trockenen, heißen Niederungen des Rift Valley, liegt **nahe des Olorgessailie-Vulkans** die faszinierendste aller altsteinzeitlichen Fundstätten Kenias. Forscher stießen dort auf eine ungeheuerlich große Zahl von **Steinwerkzeugen** auf engstem Raum, die auf Besiedlung durch den Frühmenschen Homo erectus schließen lassen. Glücklicherweise beließ man einen Teil der Funde in ihrer ursprünglichen Lage, sodass man sie heute von Laufstegen aus mit Entdeckerblick bewundern kann. In Olorgessailie kann in einer einfachen Hüttenunterkunft übernachtet werden.

Nairobi National Park

Nur 7 Kilometer von Nairobi

Mit dem Nairobi National Park dürfte die kenianische Hauptstadt den größten „zoologischen Garten" weltweit besitzen – der in Richtung Masai-Steppe allerdings für ein- und auswandernde Tiere offensteht. Das 117 km² große Schutzgebiet liegt im Süden der Stadt, gerade mal sieben Kilometer von der City entfernt. Landschaftlich ist der Park für seine überschaubare Größe erstaunlich abwechslungsreich. Mit mehr als **300 Vogelarten** und rund 100 verschiedenen Säugetieren bietet er einen ziemlich guten Überblick über die Vielfalt der afrikanischen Tierwelt; von den „Big Five" fehlen nur die Elefanten. **Savannentiere** wie Gnus, Impalas, verschiedene Gazellenarten, Zebras, Kongonis, Riedböckchen, Elenantilopen, Warzenschweine, Wildbüffel, Vogelstrauße und Giraffen sind hier zu Hause. Eine ganz besondere Attraktion des Nationalparks sind rund 60 der seltenen **Spitzmaulnashörner,** die nirgendwo so gut wie hier zu beobachten sind. So überrascht es nicht, dass der Park zu den meistbesuchten Schutzgebieten des Landes gehört; knapp 50.000 Fahrzeuge und 150.000 Besucher zählt man alljährlich.

Den größten Teil des Parks machen klassische **Grassavannen** aus. Im äußersten Westen lässt der Regen **dichte Wälder** sprießen, in denen Paviane und Grüne Meerkatzen leben. Am südöstlichen Ende des Parks breiten sich schöne Galeriewälder und noch einige große **Fieberakazienhaine** aus. An Wassertieren findet man sogar Krokodile, Wasserschildkröten und Nilpferde.

Im Park selbst gibt es **keinerlei Unterkünfte oder Campsites.**

● **Parkgebühren 40 US$, Kinder 20 US$.**

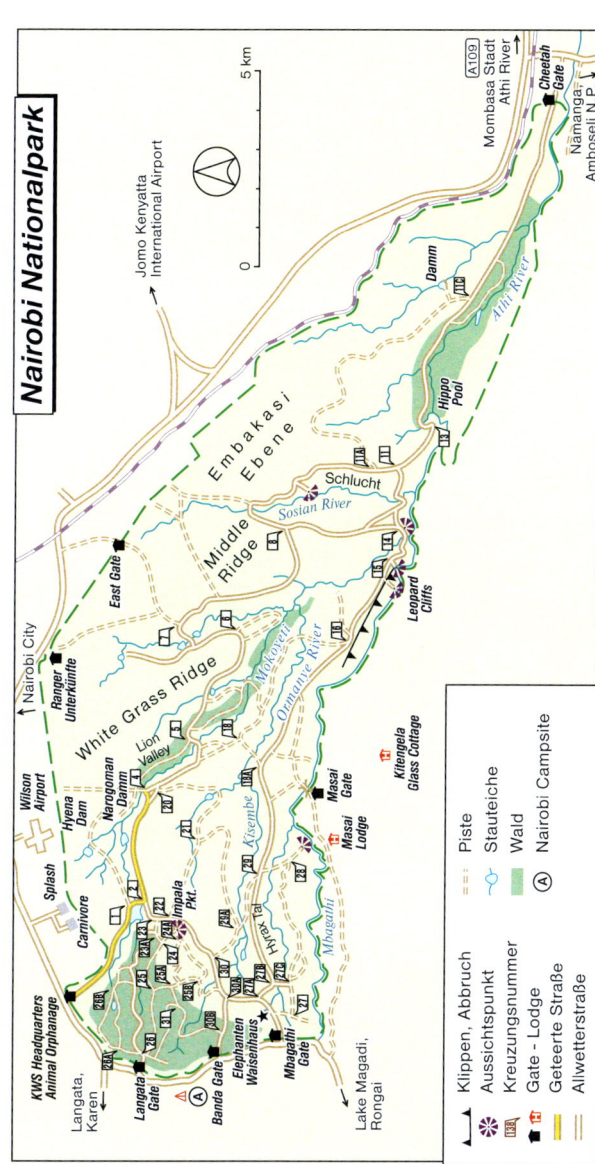

Zentrales Hochland

Zentrales Hochland

Einleitung

Mt. Kenya — Im Zentralen Hochland thront der Mt. Kenya, mit 5199 Metern der **höchste Berg des Landes.** Der Anblick seines schneegekrönten Gipfels, umgeben von üppig-grüner Landschaft mit Ananas-, Kaffee-, Tee- und Pyrethrumpflanzungen, ist einmalig. Die Region ist das **Stammland der Kikuyu,** Kenias größtem Volk, und entsprechend dicht besiedelt. Ein gemäßigtes Klima, Regenreichtum und die fruchtbaren vulkanischen Böden machten das zentrale Hochland während der Kolonialzeit zum Kerngebiet der **„White Highlands",** in denen Landwirtschaft weißen Siedlern vorbehalten war. Die Trockenmonate sind für Reisende am günstigsten, die eine vier- bis fünftägige Besteigung des Mt. Kenya planen. Sie führt durch wildreiche Urwälder, vorbei an Bergbächen und über afroalpine Hochmoorlandschaften bis zum ewigen Eis und stellt – im doppelten Sinne – den Höhepunkt jeder Kenia-Reise dar. Sehenswert im Hochland ist aber auch die wilde, elefantenreiche **Aberdares Range,** von deren steilen bewaldeten Flanken die höchsten Wasserfälle des Landes stürzen. Private Wildschutzgebiete in **Laikipia** bieten zudem die Möglichkeit zu außergewöhnlichen Safarierlebnissen. Interessant sind aber auch kleinere landschaftliche Perlen, wie der **Ol Doinyo Sabuk National Park** und die **14 Falls** in der Nähe von Thika. Outdoor-Freunden bietet sich die Möglichkeit zum Forellenfischen und Rafting.

Bild auf den Seiten zuvor: Blick von der Forest Lodge auf den Mt. Kenya

Thika

Industrie und Handel

Die geschäftige **65.000-Einwohner-Stadt** ist nach Nairobi und Mombasa der drittwichtigste Industriestandort des Landes. Seine Geschichte begann als ein uralter Marktplatz im Grenzgebiet der Kikuyu und Kamba, an dem die beiden Völker Handel miteinander trieben und die Briten eine kleine Garnison unterhielten. In der Folge übernahmen indische Einwanderer in dem 1490 Meter hoch gelegenen Ort mehr und mehr die Geschäfte. Noch heute besitzt Thika **drei indische Tempel** in der Temple Road und ein imposantes Gebäude der Bank of Baroda. Thika liegt im Herzen einer landwirtschaftlichen Region, die seit der Kolonialzeit vor allem vom **Kaffee- und Ananasanbau** lebt. Im Stadtzentrum stehen noch einige **schöne alte Gebäude.** Ansonsten lohnt sich ein Besuch des traditionsreichen **Blue Post Hotel** mit seinem großen Garten. Die 1908 gebaute Kolonialherberge hat zweifellos schon glanzvollere Tage gesehen, aber ihre Lage auf einer Halbinsel, eingerahmt von den **Wasserfällen des Chania River und des Thika River,** hat nichts von ihrem Reiz verloren.

Schlafen

● **Blue Post Hotel,** Tel. 067/222 41 und 220 45, bluepost-hotel@africaonline.co.ke. Hotel mit verblasstem Kolonialcharme. Wunderbar auf einer Halbinsel gelegen, eingerahmt von zwei Wasserfällen. DZ ca. 50 US$.

14 Falls

Athi River

Am Fuß des Ol-Doinyo-Sabuk-Berges hat der Athi River seinen großen Auftritt. In einem gut inszenierten Naturschauspiel stürzt er in ein riesiges, 12 Meter tiefes Amphitheater. Ob man, wie der Name sagt, in dem großen Rund wirklich vierzehn einzelne Fälle zählen kann, hängt sehr vom Wasserstand des Flusses ab. Von den Fällen kann man

am Ufer entlang flussabwärts laufen und sich mit einem kleinen Nachen auf die **Insel in der Flussmitte** übersetzen lassen, wo man noch ein Stück näher an die imposanten 14 Falls herankommt.

Ol Doinyo Sabuk National Park

Berg der Büffel

Die auffällige, 2145 Meter hohe Kuppe des **Ol Doinyo Sabuk** – „der Berg der Büffel" – ist von Nairobi aus klar zu sehen. Nur 65 Kilometer von der Hauptstadt entfernt, ist der 1967 zum Nationalpark erklärte **Vulkan** ein ideales Ausflugsziel auch von Thika aus. In den unteren Berglagen wachsen die für Ostafrikas Bergregionen typischen **Protea-Büsche** mit ihren großen haarigen Blüten. Weiter oben haben sich einige schöne, flechtenbehangene **Waldgebiete** erhalten, in denen unter anderem Impalas, Dikdiks, Busch- und

Imposante Wasserfälle – 14 Falls

Wasserböcke, Buschschweine, Ameisenbären, Colobus-Affen, Grüne Meerkatzen, Diadem Meerkatzen, Klippschliefer, Paviane, aber auch Schakale, Hyänen, Leoparden und rund 250 der namensgebenden Wildbüffel leben. Allerdings sind die Tiere in der dichten Vegetation nicht einfach zu erspähen. Der Wald ist auch ein Paradies für **Vogelbeobachtungen.** Mit Fernglas und etwas Glück lassen sich unter anderem Habichtsadler, Emeraldkuckuck oder Hartlaubturako sichten. Der Ol Doinyo Sabuk kann in Begleitung eines Rangers bestiegen oder mit dem Auto erklommen werden.

- Parkgebühren 20 US$.
- Im Park gibt es drei Campingplätze.

Mt. Kenya National Park

Der Nationalpark

Der **Mt. Kenya** ist **mit 5199 Metern die höchste Erhebung des Landes** und nach dem Kilimanjaro der zweithöchste Berg Afrikas. Da bereits vor rund 3,5 Millionen Jahren erloschen, ist seine Kegelform stark verwittert. Das macht ihn nicht gleich als Vulkan erkennbar. Das heutige Gipfelmassiv wird von den ehemaligen Schloten gebildet, die in 4500 Metern Höhe aus dem mächtigen, fast kreisrunden Bergsockel herausragen. Ursprünglich muss der Mt. Kenya zwischen 7000 und 9000 Meter hoch gewesen sein! In kälteren Erdepochen war der Berg von mächtigen Gletschern bedeckt. Es sind die vergleichsweise kümmerlichen Überbleibsel dieser Schnee- und Eismassen, die die Menschen am Mt. Kenya von jeher am meisten faszinierten. Für die **Völker der Kikuyu, Embu und Meru,** die in der Umgebung des Bergs siedeln, galt „Kirinyaga", „der Berg der Helligkeit", als die wichtigste Wohnstatt von Gott, *Ngai*. Aus Respekt richteten die Kikuyu den Eingang ihrer Hütten immer zum Berg hin aus.

MT. KENYA REGION

Mt. Kenya National Park

Als erster Europäer erblickte im Dezember 1849 der deutsche Missionar **Johann Ludwig Krapf** den schneebedeckten Berg, dessen Gipfel nur etwa 17 Kilometer südlich des Äquators liegt. Seinen Schilderungen wurde in Europa ebenso wenig Glauben geschenkt wie denen von *Johannes Rebmann,* der vom Kilimanjaro berichtet hatte – bis der Schotte *Joseph Thomson* 34 Jahre später die Beobachtung der beiden Deutschen bestätigte. Als Namen notierte *Krapf* damals die Bezeichnung der Kamba für die mächtige Erhebung: **"Kee Nyaa"**, "Ort des Vogelstraußes", womöglich, weil das schwarz-weiße Muster von Felsen und Schnee den Farben einer Straußenfeder gleicht. Der Name Kenias war geboren! Doch das Phänomen der äquatorialen Gletscher wird aufgrund der globalen Erderwärmung schon in wenigen Jahrzehnten wortwörtlich verflossen sein.

Ob der Brite **Sir Harold Mackinder,** dem 1899 die **Besteigung des Batian-Gipfels** gelang, tatsächlich der "Erstbesteiger" war, ist zweifelhaft. Denn 1996 fand man einen bewusstlosen Kenianer ohne Schuhe und Ausrüstung auf dem Nelion-Gipfel. Wie sich nach seiner Rettung herausstellte, war der Mann über 60 Jahre alt. Er gab zu Protokoll, seit Jahrzehnten zweimal jährlich die Gefahren und Anstrengungen auf sich genommen zu haben, um auf dem Gipfel "mit Gott zu sprechen". Gut möglich, dass er Vorgänger besaß. Mit Sicherheit war es *Mackinder,* der die drei höchsten Gipfel des Mt. Kenya nach den bekanntesten Laibon, den spirituellen Masai-Sehern des 19. Jahrhunderts, benannte: Batian, Nelion und Lenana.

Seit Dezember 1949 ist die einmalige Bergwelt durch den 715 km² großen **Mt. Kenya National Park** geschützt, der das Terrain oberhalb von 3200 Metern und inzwischen auch den Waldgür-

---

Die Besteigung des Mt. Kenya – wahrlich ein Highlight (im Hintergrund das Gipfelmassiv mit den Gipfeln Nelion und Batian)

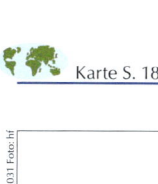

Zentrales Hochland

tel darunter einschließt. Es scheint, als sei die Gefährdung des **Mt. Kenya Forest** durch illegalen Holzeinschlag und Rodungen zunächst einmal gebannt. Jedes Jahr zieht der Park rund 15.000 Besucher an.

Der 5199 Meter hohe **Point Batian** und der **Point Nelion,** sein elf Meter niedrigerer Zwillingsgipfel, können nur alpinistisch erklettert werden, während der dritthöchste Punkt, der **Point Lenana,** auch für Trekker erreichbar ist. Die **hochalpine Landschaft** mit ihren spröden Felszacken, Eiswänden, Schneefeldern, kleinen Bergseen – den so genannten Tarns – und atemberaubenden Ausblicken tröstet darüber hinweg. Berühmt ist der Mt. Kenya auch für seine **faszinierende Vegetation,** die mehr als 80 endemische Pflanzenarten zählt!

Die Tierwelt

In den Urwäldern um den Berg lebt eine **Elefantenpopulation** von rund 1000 Tieren. Auch **Wildbüffel** sind stellenweise sehr zahlreich, außerdem gibt es **Hyänen** und sogar **Löwen**. Weitere erwähnenswerte Tierarten sind das seltene **Spitzmaulnashorn** und die außerordentlich scheue **Bongoantilope**. Wie nicht anders zu erwarten, leben am Mt. Kenya viele klassische **Waldtiere,** darunter Waldschweine, Buschböcke, Duckerantilopen, das seltene Moschusböckchen und einige Affenarten. Bisher hat man sogar elf Tierarten entdeckt, die es nur hier gibt. **Großwild** wie Zebras, Elenantilopen und Leoparden (samt dem legendären **Schwarzen Panther**) dringen in Höhen von über 4000 Metern vor. Wegen des Tollwutrisikos sollte man den murmeltierähnlichen **Klippschliefern** nicht zu nahekommen, die an den Berghütten durch die Nahrungsabfälle der Touristen hoffnungslos überfressen sind. An außergewöhnlichen **Vogelarten** sind unter anderem Hartlaubturakos, rotköpfige Kongopapageien und die schillernden Nektarvögel zu nennen.

Links: Mt. Kenya Forest; oben: Abstieg vom Point Lenana

Mt. Kenya National Park

Im Park unterwegs

Durch seine abwechslungsreiche Natur und die gute Erreichbarkeit ist der Mt. Kenya das **beliebteste Trekkinggebiet des Landes.** Mit den alpinen Gipfeln von Batian, Nelion und einigen anderen Bergen gibt es zudem **anspruchsvolle Klettermöglichkeiten.** Eine Bergtour kann man von Nairobi oder von einigen Orten am Fuß des Berges aus komplett organisieren lassen. Im Vergleich zu einer Kilimanjaro-Besteigung fällt die Tour preiswert aus. Wenn man zu zweit ist, darf man den Berg auch auf eigene Faust angehen. An den drei wichtigen **Ausgangspunkten – Naro Moru** im Westen, **Nanyuki** im Nordwesten und **Chogoria** im Osten – findet man Träger und Führer, die einem ihre Dienste antragen. Die Routen von diesen Ausgangsorten zum Gipfelmassiv des Mt. Kenya sind gut erschlossen, werden häufig begangen, die beiden erstgenannten lassen sich auch ohne Zelt erwandern. Die **Naro-Moru-Route,** die meistfrequentierte, bietet die schnellste Auf- und Abstiegsmöglichkeit zum Point Lenana. Man sollte drei bis vier Tage Wanderzeit einplanen. Die **Sirimon-Route** führt von Nanyuki über die etwas trockenere Nordwestseite, das Gipfelmassiv hat man immer im Blick. Die Route besitzt schöne Zeltplätze. Vom Gate bis zum Point Lenana und zurück benötigt man fünf Tage. Die **Chogoria-Route** zum Point Lenana an der Ostseite des Mt. Kenya ist von der Entfernung zwar die längste, aber auch mit Abstand die landschaftlich reizvollste Aufstiegsroute. Auch hier sollte man mit einer Marschdauer von fünf Tagen rechnen. Natürlich lassen sich für Auf- und Abstieg auch verschiedene Routen miteinander kombinieren. Die Zeitangaben beziehen Abstecher oder Besichtigungspausen nicht mit ein.

- **Parkgebühren 55 US$.**
- **Bergführer und Träger:** In den drei Ausgangsorten gibt es selbst verwaltete Organisationen von Führern und Trägern, die Bergtouren organisieren.

Schlafen

- **Naro Moru River Lodge,** Tel. 062/31 04-7 oder -8; www.naromoruriverlodge.com. Schönes Hotel mit vielen verschiedenen Unterkünften zwischen 100 und 130 US$ für das DZ. Auch Schlafsaal und Campingmöglichkeit. Swimmingpool, Tennis, Sauna, Reiten, Angeln sowie Mt.-Kenya-Touren.
- **Serena Mountain Lodge,** Tel. 061/203 07 85, Buchungen unter Tel. 020/271 05 11. Wunderbar an einer Urwaldlichtung gelegene Lodge im Blockhausstil mit formidablem Blick auf den Mt. Kenya. DZ je nach Saison 285-435 US$.
- Am **Sirimon Gate** führt der Kenya Wildlife Service (Tel. 020/600 800, Fax 607 024; tourism@kws.org) eine **Hüttenunterkunft,** die 80 US$ (Platz für 4 Personen) kostet.

Berghütten:
- Die Hütten auf der **Naro-Moru-Route** werden gebucht über die Naro Moru River Lodge (siehe oben). Übernachtungspreise 12-15 US$.
- Die Hütten auf der **Sirimon-Route** gehören zur Mountain Rock Lodge (Tel. 020/242 133; www.mountainrock-kenya.com). Übernachtungspreise 12-15 US$.

Nanyuki

Kolonialer Charme

In Nanyuki hat sich seit der Unabhängigkeit optisch nicht viel verändert. Die schönen Kolonialfassaden entlang seiner baumgesäumten Hauptstraße verleihen dem **35.000-Einwohner-Städtchen** einen altmodischen Charme. Ursprünglich siedelten hier Masai, doch die Katastrophen, die Ende des 19. Jahrhunderts das Nomadenvolk heimsuchten, hatten die Gegend praktisch entvölkert. Ab 1907 trafen die ersten weißen Siedler im Umland Nanyukis ein. Auf dem scheinbar herrenlosen Land des 2000 Meter hohen Laikipia-Plateaus richteten sie riesige **Weizenfarmen** und **Rinder-Ranches** ein, die bis heute bestehen, auch wenn sie sich inzwischen meist dem superexklusiven **Safari-Tourismus** verschrieben haben. Diese **privaten Wildschutzgebiete** mit anspruchsvollen Unterkünften haben sich viele Verdienste im Naturschutz, vor allem bei der Rettung der letzten Spitzmaulnashörner Kenias, erworben. Doch das Verhältnis zwischen afrikanischen Kleinbauern und den Großfarmern ist nicht immer unproblematisch. Nahe Nanyuki betreibt die britische Armee ein großes Truppenübungsgelände, was die vielen kurz geschorenen Männer in der Stadt erklärt. In Nanyuki selbst erzählen einige alte Gebäude noch von der Zeit der „White Highlands", etwa der 1938 eröffnete, fast schon legendäre **Settler's Store** oder die wunderschöne alte **Primary School** mitten im Stadtzentrum. Für Touristen hat der Ort vor allem als Ausgangsbasis für Besteigungen des Mt. Kenya Bedeutung.

Schlafen
- **Sportsman's Arms Hotel,** Tel. 062/32 34-7 und -8; www.sportsmansarms.com. Vor allem wegen der vielen Sport- und Fitnesseinrichtungen und der Küche empfehlenswert. Beliebt bei britischen Soldaten. DZ ab 80 US$.
- **The Equator Chalet,** Tel. 062/314 801. Wohl die beste Unterkunft in der Innenstadt von Nanyuki. DZ für 25 US$.

Essen
- **Sportsman's Arms, Kongoni Camp, Cape Chestnut Farm** und **Golf Club** bieten gehobene Küche, **Ibis Hotel** und **Marina Bar** gutes preisgünstiges Essen.

Ausgehen
- Der **Buccaneer Club** im Sportsman's Arms Hotel und die **Disco des Riverside Hotel** sind die lebendigsten Ausgehmöglichkeiten.

Nyeri

Bunter Marktort

Seit seiner Gründung im Jahr 1903 durch den britischen Offizier *Richard Meinertzhagen* hat sich Nyeri schnell zu einem belebten, bunten Marktort entwickelt, der heute zudem Verwaltungssitz der Zentralprovinz ist. Die Geschichte der **50.000-Einwohner-Stadt** ist eng mit der Landnahme durch die weißen Siedler verknüpft, die sie zur **Hochburg der kolonialen Siedlergemeinschaft** machten: Hier wurde die Idee der **„White Highlands"** geboren. Dank der günstigen Bedingungen an der Ostflanke der Aberdares wurden im Umland **Kaffee- und Teepflanzungen** angelegt. Doch auch in keiner anderen Stadt wuchs der Widerstand der

entrechteten Kikuyu so stark, die auf ihrem ehemaligen Grund und Boden gezwungen wurden, als Lohnarbeiter in den Plantagen zu schuften. So war die Region in den 1950er Jahren das **Zentrum des Mau-Mau-Aufstandes,** der letztlich zur Unabhängigkeit Kenias führte. Der wichtigste Führer der Rebellen, *Dedan Kimathi,* wurde nach seiner Gefangennahme in den Aberdares in Nyeri gehängt. Heute erinnert ein kleiner Obelisk im Stadtzentrum an 11.500 getötete Rebellen. Nach der Unabhängigkeit wurden die Kolonialherren zum Großteil enteignet. Sie hinterließen einige **schöne alte Gebäude** wie das Haus des Nyeri Golf Club, die Standard & Chartered Bank oder das Outspan Hotel. Neben sehenswerter Kolonialarchitektur, dem Grab des Gründers der Pfadfinderbewegung *Lord Baden-Powell* sowie einer Kirche, die an italienische Kriegsgefangene des Zweiten Weltkrieges erinnert, bietet Nyeri Freizeitaktivitäten wie Golf und Reiten.

Britische Country-Club-Einrichtung – koloniale Reminiszenz in den „White Highlands"

Schlafen

- **Outspan Hotel,** Tel. 061/203 242-4 und -6; www.aberdaresafarihotels.com. Unbestritten das beste Hotel mit wunderbarem Garten. Swimmingpool, Vogelführungen, Tennis, Kaffeefarm-Besuche. DZ je nach Kategorie zwischen 252 und 392 US$.
- **Green Hills Hotel,** Tel. 061/203 06 04; www.greenhills.co.ke. Nicht mondän, aber wohnlich und gutes Restaurant. DZ zwischen 75 und 100 US$.
- **Sandai Farm,** Tel. 0733/734 691, www.africanfootprints.de. Gemütliche Unterkunft der Deutschen *Petra Allmendinger* 12 km außerhalb Nyeris an der Straße nach Nyahururu. Reitmöglichkeiten. DZ 150 Euro.

Essen

- Die Restaurants der **Hotels Outspan** und **Green Hills** sowie das **Green Oak Restaurant** bieten leckeres Essen.

Reiten

- **Aberdare Country Club,** Tel. 061/556 20; www.fairmonthotels.com. Der Country Club liegt in einem privaten Wildschutzgebiet. Mit Unterkunft, Pool, Tennis- und Golfplatz.

Aberdare National Park

Der Nationalpark

Wie eine wilde, geheimnisvolle Insel taucht der 70 Kilometer lange Bergzug der Aberdares aus einem Meer von Kikuyu-Dörfern, Shambas (kleinbäuerliche Farmen) und Plantagen auf. Die **Aberdare Range,** die am östlichen Rand des Riftvalley aufragt, ist mit 4001 Metern die dritthöchste Bergkette Kenias. Höhenlagen über 3000 Meter wurden 1950 als Nationalpark unter Schutz gestellt. Das Naturreservat bietet große Attraktionen, wie die **Karura Falls,** die höchsten Wasserfälle des Landes, **seltene Tierarten,** eine **einmalige Vegetation,** die von dichtem Urwald über Bambuswälder bis hin zu urigen Moorlandschaften reicht, sowie **zwei der bekanntesten Hotels Kenias: Treetops** und **The Ark.** Bei Anglern ist der flussreiche Park für prächtige **Regenbogen- und Bachforellen** bekannt. Auch ohne eigenen Wagen kann man hier **wandern:** Der Aufstieg vom Wandare Gate zum Le-Sattima-Gipfel ist in zwei bis drei Tagen zu be-

ABERDARE NATIONAL PARK

wältigen. Während der Regenzeit bleibt der Park allerdings oft für Wochen geschlossen.

Die Regionen des Parks

Die mächtigste Erhebung ist der **Ol Doinyo Le Sattima** (4001 Meter) am Nordende des Parks. Zwischen dem Le Sattima und dem **Il Kinangop** (3903 Meter) im Süden erstreckt sich in mehr als 3000 Metern Höhe eine **stürmische, moorige Ebene** mit Tussocksgrasfeldern und kleinen Teichen. In dem eiskalten klaren Wasser spiegelt sich eine Landschaft, die an Irland oder Schottland denken lässt. Der Anblick von trinkenden Elefanten wirkt hier etwas irritierend. An der Ostseite des Hochplateaus stürzen **zahlreiche Wasserfälle** ins Tal. Die höchsten sind die **Karura Giant Falls:** Über drei Stufen fallen sie insgesamt 273 Meter tief! Die Aberdares besitzen eine abwechslungsreiche, üppige Pflanzenwelt. Oberhalb der kleinbäuerlichen Äcker schließt sich ein **Forest Reserve** mit großen **Nadelholzschonungen** an, die während der britischen Kolonialzeit gepflanzt wurden. Darüber folgt ein mehr als 500.000 Hektar großer **Urwaldgürtel.** In den Bergregenwäldern wachsen imposante Baumarten, darunter afrikanische Oliven, Kampferbäume und bis zu vier Meter hohe Baumfarne. Bergan geht der dichte Bergregenwald in **Bambuswald** über. In seinem Dickicht, speziell im Ostteil des Parks, lebt auch das meiste Großwild.

Die Tierwelt

Im Aberdare-Nationalpark kommen die **„Big Five"** – Elefant, Nashorn, Büffel, Leopard und Löwe – ebenso wie die **Elenantilope** bis in große Höhen vor. Die östliche Unterart der Bongoantilope, die größte der Waldantilopen, besitzt ein rotes Fell mit zierlichen weißen Streifen und lässt sich manchmal in den frühen Morgen- und Abendstunden außerhalb des Dickichts beim Grasen beobachten. Der Bongo, ebenso wie das **Riesenwaldschwein,** wurde erstmals im 20. Jahrhundert beschrieben. So hält es die Fachwelt für möglich,

ABERDARE NATIONAL PARK

dass sich auch heute noch unentdeckte Pflanzen- und Tierarten in den geheimnisvollen Wäldern verbergen.

In der Bergwaldzone trifft man mit etwas Glück auf Tiere wie den **Colobus-Affen,** die **Diadem Meerkatze** und das **Suni,** eine kleine Antilope. Sowohl in den Wäldern als auch in den Hochebenen kommen außerdem **Duckerarten** und der **Buschbock** vor. Im Park leben aber auch **Wildhunde, Hyänen, Wasserböcke, Rietböcke** und **Impalas.** Rund **250 Vogelarten** bevölkern die Aberdares, darunter viele Raubvögel und der äußerst seltene **Bambusfrankolin.**

Berühmt wurde der Aberdare Park vor allem durch seine **vielen Büffel, Nashörner und Elefanten.** Die schweren Tiere erfüllen in den undurchdringlichen Bambus- und Bergregenwäldern eine wichtige ökologische Funktion: Sie brechen in der dichten Vegetation die Pfade für kleinere Waldbewohner. Der Aberdare National Park ist Teil eines aufwendigen Nashornschutzprogramms. Über weite Strecken schützt ein solarbetriebener Elektrozaun Menschen und Wildtiere voreinander.

● **Parkgebühren 50 US$.**

Schlafen

● **The Ark,** Fairmont Hotels, Tel. 020/216 940; www.fairmonthotels.com. DZ je nach Saison 180–300 US$.
● **Treetops,** Tel. 020/445 209 59; www.aberdaresafarihotels.com. DZ abhängig von der Saison 180–260 US$.
Bei beiden Lodges im Blockhausstil wird Komfort ziemlich klein geschrieben. Der Schwerpunkt liegt auf der Möglichkeit, nachts an Salzlecken und Wasserstellen Tiere zu beobachten. Keine Kinder unter sieben Jahre!
● **Fishing Lodge,** Buchungen über den Kenya Wildlife Service, Tel. 020/600 800; www.kws.co.ke. Einfache, aber empfehlenswerte Unterkunft auf der Hochebene, eine gute Ausgangsbasis zum Besuch der Wasserfälle und für Moorwanderungen. Mit Kamin, schöner Veranda und heißen Duschen. 7 Betten für 150 US$.

Wandern

● Die **obligatorische Ranger-Begleitung** wegen der vielen Büffel und Elefanten erhält man am Park Headquarter in Mweiga.

Tipp

- **Angeln:** Gute Fischbestände gibt es **in den Flüssen Gura, Karuru, Chania, Kiguru** und **Magura.** Angellizenzen werden für wenige Dollars **am Parkgate** ausgestellt.

Laikipia

Safari-Tourismus

Das braun-gelbe Land an der trockenen Nordseite der Aberdares wird von riesigen **Rinder-Ranches** und **Wildfarmen** eingenommen. Die zumeist weißen Rancher haben bereitwillig große Teile ihres Farmlandes auf den Safari-Tourismus umgestellt. Dem Engagement dieser **privaten Wildschutzgebiete** ist es zu verdanken, dass es in Kenia immer noch nennenswerte Populationen von **Spitzmaulnashörnern** gibt. Während der großen Wilderei in den 1970er und -80er Jahren ließ als erstes die Solio Ranch diese Tiere auf ihrem Boden scharf bewachen. Heute leben im **Solio Private Game Sanctuary** neben allen größeren Wildtieren rund 80 Spitzmaul- und Breitmaulrhinos (Eintritt 23 US$ pro Person, Auto 5 US$). Von hier wurden die Tiere in andere Parks ausgewildert, in denen sie bereits ausgerottet waren. Das Nashornschutzprogramm machte in der ganzen Gegend Schule. Das Game Sanctuary steht auch Besuchern von außen offen und bietet eine luxuriöse Unterkunft.

Lewa Wildlife Conservancy

Die Lewa Wildlife Conservancy (Eintritt 25 US$ pro Person) war einst die ausladende **Farm der Familie Craig.** Seit 1983 wird hier eine Erfolgsstory im Schutz von Nashörnern und anderen Wildtieren geschrieben. Im rund 240 km² großen **Ngare Sergoi Rhino Sanctuary** leben mittlerweile 80 Spitz- und Breitmaulnashörner, eine beachtliche Herde von Grevyzebras, daneben Somali-Strauße, verschiedene Dikdiks, Leoparden, Löwen, Beisa Oryx und saisonal auch Große Kudus und Elefanten.

- **Lerai Tented Camp,** DZ für 480 US$.
- **Infos** unter Tel. 064/314 05; www.lewa.org.

LAIKIPIA

Il Ngewzi Group Ranch

Das Management von Lewa berät auch die Il Ngewzi Group Ranch, ein **Gemeinschaftsprojekt einiger hundert Samburu** im Nordwesten von Lewa, die nicht nur Vieh halten, sondern auf dem Gemeindeland ein **Naturschutzgebiet** und eine feine **Touristen-Lodge** betreiben. Die Gäste können Kameltrekking, Fußsafaris entlang des malerischen Ngare Ndare River, Pirschfahrten und Sundowner-Ausflüge in die Berge unternehmen. Die Pflanzenwelt auf der Ranch ist grandios, die Tierwelt ist so vielfältig wie in Lewa, mit dem das Land ein zusammenhängendes Ökosystem bildet. Natürlich betreiben die Samburu ein **Kulturzentrum,** das Gästen ihre Handwerkskunst und ihre Traditionen nahebringt. Das Projekt ernährt Führer, Wildhüter und das Lodge-Personal und bringt zusätzlich noch Einnahmen für wichtige Infrastruktur wie Krankenhäuser oder Schulen. Der Erfolg des integrativen Tierschutzes ist spürbar: Schon jetzt hat die Wilderei in dem Gebiet praktisch aufgehört, und die Überweidung durch Vieh wird von den Samburu wirksam begrenzt. Ein preisverdächtiges Konzept im Zeichen eines sanften Tourismus, das Einkommen für die lokale Bevölkerung mit dem Schutz der Wildnis verbindet.

- **Buchung der 12-Personen-Lodge** (Gesamtmiete für 385 US$) über Let's go Travel, Tel. 020/444 18 91, www.lets-go-travel.net.
- Weitere **Infos** unter www.lewa.org.

Nyahururu

Thomson's Falls

Thomson's Falls hieß das kleine beschauliche **20.000-Einwohner-Städtchen** zu Kolonialzeiten, und zumindest von den weißen Kenianern wird es heute noch immer knapp „T Falls" genannt. Mit 2360 Metern ü.NN ist es eine der höchstgelegenen Städte Kenias, das Klima hier oben ist daher oft unafrikanisch kühl, und an regnerischen Abenden beschlagen die Fensterscheiben von Bars und Hotels, in denen sich die Menschen bei einem lauen Bier oder einer Mahlzeit aufwärmen.

Anfang 1883 durchstreifte der erste Europäer das Gebiet: Der schottische Forscher **Joseph Thomson** war von den 72 Meter hohen **Wasserfällen des Ewaso-Narok-Flusses** am Rand des heutigen Ortes so beeindruckt, dass er ihnen gleich seinen eigenen Namen gab. Das zungenbrecherische „Nyahururu" stammt aus der Maa-Sprache der Masai, wo „Naiurru-ur" so viel wie „Wasserfall" bedeutet.

Die Stadt wurde praktisch durch den **Narok Angling Club** gegründet, dessen Mitglieder zu Beginn der 1920er Jahre zum Forellenfischen hierher kamen.

An den **Thomson's Falls** treiben sich heute eine Menge hartnäckiger Souvenirverkäufer herum. Wer ihnen entkommen will und nicht in Eile ist, kann vom Aussichtspunkt die rund 170 Stufen zu den Wasserfällen hinunterklettern.

Schlafen

• **Thomson's Falls Lodge,** Tel. 065/220 06. Das Haus aus den 1930er Jahren liegt direkt an den Fällen. Helle Zimmer mit ländlicher Gemütlichkeit. DZ 38 US$.

Essen

• Eine interessante Speisekarte hat das **Nyaki Hotel** zu bieten, leckere Kikuyu-Speisen (reichlich und günstig) gibt es in der **Farmer's Lodge.**

Nordkenia

Einleitung

Nomaden in rauem Land

Der Nordosten von Kenia ist ein **weites, wildes Terrain von Wüsten und Halbwüsten,** das vom Klima, der Natur, den Landschaften und seinen Menschen her einen völlig anderen Charakter als die südliche Hälfte des Landes besitzt. Nordkenia ist ein raues Land, in dem Dürrekatastrophen zum harten Leben der Bewohner ebenso gehören wie Überfälle durch „Shifta" genannte Banden oder feindselige Nachbarvölker. Die **Ethnien der Rendille, Borana, Gabbra, Somali, Samburu** und **Turkana** sind allesamt Nomaden, die zu großen Teilen noch ihren traditionellen Lebensstil pflegen.

Dieser Landstrich bedeckt immerhin etwas mehr als ein Drittel des kenianischen Territoriums. In seinem nördlichsten Bereich erstreckt sich der türkisfarbene **Turkana-See,** der größte Wüstensee der Erde, der auch poetisch als „Jademeer" bezeichnet wird. Den exotischen Anblick muss man sich aber hart erarbeiten. Die Fahrt durch das Samburu-Land, durch wilde Gebirgsstöcke, flimmernde Öde und vorbei an Lavaflüssen erfolgt auf achsenbrecherischen Pisten. Touristisch von Bedeutung ist daher bisher nur der südlichste Teil von Nordkenia. Am **Ewaso Ngiro River,** unweit des Mt. Kenya, lässt sich in den **Naturschutzgebieten von Meru, Samburu, Buffalo Springs und Shaba** die Tierwelt von Nordkenia und die Kultur des rotgewandeten Samburu-Volkes erleben, das eng mit den Masai verwandt ist.

Bild auf den Seiten zuvor: Mädchen vom Samburu-Volk

Isiolo markiert die Grenzlinie zwischen Zentral- und Nordkenia (im Hintergrund die Silhouette des Mt. Kenya)

Meru National Park

Der Na- Der 870 km² große Meru-Nationalpark ist eine
tionalpark **wilde, einsame Schönheit.** Er erstreckt sich **über den Äquator,** südöstlich der imposanten Kulisse der Nyambeni Hills. In den 1980er Jahren wurde der Park während des Bürgerkriegs im Nachbarland Somalia massiv von Somali-Wildererbanden heimgesucht, die mit Elfenbein und Nashorn ihre Waffen finanzierten. Sie ermordeten im Jahr 1989 **George Adamson.** Der Forscher und seine Frau *Joy Adamson* hatten den Nationalpark in den 1960er Jahren mit ihren Büchern und Filmen über die Auswilderung der **Löwin „Elsa"** bekannt gemacht. Seit Anfang der 1990er Jahre ist der Nationalpark wieder sicher, aber Gäste lassen sich noch immer nur spärlich blicken – sehr zum Genuss derjenigen, die hierher kommen. Tierbeobachtungen sind im Park allerdings auch etwas schwieriger als in Samburu und Buffalo Springs.

MERU NATIONAL PARK

Die Regionen des Parks	Lediglich an seiner Westgrenze besitzt der Meru National Park mit den **Nyambeni Hills** namhafte Erhebungen. Ansonsten ist er flach und wird von **zahlreichen Flüssen** durchzogen, an deren Ufern prächtige **Galeriewälder** mit mächtigen Feigenbäumen wuchern. Im Nordwesten erstrecken sich weitläufige **Grassavannen,** die mit palmenbestandenen **Sumpfgebieten** wechseln. Aus der flachen Landschaft erheben sich einzelne **Inselberge** oder Kopjes, von denen Leoparden und Löwen die Savannenlandschaft im Blick behalten. Eine große Attraktion am **Tana River,** der südlichen Grenze von Meru, sind die **Adamson's Falls.** Der Fluss wälzt sich hier über ein Granitband, aus dem er mächtige Felsskulpturen ausgeschliffen hat.
Die Tierwelt	Früher war der Meru-Nationalpark vor allem wegen seiner Rhinozerosse berühmt, die 1988 allesamt bei einem gut geplanten Überfall von Wilderern abgeschlachtet wurden. Nach wie vor gibt es aber im feuchten, sumpfigen Westteil **große Elefantenverbände.** Hier trifft man bisweilen auch auf riesige Herden von bis zu 300 **Wildbüffeln.** Neben Löwen und Leoparden gibt es Geparden und Wildhunde, aber auch kleinere **Katzen,** etwa Servale, Zibet- und Ginsterkatzen sowie Tüpfel- und Streifenhyänen. Eine Reihe von **trockenheitsliebenden Tierarten** wie das seltene Grevyzebra ist hier heimisch, und auch einige Arten, die weiter südlich häufiger vorkommen, wie Kongoni, Kirk-Dikdik und Kronenducker. Sehr gut beobachten lassen sich in Meru der Kleine Kudu und viele andere **Gazellen- und Antilopenarten.**

Bei über 300 verschiedenen **Vogelarten** kommen in Meru auch „Birdies" auf ihre Kosten, und zwar nicht nur wegen der vielen Greifvögel. Durch die Sumpfgebiete staksen Reiher und Störche, auf den Graslandern leben Trappen, im trockenen Süden sieht man Tauben, Tokos, Spinte und das schöne Geierperlhuhn, an den Flussufern hingegen Fischeulen und Eisvögel.

- Parkgebühren 50 US$, im Januar, Februar, Juli, August, September und Oktober 60 US$.

Schlafen

- **Elsa's Kopje Camp,** Tel. 020/604 05-3 und -4; www.chealipeacock.com. Klein und super exklusiv. DZ je nach Saison zwischen 740 und 1190 US$.
- **Leopard Rock Lodge,** Tel. 020/600 031; www.leopardmico.com. DZ je nach Saison und Kategorie zwischen 610 und 900 US$.

Isiolo

Grenze zwischen Zentral- und Nordkenia

Isiolo, der Verwaltungssitz des riesigen gleichnamigen Distrikts, liegt in einer ariden, wüstenartigen Welt. Hier verläuft die kulturelle, ethnische und religiöse Grenze zwischen Zentral- und Nordkenia. So weist die **30.000-Einwohner-Stadt** ein **Amalgam verschiedener Völker** auf. Vor allem dann, wenn der Viehmarkt abgehalten wird, herrscht in der Stadt ein buntes Gedränge von Borana-Nomaden, Meru-Bauern, Kikuyu-Händlern und Samburu-Kriegern. Außerdem ist der Ort ein **wichtiger Umschlagplatz** für Mira'a aus Meru (leicht aufputschend wirkende Blätter des gleichnamigen Baums, der um die Stadt Meru angebaut wird – fast jeder Erwachsene in der Stadt scheint sie zu kauen), Lebensmittel aus dem Hochland, Konsumgüter aus Nairobi und Mombasa und – somalische Waffen. Die **Somalis** prägen Isiolo am meisten. Unter ihnen sind relativ viele Nachkommen von Veteranen aus dem Ersten Weltkrieg, die sich nach 1919 als Händler und Geschäftsleute hier ansiedelten. Das geistliche Zentrum der Muslime in der Stadt ist die auffällig schöne **Freitagsmoschee.** Es scheint fast so, als habe die katholische Kirche mit der festungsartigen **St.-Eusebius-Kathedrale** ein imposantes Gegenstück dazu schaffen wollen, ein symbolisches Bollwerk gegen den anbrandenden Islam. Von innen ist die Kirche wirklich sehenswert. Der riesige Raum wurde von dem italienischen Künstler *Guido Villa* ausgemalt, der an den Fresken, die eine Fläche von insgesamt 263 m² bedecken, vier Jahre lang arbeitete. Entstanden ist ein bunt-explosiver Zyklus alttestamentarischer Motive um den Auszug des Volkes Israels aus der Sklaverei in Ägypten. *Guido Villa* stammt aus einem kleinen Ort in Oberitalien, und man fragt sich unwillkürlich, wie ausgerechnet dieser Mann dazu kommt, am Rande von Nordkenia eine Kirche auszumalen? Ganz einfach: *Luigi Locati,* der Bischof von Isiolo, ist ebenfalls Italiener, und vor grauer Urzeit war *Guido Villa* vier Jahre lang bei ihm Messdiener!

Schlafen

●**Bomen Hotel,** Tel. 064/522 25 und 523 89. Das beste Hotel am Platz, mit Restaurant. DZ je nach Kategorie 29 oder 48 US$.

Shaba National Reserve

Das Reservat

Das 1974 ausgewiesene Shaba National Reserve erstreckt sich in den staubigen Ebenen nördlich der Nyambeni Hills. Ökologisch gesehen gehört es bereits zum trockenen, heißen Nordkenia. Sha-

SHABA NATIONAL RESERVE

ba bildet mit seinen Schwesterreservaten Buffalo Springs und Samburu einen zusammenhängenden Naturraum, in dem das Wild unbehelligt umherwandert. Das **Gebiet am Ewaso Ngiro River** zieht in der Trockenzeit massenhaft Tiere an. Ansonsten hält sich in Shaba meist weniger Wild als in Buffalo Springs und Samburu auf. Landschaftlich ist es aber das reizvollste und abwechslungsreichste der drei Schutzgebiete – und jenes mit den kleinsten Gästezahlen.

Die Tierforscherin und Naturschützerin **Joy Adamson** lebte für längere Zeit in Shaba, um einen verwaisten Leoparden auszuwildern. 1980 wurde sie in ihrem Camp vermutlich von einem ihrer Angestellten ermordet. Man kann ihre letzte Ruhestätte besuchen. Der Isiolo County Council hat an dem schlichten Grab eine Gedenktafel anbringen lassen.

Der Bürgerkrieg in Somalia wirkte sich auch bis hierher aus. Wegen bewaffneter **Wildererbanden** aus Somalia konnten **in den 1980er Jahren** alle drei Nationalreservate lange nicht besucht werden. Die gesamte Nashornpopulation der Region wurde abgeschlachtet. Heute ist die Sicherheitslage wieder entspannt.

Die Regionen des Reservats

Seinen Namen bekam das Reserve von dem eindrucksvollen **Shaba Hill** (1622 Meter) an seiner Nordgrenze. Ansonsten ist Shaba bis auf den **Natorbe Hill** im Westen weitgehend flach. Aber gerade diese von entfernten Bergen umrahmte Ebene vermittelt ein Bild sagenhafter Weite. Aus dem **endlosen Grasteppich** erheben sich nur wenige Bäume. Einige verstreute **Kopjes**, auffällige Gesteinskuppen, bieten Raubkatzen und Touristen vorzügliche Aussichtsbastionen.

Höhepunkt eines Besuchs in Shaba ist die **Fahrt entlang des Ewaso Ngiro River.** Mächtige Doum-

Kameltour im trockenen Norden des Landes

Samburu und Buffalo Springs NR

palmen (die einzige Palmenart mit verzweigtem Stamm!) und Akazienbäume säumen den Fluss. Reizvolle Ausblicke öffnen sich über die Flussbänke, Campsites laden zum Picknick oder zur Übernachtung ein. Eine besondere Attraktion für „Birdies" ist die Nistkolonie von **Geiern** in einem Kliff des **Mt. Bodich** auf der anderen Flussseite außerhalb des Parks. Nahe des Chanler's Falls Gate formt die Uferböschung eine 25 bis 30 Meter hohe Klippe, über die die **Shariuki-Wasserfälle** in den Ewaso Ngiro stürzen.

Die **Tierwelt** des Shaba National Reserve entspricht weitestgehend jener der Schwesterreservate Samburu und Buffalo Springs, mit denen das Reserve ja ein zusammenhängendes Ökosystem bildet.

●**Parkgebühren 40 US$.**

Schlafen

●**Sarova Shaba Lodge,** Tel. 064/306 38; Buchungen: Tel. 020/271 44 44; www.sarova.co.ke. DZ zwischen 248 und 350 US$.

Samburu und Buffalo Springs National Reserves

Die Reservate

Es scheint wie ein administratives Possenstück, dass das 194 km² große Buffalo Springs und das 165 km² große Samburu National Reserve, die nur **durch den Ewaso Ngiro River getrennt** werden, unterschiedlichen Behörden unterstehen. Während **Samburu** das **nördliche Ufer** einnimmt, erstreckt sich **Buffalo Springs** am **südlichen Ufer** dieser Lebensader im ansonsten trockenen Land. So zieht das schlammig-braune Wasser große Mengen Wild an, aber auch die Völker der Samburu und Borana tränken ihre Viehherden hier. Die Wasserentnahme für die intensive Landwirtschaft an seinem Oberlauf bedroht auf lange Sicht das Gewässer – und damit Mensch und Tier, die von ihm abhängig sind. Die **überaus reizvolle Flusslandschaft** und der **Tierreichtum** machen Samburu und Buffalo Springs zu **zwei der meistbesuchten Naturschutzgebiete** von ganz Kenia. Geologisch trennt der Ewaso-Ngiro-Fluss das südliche, von Tertiärformationen und heißen Quellen geprägte Gebiet vom nördlichen Landstrich mit seinen präkambrischen Inselbergen.

Die Regionen der Reservate

Der Safari-Tourismus und die Camps und Lodges konzentrieren sich auf die **wildreichen Uferbereiche des Ewaso-Ngiro-Flusses,** die von **dichten Galeriewäldern** gesäumt werden. Mehrere Akazienarten wachsen hier. Noch auffälliger sind die **riesigen Doumpalmen,** die an einigen Flussabschnitten regelrechte Haine bilden. Nördlich des Flusses, im Samburu National Reserve, schließen sich **Grassavannen** an. Sie gehen in **Trockenbusch** über, der aus Commiphora-Büschen und Combretum-Bäumen gebildet wird. Auffälligstes Merkmal der Landschaft im Norden sind die zahlreichen **Kopjes und felsigen Hügel.** Von ihrem Gipfel genießt man grandiose Ausblicke auf die umliegende Landschaft. Auf der Flussseite von Buffalo Springs gibt es mit dem **Isiolo River,** dem **Maji ya Chumvi** („Salziges Wasser") und dem **Ngare Mara River** das ganze Jahr über Wasserläufe, die dem Ewaso Ngiro zustreben. In ihrem Mündungsgebiet bilden sie ausgedehnte **Sümpfe.** Im Osten von Buffalo Springs entspringen die namensgebenden **heißen Süßwasserquellen.** In den umliegenden Sümpfen halten sich immer größere Wildbüffelherden auf.

Die Tierwelt

In der Trockenzeit zieht der Ewaso-Ngiro-Fluss sehr viel Wild an, in der feuchten Jahreszeit verteilen sich die Tiere hingegen im weiten Umland. Die Tierwelt von Samburu und Buffalo Springs weist die **typischen Vertreter der ariden Zone** auf: die Netzgiraffe, das fein gestreifte, großohrige Grevy-

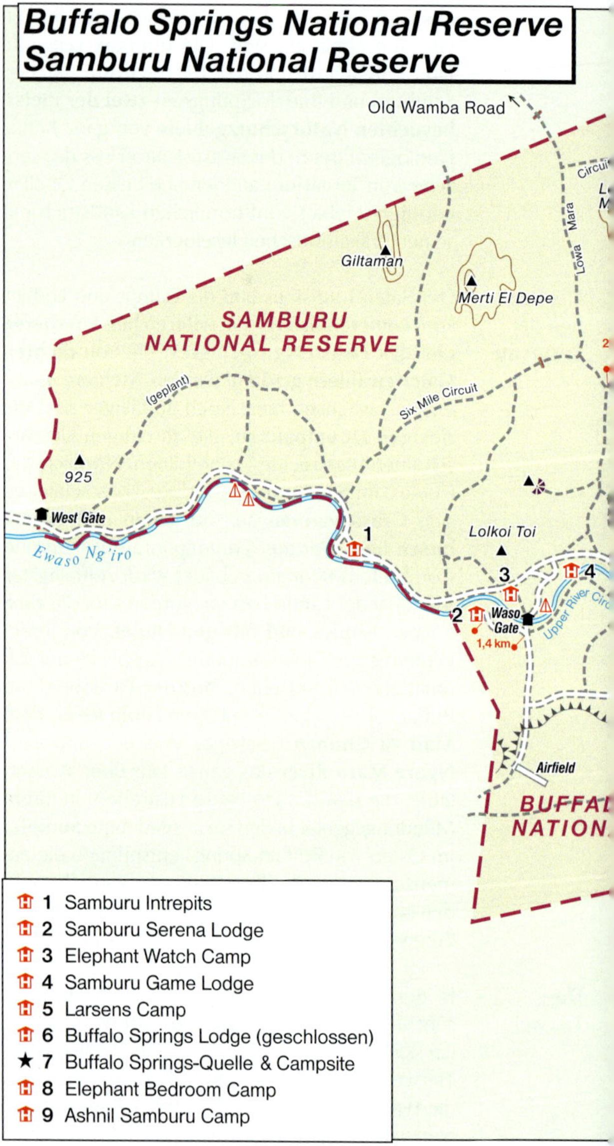
Buffalo Springs National Reserve
Samburu National Reserve
Old Wamba Road
Giltaman
Merti El Depe
Lowa Mara
SAMBURU
NATIONAL RESERVE
(geplant)
Six Mile Circuit
925
West Gate
Ewaso Ng'iro
1
Lolkoi Toi
3
4
2
Waso Gate
1,4 km
Upper River Circ
Airfield
BUFFAL
NATION
1 Samburu Intrepits
2 Samburu Serena Lodge
3 Elephant Watch Camp
4 Samburu Game Lodge
5 Larsens Camp
6 Buffalo Springs Lodge (geschlossen)
★ 7 Buffalo Springs-Quelle & Campsite
8 Elephant Bedroom Camp
9 Ashnil Samburu Camp

212 Samburu und Buffalo Springs NR

zebra, den Beisa Spießbock, den blaubeinigen Somali-Strauß sowie das langhalsige Gerenuk, auch als Giraffengazelle bekannt. Zudem kommen hier der Kleine Kudu, Elenantilope, Grant Gazelle, verschiedene Dikdik- und Duckerarten, Warzenschwein und in den Galeriewäldern auch Buschbock vor. Nirgends in Kenia hat man so gute Chancen, **Leoparden** zu beobachten, wie in den Galeriewäldern von Samburu und Buffalo Springs, auch **Geparden** sind in den Grassavannengebieten relativ häufig, dafür machen sich Löwen in dieser Region eher rar (Shaba ist da eine positive Ausnahme). Auffällig ist auch das Vorkommen von **Streifenhyänen,** wohingegen Tüpfelhyänen fehlen.

Eitle Krieger – aufgeputzte Samburu-Moran

SAMBURU UND BUFFALO SPRINGS

Die drei Reserves am Ewaso Ngiro liegen auf der östlichen Route der großen **Elefantenwanderung** durch Laikipia und Nordkenia, an der jedes Jahr bis zu 600 Tiere teilnehmen. Von Dezember bis April weilen die Tiere in Meru, ziehen dann nach Shaba weiter, von wo sie sich nach Norden wenden. Im Mai kehren sie nach Samburu zurück.

Im Ewaso-Ngiro-Fluss leben zahlreiche **Nilpferde** und große **Krokodile.** Von den mehr als 450 verschiedenen **Vogelarten** der Schutzgebiete sind die in riesigen Schwärmen auftretenden Geierperlhühner besonders hervorzuheben. Die Quellen von Buffalo Springs ziehen in der Trockenzeit tausende Vögel an, vor allem Gelbkehlflughühner und Tauben. Den **Kampfadler,** den größten Adler überhaupt, sieht man an vorspringenden Punkten sitzen, wo er nach seiner Lieblingsbeute, den Perlhühnern und Dikdiks, Ausschau hält.

Umoja Village

Wie der Name Samburu verrät, liegt das nördliche Reservat auf dem Territorium des Samburu-Volkes, das weitgehend in Eintracht mit dem Wild lebt. Aufgrund von Tabus ist den Viehhaltern der Genuss von Wildfleisch verboten. Dies und andere kulturelle Eigenheiten kann man im **Umoja Village** zwischen Archer's Post und dem Tor des Samburu National Reserve erfahren. Hier leben ausschließlich alleinstehende oder verstoßene Samburu-Frauen und ihre Kinder. Gegen ein moderates Eintrittsgeld kann man ein **traditionelles Samburu-Dorf** erleben und fotografieren. Traditionelle Tänze und die Kunst des Feuermachens sind Teil der Demonstrationen.

● **Parkgebühren jeweils 40 US$.**

Schlafen

● **Elephant Bedroom Camp,** Tel. 020/445 003-5 und -6, www.atua-enkop.com. Kleines, stimmungsvolles Camp direkt am Fluss. DZ 170 US$.
● **Samburu Intrepids,** Tel. 064/308 143; www.heritage-eastafrica.com. Schönes Camp mit Luxuszelten unter ausladenden Akazien am Fluss. DZ abhängig von der Saison zwischen 319 und 512 US$.

RIFT VALLEY

Rift Valley

Einleitung

Vulkane und Seen

Von der äthiopischen Grenze im Norden bis zur tansanischen Grenze im Süden wird Kenia von einem gewaltigen Graben durchzogen: dem ostafrikanischen Rift Valley. Bis zu 1000 Meter fallen seine Ränder zum trockenen Boden ab, auf dem Masai-Nomaden ihre Rinderherden weiden. 500 Kilometer lang und bis zu 70 Kilometer breit ist der kenianische Teil des Grabens. **Eindrucksvolle Vulkane** wie der **Mt. Longonot** zeugen von den tektonischen Kräften, die ihn entstehen ließen. Die größte Attraktion des Rift Valley ist jedoch eine **Kette unterschiedlichster Seen.** Neben den Süßwasserseen von **Baringo** und **Naivasha,** die an-

Bild auf den Seiten zuvor: Breitmaulnashorn im Lake Nakuru National Park

sehnliche Populationen von Vögeln, Krokodilen und Nilpferden aufweisen, sind vor allem die Salzseen **Nakuru** und **Bogoria** sehenswert, die durch Millionen von **Flamingos** weltbekannt wurden und von einmaligen Tierreservaten umgeben sind. Der **Hell's Gate National Park** beeindruckt hingegen durch Wildtiere, mächtige Dampfquellen und die Njorowa-Schlucht. Die beiden einzigen nennenswerten Städte der Region, Nakuru und Naivasha, wurden zur Kolonialzeit von weißen Siedlern gegründet. Heute finden Touristen im Rift Valley ein gut erschlossenes Terrain, in dem es sich vorzüglich wandern und Rad fahren lässt.

Flamingos am morgendlichen Lake Nakuru

Nakuru

Agrobusiness

Riesige Getreidesilos sind das Wahrzeichen der kenianischen Hauptstadt des Agrobusiness. In den Straßen der mit **200.000 Einwohnern** viertgrößten Stadt Kenias finden sich zahlreiche Landmaschinenhandlungen, und unweit von Nakuru liegt die renommierteste **Agrar-Hochschule** des Landes. Neben **Viehhaltung** und **Getreideanbau** ist für die knapp 2000 Meter hoch gelegene Region auch die **Pyrethrumblume** von Bedeutung, deren getrocknete Blüten als natürliches Insektizid verwendet werden.

Ähnlich wie im Falle Nairobis geht die Gründung von Nakuru im Jahre 1900 auf eine Bahnstation an der **Uganda-Bahn** zurück. Ein Hauch dieser Epoche ist noch auf dem alten Friedhof spürbar, wenn etwa eine Grabinschrift verkündet: „John Jengs, Zugführer, getötet bei einem Unfall an Meile 529/16 am 15.4.1925". Heute ist Nakuru die Hauptstadt der Rift Valley-Provinz. Mit ihrem **ungebremsten Wachstum** rückt sie dem Naturparadies des Nakuru-Sees bedrohlich zu Leibe.

Menengai Crater

Von Nakuru aus sieht der 2490 Meter hohe Menengai nicht so aus, als verberge er einen **Vulkankrater von zwölf Kilometern Durchmesser.** Seine Wände fallen bis zu 500 Meter tief zum Kraterboden ab. In der isolierten Wildnis leben zahlreiche Savannentiere. Den grausigen Namen Menengai, **„Ort der Leichen",** trägt der Berg, weil bei einer Schlacht zwischen zwei rivalisierenden Masai-Clans im Jahr 1854 hunderte Krieger über die Klippe getrieben wurden. Wenn am Kraterrand der Wind heult, heißt es, höre man noch den Widerhall ihrer Schreie. Bis heute meiden Ortsansässige die Gegend. Das gilt allerdings nicht für die Souvenirshop-Inhaber nahe des **Viewpoint** am Kraterrand. Von dem genießt man einen bemerkenswerten Blick bis zum Bogoria-See. Der

Pyrethrum – das harmlose Gift

Insektizide – dieses Wort lässt unwillkürlich die Haut jucken und an schwere Nebenwirkungen für Mensch und Natur denken. Das biologische Schädlingsvernichtungsmittel Pyrethrum ist allerdings für Menschen, Fische und Vögel völlig unbedenklich. Hinter dem gefährlich klingenden Namen verbirgt sich die **dalmatinische Insektenblume Chrysanthemum cincerariaefolium,** deren Blütenköpfe gepflückt, getrocknet, gemahlen und dann als Insektenpulver eingesetzt werden. Sie enthalten das **Kontaktgift Pyrethrin,** welches bei Insekten Lähmungen verursacht. Diese verblüffende Wirkung der Staudenpflanze ist im Nahen Osten seit mindestens 400 Jahren bekannt. Vom 19. Jahrhundert an wurde Pyrethrum auch in Dalmatien und auf Japan angebaut. In den 1930er Jahren entdeckten findige Siedler in Kenia, dass die Pflanze im gemäßigten Klima von Höhenlagen zwischen 2000 und 2600 Metern auch am Äquator prächtig gedeiht – und mehr noch: dass die Blume hier durch die gleiche Länge von Tag und Nacht sogar acht bis zehn Monate im Jahr blüht, was viel höhere Erträge zulässt. In der britischen Kolonie Kenia bildeten sich daraufhin **vor allem um Kitale und Nakuru ausgedehnte Anbaugebiete.** Heute produziert Kenia jährlich noch 30.000 Tonnen getrocknete (!) Blüten und ist seit mehr als einem halben Jahrhundert der **weltgrößte Produzent.**

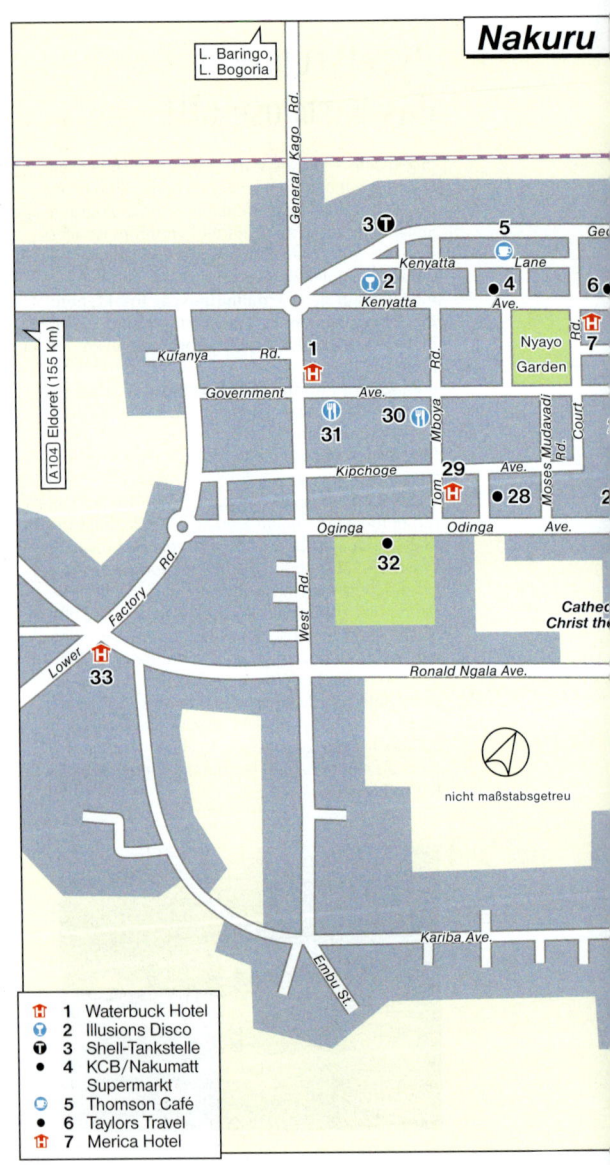

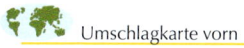

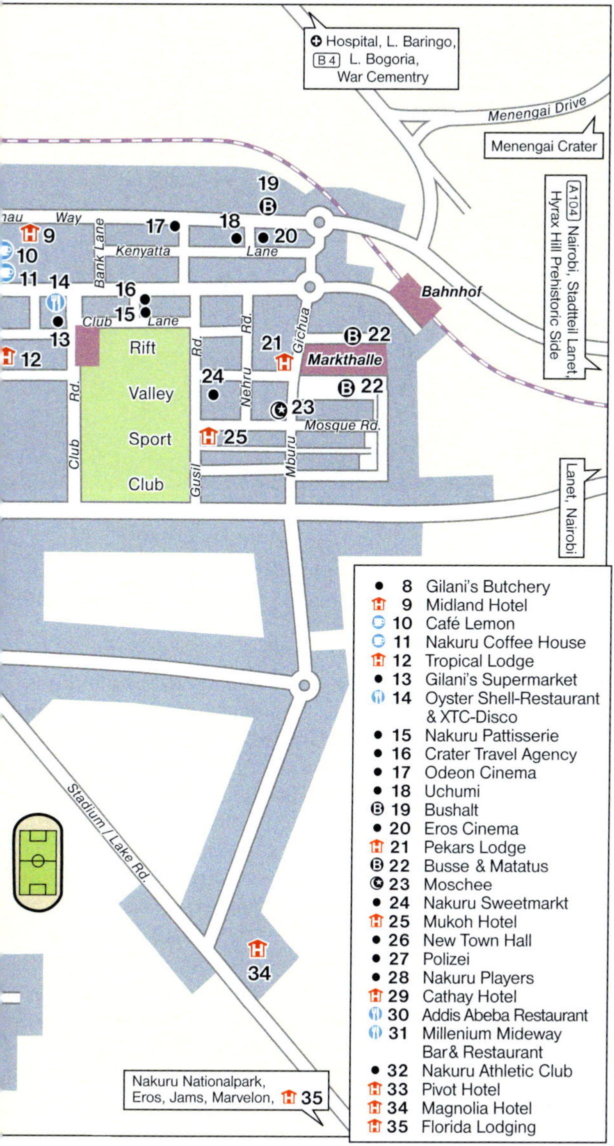
Hospital, L. Baringo,
B 4 L. Bogoria,
War Cementry
Menengai Drive
Menengai Crater
A104 Nairobi, Stadtteil Lanet,
Hyrax Hill Prehistoric Side
Way
Kenyatta
Lane
Bank Lane
Club
Lane
Bahnhof
Gichua
Markthalle
Rd.
Nehru
Rd.
Mosque Rd.
Mburu
Gusii
Club
Rd.
Rift
Valley
Sport
Club
Lanet, Nairobi
Stadium / Lake Rd.
Nakuru Nationalpark,
Eros, Jams, Marvelon, 35
8 Gilani's Butchery
9 Midland Hotel
10 Café Lemon
11 Nakuru Coffee House
12 Tropical Lodge
13 Gilani's Supermarket
14 Oyster Shell-Restaurant & XTC-Disco
15 Nakuru Pattisserie
16 Crater Travel Agency
17 Odeon Cinema
18 Uchumi
19 Bushalt
20 Eros Cinema
21 Pekars Lodge
22 Busse & Matatus
23 Moschee
24 Nakuru Sweetmarkt
25 Mukoh Hotel
26 New Town Hall
27 Polizei
28 Nakuru Players
29 Cathay Hotel
30 Addis Abeba Restaurant
31 Millenium Mideway Bar& Restaurant
32 Nakuru Athletic Club
33 Pivot Hotel
34 Magnolia Hotel
35 Florida Lodging

Aussichtspunkt ist von Nakuru in drei bis vier Stunden zu Fuß erreichbar, es führt aber auch eine Autopiste hinauf.

Hyrax Hill Site Museum

Der Hyrax Hill, drei Kilometer außerhalb der Innenstadt, gilt als **eine der bedeutendsten jungsteinzeitlichen Grabungsstätten Kenias.** Zu Füßen des kleinen Lavarückens entdeckte *Mary Leakey* im Jahr 1937 Gräber und Siedlungsreste aus der Zeit um 1000 bis 1500 vor Chr. bis ca. 1700 nach Chr. An seiner Ostseite gibt es ein in den Stein geschlagenes **Mbau-Spiel** zu bewundern. Die Spielbretter mit den vielen Kuhlen gab es offenbar schon zur mittleren Steinzeit, und bis heute sind sie an jedem Andenkenstand Afrikas südlich der Sahara zu finden. Aber ehrlich gesagt ist der Blick vom Gipfel des Hyrax Hill auf den Nakuru-See die wahre Attraktion. Seit 1943 ist das Gelände ein Nationalmonument. Am Eingang hat man ein kleines **Museum** eingerichtet (geöffnet von 8–18 Uhr, Eintritt 500 Ksh).

Karten S. 220, 225 **LAKE NAKURU NATIONAL PARK**

Schlafen

- **Merica Hotel,** Kenyatta Avenue; Tel. 051/221 42 32; www.mericagrouphotels.com. Das relativ neue Hotel bietet vielfältigen Service und einen Pool. DZ 155 US$.
- **Midland Hotel,** Geogrey Kamau Way; Tel. 051/221 21 25; www.midlandhotel.co.ke. Besonders schön ist der alte Seitenflügel mit blumenbepflanztem Innenhof und Veranda. DZ 90 US$.
- Auch der **Rift Valley Sportsclub** bietet – z.T. nostalgische – Unterkünfte an. Wer hier wohnt, darf die „heiligen" Clubräumlichkeiten betreten.

Essen

- In den **Mittelklassehotels Stem** und **Midland** wird gute internationale Küche zubereitet.
- Im **Oyster Shell Restaurant** werden indische und indonesische Gerichte serviert.
- Das **Bamboo Hut** im Giddo Plaza außerhalb des Zentrums ist ein empfehlenswerter Chinese.
- Das **Kokeb** ist ein ausgezeichnetes äthiopisches Restaurant in der Mudavadi Avenue.

Shoppen

- In der Stadt lassen sich vor der Standard Chartered Bank **Körbe, Töpferwaren, Sessel** und **Schnitzereien** erstehen.

Touren

- **Crater Travel Agency,** Kenyatta Avenue; Tel. 051/221 48 96.

Lake Nakuru National Park

Der Nationalpark

Wenn sich Millionen Flamingos am Lake Nakuru plötzlich in eine lebende rosa Wolke verwandeln, die zum Himmel aufsteigt, bieten sie das spektakulärste Vogelschauspiel der Erde. So lieferten sie den Grund, den **Sodasee** 1961 unter Schutz zu stellen. Der für einige Rift-Valley-Seen so typische hohe Alkaligehalt rührt daher, dass sich nach Vulkanausbrüchen in Asche enthaltene Mineralien in dem abflusslosen Gewässer anreicherten. Inzwischen ist der Nakuru-Nationalpark auch zur Arche für die bedrohte Rothschild-Giraffe und die bei-

Leoparden – eine der Attraktionen im Lake Nakuru National Park

LAKE NAKURU NATIONAL PARK

den afrikanischen Nashornarten geworden. Allein **landschaftlich** bietet er auf relativ beschränktem Raum eine **erstaunliche Vielfalt,** die von weitläufigen Fieberakazienbeständen und dem **größten Euphorbienwald Ostafrikas** bis zu trockenen Savannenlandschaften reicht. Diese natürlichen Schätze sind allerdings durch die nahe gelegene Stadt Nakuru bedroht, die inzwischen bis an die Parkgrenzen wuchert. Mit einem solarbetriebenen Elektrozaun bemüht man sich, Mensch und Tier voreinander zu schützen.

Die Regionen des Parks	Im nördlichen Teil des Parks finden sich klassische **Kurzgrassavannen.** Große Flächen in Ufernähe werden von einem **Fieberakazienwald** überwuchert. Unter dem Kronendach der gelbrindigen Bäume herrscht ein angenehm gedämpftes Licht. Am Ufersaum halten Sauergräser und Binsen dem stark alkalischen Boden stand, während direkt am Wasser nur noch vegetationsloser Schlick zu finden ist. Auf der östlichen Seite des Sees, an den Ausläufern von **Lion Hill** und **Rifle Range,** wächst ein beeindruckender Wald von kakteenartigen **Kandelaber-Euphorbien.** Von dieser Erhebung ebenso wie von den gegenüber liegenden **Baboon Cliffs** genießt man grandiose Ausblicke auf den See. Im Westen und Süden erstrecken sich staubige **Salzebenen.** Einzig an den Ufern des **Makalia-** und des **Enderit-Flusses,** die hier in den See münden, hat sich eine **Schilf- und Sumpflandschaft** herausgebildet. Die Felsen des **Makalia-Wasserfalls** am südlichen Parkzipfel liegen einen Teil des Jahres trocken.
Die Tierwelt	Etwa 30 Prozent der Weltpopulation der **Zwergflamingos** versammeln sich im seichten Wasser des Sodasees, darunter mogeln sich stets auch einige Gemeine Flamingos. Erst vor 30 Jahren fand man heraus, warum die Vogelheere manchmal blitzartig verschwinden: Wenn der Wasserstand des Lake Nakuru steigt, sinkt die Salzkonzentrati-

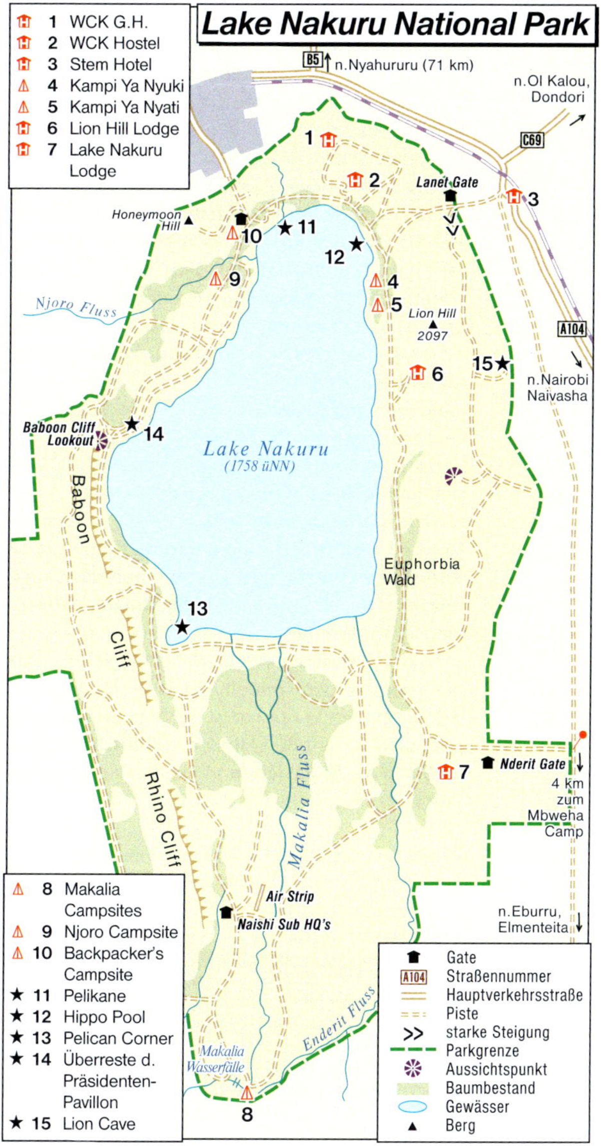
Lake Nakuru National Park
1 WCK G.H.
2 WCK Hostel
3 Stem Hotel
4 Kampi Ya Nyuki
5 Kampi Ya Nyati
6 Lion Hill Lodge
7 Lake Nakuru Lodge
8 Makalia Campsites
9 Njoro Campsite
10 Backpacker's Campsite
11 Pelikane
12 Hippo Pool
13 Pelican Corner
14 Überreste d. Präsidenten-Pavillon
15 Lion Cave
B5
n. Nyahururu (71 km)
n. Ol Kalou, Dondori
C69
Lanet Gate
Honeymoon Hill
Njoro Fluss
Lion Hill
2097
A104
n. Nairobi Naivasha
Baboon Cliff Lookout
Lake Nakuru
(1758 üNN)
Baboon Cliff
Euphorbia Wald
Rhino Cliff
Makalia Fluss
Nderit Gate
4 km zum Mbweha Camp
Air Strip
Naishi Sub HQ's
n. Eburru, Elmenteita
Makalia Wasserfälle
Enderit Fluss
Gate
Straßennummer
Hauptverkehrsstraße
Piste
starke Steigung
Parkgrenze
Aussichtspunkt
Baumbestand
Gewässer
Berg

LAKE NAKURU NATIONAL PARK

on. Dies führt zur Verringerung der Spirulina-Blaualgen und Crustaceae, winziger Krebse, von denen sich die rosa Vögel ernähren. Bis zu 300 Tonnen Algen können sie pro Tag fressen! Bei hohem Wasserstand ziehen sie von dannen, um andere Rift-Valley-Seen „abzugrasen".

Vogelfreaks pilgern wegen der insgesamt rund 450 verschiedenen **Vogelarten** nach Nakuru. Allein 90 davon sind Wasservögel, darunter auch saisonale Wintergäste aus dem Norden. Hinzu kommen fünf Geierarten, Webervögel, Bienenfresser, verschiedene Kuckucksarten, Kiebitze, Stelzvögel und sechs Adlerarten, wie der majestätische Kaffernadler und der durch sein Federhäubchen auffällige Kronenadler. Die Vögel konzentrieren sich an den Mündungen der Flüsse. Ein gutes Fernglas und ein Vogelbestimmungsbuch sind für den Lake Nakuru empfehlenswert.

Nicht nur im Wasser und in der Luft, auch an Land gibt es viel zu sehen, darunter die seltene **Rothschild-Giraffe,** das bedrohte **Spitzmaulnashorn** und das südafrikanische **Breitmaulnashorn.** Sie alle wurden hier angesiedelt und vermehrten sich so gut, dass sie in andere Schutzgebiete ausgewildert werden können – eine Erfolgsstory des Artenschutzes. Weiterhin ist der Nakuru-Nationalpark für seine großen Herden von **Büffeln, Wasserböcken** und **Pavianen** sowie für seine **Leoparden** bekannt.

●**Parkgebühren 60 US$, im Januar, Februar, Juli, August, September und Oktober 75 US$.**

Schlafen

●**Lake Nakuru Lodge,** Tel. 051/850 228; www.lakenakurulodge.com. Die Zimmer sind nichts Außergewöhnliches, erwähnenswert sind aber der grandiose Blick über den See, der wunderbare Garten und Reitsafaris. Mit Restaurant und Swimmingpool. DZ je nach Saison und Kategorie zwischen 250 und 460 US$.

●**Lion Hill Lodge,** Tel. 051/850 238, www.sarovahotels.com. Die Räume befinden sich in kleinen Chalets. Hoher Standard bei Service und Sauberkeit. Swimmingpool. DZ 320 US$.

Lake Bogoria National Reserve

Das Reservat

Wie die meisten anderen Rift-Valley-Seen besitzt auch der **Lake Bogoria alkalisches Wasser,** womit er riesige Flamingoscharen anzieht. Was den 30 km² großen, neun bis zehn Meter tiefen See und das ihn umgebende, 107 km² große National Reserve so einmalig macht, ist allerdings die **wilde, abweisende Landschaft** an seinen Rändern, ein hitzeflimmerndes, von dunklen Lavafelsen durchsetztes Stück Natur, das sich in einer tiefen Senke verbirgt. In Bogoria herrscht eine Stimmung wie auf einem anderen Stern. Sie wird durch die dampfenden **heißen Quellen und kochenden Geysire** erzeugt, die hier an die Erdoberfläche kommen. Experten vermuten, dass sich die Dampffelder sogar für die Gewinnung von elektrischem Strom nutzen ließen. Für Touristen lohnt sich ein Besuch des 1970 gegründeten Nationalreservats auch deshalb, weil man sich hier, wie im Hell's Gate National Park, **zu Fuß und mit dem Fahrrad frei bewegen** darf – vorausgesetzt, man ist zu zweit unterwegs, denn ganz harmlos ist die Gegend nicht. Auch in der „kühlen" Jahreszeit braucht es einen guten Sonnenschutz und ausreichend Trinkwasser.

Die Regionen des Reservats

An der östlichen Seite zieht sich das 1600 Meter hohe bewaldete **Siracho Escarpment** hin. In der Mitte des westlichen Seeufers gibt es eine Reihe von **Geysiren,** die neben den Flamingos die Hauptattraktion des Parks sind. Die beiden größten Wasserspucker haben mehr als zwei Meter Durchmesser und stoßen jede Sekunde Hunderte von Litern des brühenden, nach Schwefel stinkenden Wassers an die Oberfläche. Der geschäftstüchtige Ranger vor Ort verkauft rohe Eier an ungläubige Touristen, die diese dann in Taschen-

228 Lake Bogoria National Reserve

tücher einknoten und ins Wasser halten; tatsächlich sind sie nach fünf Minuten steinhart. Man sollte in der Nähe der Quellbecken sehr vorsichtig sein: Wer hier reinrutscht, wird wie ein Krebs bei lebendigem Leibe gegart. Der südliche Teil des Westufers ist landschaftlich mit Abstand der schönste. Er besteht aus einem Mosaik von **Grassavanne** und **Akaziendickicht.** Im südwestlichen Zipfel wächst ein dichter Wald aus wilden **Feigenbäumen.** Hier liegt das malerische Fig Tree Camp. Allerdings haben auch Tsé-Tsé-Fliegen ein Faible für diesen schattigen, feuchten Ort.

Die Tierwelt
Die dichten Ansammlungen von Tausenden von **Flamingos** bilden die herausragende Attraktion des Lake Bogoria. Im Vogelheer herrscht ein ständiges Kommen und Gehen, Flügelschlagen,

Freiluft-Sauna im Dampf eines Geysirs am Lake Bogoria

Schnattern und Schmatzen. Drei Flamingoreihen bewegen sich beim „Schnäbeln" der Nahrung wie ein wundersames Vogelballett mit gesenktem Kopf synchron nach rechts, die drei Reihen dahinter gehen nach links, die folgenden wieder nach rechts usw. Genau beobachtet werden sie dabei von **Weißkopf- und Raubadlern,** die auf leichte Beute hoffen. Immer wenn ein Raubvogel startet, gerät die rosa Formation in panisches Durcheinander. Weitere Vogelarten der Region sind verschiedene Bienenfresser-Arten, Eisvögel und Nashornvögel.

Bekannt ist das National Reserve auch wegen seines Bestands an **Großen Kudus.** Die mächtigen Antilopen mit den hübschen weißen Streifen, deren Böcke bis zu 1,6 Meter lange gewundene Hörner tragen, sind in Ostafrika selten. Mit etwas Glück sind sie frühmorgens oder am späten Nachmittag ganz im Süden des Parks zu beobachten. Außerdem gibt es Büffel, Zebras, Dik-Diks, Impalas, Warzenschweine, Meerkatzen, Paviane und die putzigen Klippschliefer im Park zu sehen.

- Parkgebühren 23 US$.

Schlafen

- **Lake Bogoria Spa Resort,** Tel. 051/221 68 67; sales@bogoriasparesort.com. 3 km außerhalb des Gate gelegen, ist es die einzige Unterkunft mit nennenswertem Standard. Alle Zimmer mit Air Condition, ein Heilbad, ein Swimmingpool. DZ 115 US$.

Lake Baringo

Süßwassersee

Umgeben von rauer und trockener Landschaft liegt einer der beiden Süßwasserseen in Kenias Rift Valley: der Lake Baringo. Seine dramatische Kulisse bilden im Westen die **Tugen Hills,** eine gigantische, steil aufragende Felsscholle, im Osten der Steilabbruch des Rift Valley. Farblich präsentiert sich der Baringo-See fast stündlich in neuen Tönen, die jeden expressionistischen Maler entzückt hätten. Er enthält Süßwasser, was vermuten lässt, dass es einen unterirdischen Abfluss gibt. Um den See leben die **Fischer und Ackerbauern der Njemps oder Il Chamus.** Ihr Bewässerungssystem im reichhaltigen Schwemmland im Süden des Sees ist Jahrhunderte alt. Die Fänge der Fischer bestehen aus Tilapia-Barschen, Welsen und Barben, die sie bis nach Kabarnet und Nakuru verkaufen. Im See selbst ernährt der Fischreichtum neben Krokodilen die **größte Goliath-Reiher-Kolonie Ostafrikas.** Insgesamt gibt es mehr als 450 Vogelarten. Auf dem See kann man wunderbare **Bootstouren** zu den Inseln unternehmen und Vögel, Nilpferde und Krododile beobachten. Fischerleute und die Hotels an der Nordseite des Sees vermieten Boote. Doch das einzigartige Ökosystem des Lake Baringo ist in Gefahr. Staudämme am Oberlauf seiner Zuflüsse und Abholzungen lassen das Süßwasser stetig knapper werden. So schrumpft der nur zehn bis zwölf Meter tiefe See vor allem in seinem flacheren Teil. Sein Wasser droht zu versalzen.

Lake Elmenteita

Der See Mit rund 25 km² Fläche ist der Lake Elmenteita der **kleinste sodahaltige See** im kenianischen Rift Valley. Nichtsdestotrotz ist er ein wertvolles **Flamingo-Brutgebiet.** Das Einzugsgebiet des Sees beherbergt mehr als 400 Vogelarten und gilt als **größte Nistkolonie des Rosapelikans in Ostafrika,** sein Umland ist immer noch wildreich, auch wenn inzwischen keine Elefanten mehr vom Mau-Wald herabkommen, um am Ufer Salz aufzunehmen. Noch heute befindet sich der See im Besitz einer der ältesten britischen Siedlerdynastien in Kenia, der *Coles. Lady Eleanor Cole* ließ ihrem verstorbenen Gatten im Südosten des Sees einen Obelisken errichten: das **Lord Cole Memorial.** Im ehemaligen Farmhaus der *Coles* befindet sich heute die Lake Elmenteita Lodge, eine schöne Unterkunft, die unter anderem Pferdeausritte in der malerischen Landschaft des Sees anbietet.

Schlafen	●**Rosalu Cottages,** www.rosalu.info. Cottages für vier Personen kosten 120 Euro. Mit Reitmöglichkeit und biologischer Farm.
Kariandusi Prehistoric Site	Im Hinterland des Sees entdeckte *Dr. Louis Leakey* 1928 die prähistorische Fundstätte von Kariandusi, als er einer Ziege auf Irrpfaden durchs Dickicht folgte. Mehr als 1000 **Werkzeuge** hat unser Vorfahr **Homo erectus** vor über einer Million Jahren in Kariandusi zurückgelassen, darunter Äxte und Steinkugeln, die als Bolasteine zur Jagd oder zum Freilegen des kostbaren Knochenmarks der Beute gedient haben könnten. Möglicherweise wurden die Werkzeuge durch Wasser hier abgelagert, denn Menschenknochen fand man keine – stattdessen jede Menge **Knochen prähistorischer Tierarten,** darunter Vorfahren der heutigen Pferde und Elefanten. Zu der Anlage von Kariandusi gehört auch ein kleines **Museum** (geöffnet von 8–18 Uhr, Eintritt 500 Ksh). Der Charme des Ortes liegt in seiner vergessenen Stille. Der Aufseher bringt einen gerne zu den beiden Ausgrabungsstellen von *Leakey,* an denen man auch mal eines der betagten Werkzeuge in die Hand nehmen darf.

Naivasha

Versorgungszentrum	Das **verschlafene Provinzstädtchen mit 20.000 Einwohnern** wurde 1896 als Versorgungsstation an der Verkehrsroute nach Westkenia und Uganda gegründet. Bis zur heute noch gültigen Grenzziehung im Jahr 1902 lag Naivasha ebenso wie die Rift-Valley-Seen auf ugandischem Territorium. So tragen die Sitzbänke der Bahnstation an ihren gusseisernen Füßen noch immer die Insignien der

Ugandan Railway („UR"), die letzten Spuren dieser kolonialgeschichtlichen „Fuß"note. Die 1900 fertig gestellte Eisenbahnverbindung, das angenehme Klima sowie das viel versprechende landwirtschaftliche Potenzial ließen die Gegend zwischen Naivasha und Nakuru zu einem bevorzugten Siedlungsgebiet von weißen Einwanderern werden. Tatsächlich gehören die meisten der riesigen **Gemüse- und Blumenfarmen** rund um den Lake Naivasha immer noch europäischstämmigen Besitzern. Naivasha ist das Versorgungszentrum einer Region, die wirtschaftlich vom See vor der Haustür abhängt, denn er liefert das Bewässerungswasser für die Farmen und sorgt für einen regen Fremdenverkehr. Die Stadt selbst hat für den Touristen kaum etwas zu bieten – bis auf einige relativ gut erhaltene koloniale Ladenzeilen mit charakteristischen Schattendächern sowie dem alten Bahnhof.

Schlafen

● **La Belle Inn,** Tel. 0722/683 218; labelleinn@kenyaweb.com. Charmante Herberge aus dem Jahr 1922. Gutes Restaurant, gemütliche Bar. DZ 35 US$.

Lake Naivasha

Der See

Der Naivasha-See nordwestlich von Nairobi stellt dank seiner **reichhaltigen Vogelwelt** und der **vielen Nilpferde** nicht nur ein einzigartiges Ökosystem dar, sondern gibt der Wissenschaft bis heute Rätsel über einen geheimen unterirdischen Abfluss auf. Der Masai-Name „En-Naiposha", „großes, bewegtes Wasser", drückt womöglich aus, dass die Menschen an seinen Ufern seit jeher über den **massiv schwankenden Wasserspiegel** staunten. Im Jahr 1917 reichte das Gewässer bis an die Stadtgrenze von Naivasha. Während der Dürrejahre 1984/85 schrumpfte der **höchstgelegene der kenianischen Rift-Valley-Seen,** der nur etwa zehn Meter tief ist, auf die Hälfte seiner ge-

LAKE NAIVASHA

genwärtigen Größe. Für **Angler und Wassersportler** ist er ein attraktives Ziel unweit der Nationalparks von Hell's Gate und Mt. Longonot.

Landwirtschaft

Neben dem Fremdenverkehr, der rund die Hälfte aller Einnahmen in der Region stellt, besitzt die Landwirtschaft überragende Bedeutung. Sie gibt rund 100.000 Menschen in der Region Lohn und Brot. Schon die ersten weißen Siedler, die die ansässigen Masai vertrieben, experimentierten unermüdlich – aber häufig erfolglos – mit Straußenfarmen, Sisalplantagen und Weinstöcken. Erst der Anbau von **Wintergemüse** und **Schnittblumen,** die per Flugzeug nach Europa exportiert werden, avancierte zur Erfolgsstory schlechthin. Es wird nicht mehr lange dauern, bis der Gartenbau – vor allem Rosen und Nelken, Gemüse und Obst – den Wert von Kenias Tee-Exporten übersteigt. Und so

Der Anbau von Schnittblumen, vor allem Rosen, boomt am Lake Naivasha

LAKE NAIVASHA

verschandeln mehr und mehr Gewächshäuser die malerische Landschaft am See.

Umweltprobleme Durch die **hohen Wasserentnahmen** und die **chemischen Einträge** aus der Landwirtschaft drohen dem Lake Naivasha nachhaltige Umweltschäden. Zudem wird der See durch die eingeschleppte **Wasserhyazinthe** überwuchert. Darunter leidet vor allem der Papyrusgürtel rings um den See, der die „Kinderstube" für seine Fische darstellt. Glücklicherweise engagiert sich schon seit der ersten Hälfte des 20. Jahrhunderts eine prominente Lobby für die Erhaltung des Sees, der als weltweit bedeutendes Feuchtgebiet eingestuft wurde. Die Zukunft wird zeigen, ob ein Ausgleich zwischen den Interessen von Naturschutz und Tourismus einerseits und jenen der Landwirtschaft möglich ist.

Crescent Island Die sichelförmige Crescent-Insel ist nichts anderes als der oberste Rand eines kleinen, überfluteten Vulkankraters. Auf dem Inselchen befindet sich ein **privates Naturschutzgebiet,** in dem neben der vielfältigen Vogelwelt des Naivasha-Sees (Seeadler, Pelikane, Marabus, Kormorane, Reiher, Ibisse, Enten, Eisvögel etc.) auch Wasserböcke, Giraffen, Impalas, Dik-Diks, diverse Gazellenarten und mächtige afrikanische **Felspythons** leben. Im See um das Eiland dümpeln Nilpferde.

● Eintritt 9 US$.

Elsamere Auf einem malerischen Ufergrundstück im Südwesten des Sees steht das **ehemalige Wohnhaus von Joy und George Adamson,** die durch ihre Arbeit mit Raubkatzen in den 1960er Jahren weltberühmt wurden. Das Geld, das *Joy Adamson* mit Büchern und Filmen über die Löwin „Elsa" verdient hatte, stiftete sie zum größten Teil für den Naturschutz – ohne ihre Unterstützung wäre der Hell's Gate National Park niemals entstanden. Nach ihrem Tod wurde Elsamere in ein von internationalen Wissenschaftlern frequentiertes **Forschungszentrum mit einem kleinen Museum** umgewandelt. Wenig bekannt ist, dass *Joy Adamson* auch eine Zoologin, Verhaltensforscherin und vor allem eine Künstlerin war, die in den 1950er Jahren für die Kolonialregierung das kulturelle Erbe der Völker Kenias porträtierte. Durch den Garten von Elsamere führen **Naturlehrpfade,** auf denen man Colobus-Affen und mehr als 200 Vogelarten antreffen kann.

●**Eintritt 600 Ksh,** inklusive Nachmittagstee um 16 Uhr, obwohl *Joy Adamson* Österreicherin war ... **Täglich von 15–18 Uhr geöffnet.**

Green Crater Lake

Um den **jadefarbenen See in einem kleinen Vulkan** am Westufer des Lake Naivasha ranken sich allerlei mythische Geschichten der Masai. Das Wasser des 87 Hektar großen Kraters, heißt es, heile Viehkrankheiten. Häufig besuchen Flamingos das alkalische Gewässer. Man kann den Kraterrand zu Fuß umrunden – den Rekord hält mit 1½ Stunden das frühere Tennisass *Martina Navratilova*. Innerhalb des bewaldeten Kraters, direkt am Ufer, liegt das Crater Lake Tented Camp (siehe unten). Außerhalb des Vulkans erstreckt sich das **Crater Lake Game Sanctuary.** Einstmals gehörte das Land *Lady Diana Delamere,* die zum „Happy Valley Set" gehörte, einer Gruppe von Kolonialisten, die durch ihren exzessiven Lebensstil zum Inbegriff der Dekadenz wurden. Zu Fuß betritt man das auch nachts zugängliche Game Sanctuary auf eigene Gefahr.

Schlafen

●**Fisherman's Camp,** Tel. 050/203 02 76; www.fishermanscamp.com. Das älteste und beliebteste Camp am See mit Zeltmöglichkeiten (400 Ksh pro Person) und kleinen Bandas (für vier Personen am Wochenende 47 US$, unter der Woche günstiger). Vorsicht: Nachts streunen grasende Nilpferde um die Zelte!
●**Crater Lake Tented Camp,** Tel. 020/884 258; www.prideofsafaris.com. Luxuriöses Camp am Green Crater Lake. DZ 280 US$.

LAKE NAIVASHA

Bootstouren

● Vielerorts lassen sich **Boote mieten.** Die Preise bewegen sich je nach Größe und Geschwindigkeit um die 2500 Ksh pro Stunde. Vorsicht: Wer selbst steuert, sollte zu den Nilpferden angemessenen Abstand halten; die Dickhäuter sind cholerisch und bekannt dafür, kleinere Boote anzugreifen und umzustürzen.

Radfahren

● Das Seegebiet und der Hell's Gate National Park lassen sich wunderbar mit dem Fahrrad erkunden. In den meisten Camps lassen sich **Mountainbikes** für 500–800 Ksh pro Tag **ausleihen.**

Begegnung im Hell's Gate National Park

Umschlagkarte vorn HELL'S GATE NATIONAL PARK

Rift Valley

Hell's Gate National Park

Der Nationalpark

Obwohl der 1984 gegründete Nationalpark nur 68,5 km² groß ist, lockt er jährlich rund 45.000 Besucher an. Denn trotz seines Westentaschenformats bietet er einen **Querschnitt durch Landschaft, Geologie, Flora und Fauna des Rift Valley** und ist gut mit öffentlichen Verkehrsmitteln zu erreichen. Da im Park weder Löwen noch Elefanten vorkommen, darf man sich auf verschiedenen Rundwegen sogar **zu Fuß und mit dem Fahrrad** frei zwischen dem vielen Wild bewegen – ein unvergessliches Erlebnis! Eine Rundfahrt mit dem Mountainbike ist gut an einem Tag zu schaffen, sofern man ausreichend Trinkwasser mit sich führt. Der Park bietet dank seiner Klippen **ausgezeich-**

HELL'S GATE NATIONAL PARK

nete **Klettermöglichkeiten,** zudem kann man die malerische Njorowa-Schlucht durchwandern.

Flora und Fauna
Im Hell's Gate National Park kommen 360 verschiedene Pflanzenarten vor. Neben dem von Savannentieren bevölkerten Grasland prägen **Kampferbäume** das Bild auf den Hügeln. Ihren Geruch meiden übrigens nicht nur Motten, sondern auch Elefanten und Rhinos. Eine besondere Nische hat sich die **Dissotis-Blume** erobert: Sie wächst am Rand der zahlreichen Dampflöcher und Krater, deren zischende Luft bis zu 230 Grad heiß ist.

Die **Fauna** im Park weist zahlreiche Antilopen- und Gazellenarten auf, aber auch Warzenschweine, Zebras, Masai-Giraffen und Wildbüffel. Raubtiere sind mit Schakal, Löffelhund, Erdwolf, Tüpfel- und Streifenhyäne, Falbkatze, Manguste, Zibetkatze, Serval, ja sogar Gepard und Leopard ebenfalls gut vertreten, von Pavianen und Meerkatzen ganz zu schweigen. Die Highlights der reichen Vogelwelt sind Strauße, Sekretäre sowie Geier und andere Greifvögel.

Njorowa-Schlucht
Das **Herzstück des Parks** bildet die Njorowa-Schlucht. In der Grassavanne ihres breiten oberen Abschnitts, deren Beginn vom **Fisher Tower,** einem erkalteten Lava-Schlot, markiert wird, tummeln sich so viele Tiere, dass man mit dem Fahrrad oder zu Fuß fast auf Tuchfühlung zum Wild gehen kann. Die Basaltfelsen der **Vulture Cliffs** an den Rändern beherbergen riesige Nistkolonien von Greifvögeln. Hinter dem **Central Tower** beginnt die enge untere Njorowa-Schlucht, in die man nur zu Fuß gelangt. Hier ist die Landschaft völlig anders als im restlichen Park. Wichtig sind feste Schuhe. Nach Regenfällen ist dieser Abschnitt wegen des Anschwellens des Wassers zu meiden!

Geothermische Energie
Die riesigen Dampfwolken über den Hügeln von Hell's Gate beweisen, dass hier unter der Erde wirklich die Hölle los ist. Die durch den Vulkanis-

mus erzeugte geothermische Energie wird sogar zur **Stromerzeugung** genutzt. Aus 2000 Meter tiefen „Brunnen" wird der **300 Grad heiße Dampf** in große Turbinen geleitet, die ihn in Elektrizität umwandeln. Die erste Anlage stammt von 1979. Heute werden mit der „heißen Luft" 45 Megawatt Strom erzeugt, und das Potenzial scheint noch lange nicht ausgeschöpft. Zur zentralen Turbine führt ein mächtiges Gewirr an Rohrleitungen. An den Auslassventilen faucht der Dampf derartig ohrenbetäubend, dass man sein eigenes Wort nicht mehr versteht.

Der Westen

Der Westteil des Nationalparks liegt touristisch komischerweise nahezu brach, obwohl seine Landschaft die außergewöhnlichste ist – außergewöhnlich düster und unheimlich. Der 2434 Meter hohe **Ol-Karia-Vulkan** dominiert eine Mondlandschaft, die der Volksmund „Hell's Kitchen" nennt. Auf dem **Hobbley's-Vulkan,** auf den man zur Hälfte hinauffahren kann, liegt ein bemerkenswerter Aussichtspunkt.

- **Parkgebühren 25 US$.**
- Im Park kann man auf diversen **Zeltplätzen** übernachten.

Mt. Longonot National Park

Vulkan Mt. Longonot

Südlich des Lake Naivasha erhebt sich der 2776 Meter hohe Vulkan Mt. Longonot vom Boden des Rift Valley. Die weiße Asche an seinem Kraterrand könnte man von unten irrtümlich für Schnee halten. Die **vielen Erosionsrinnen** haben dem Berg den Masai-Namen „Loonong'ot" eingetragen, was so viel bedeutet wie „Berg der vielen Grate". Sein letzter Ausbruch liegt erst einige hundert Jahre zurück. Seit 1983 ist der Berg durch einen 52 km² großen Nationalpark geschützt. Eine **Wanderung hinauf zum Kraterrand und weiter zum Gipfel** verspricht ein wunderschönes Landschaftserleb-

Mt. Longonot National Park

nis. Bis zum Kraterrand geht man ein bis eineinhalb Stunden, für den Gipfelsturm muss man eine weitere Stunde einkalkulieren. Die komplette Umrundung bedeutet eine Wanderung von drei bis vier Stunden. Der beste Weg führt über den nördlichen Kraterrand zum Gipfel. Es bietet sich ein grandioser Ausblick auf den Lake Naivasha und die Aberdares. Im Norden schmiegt sich ein kleiner **Parasitenkrater an die Flanke des Bergs.** Der Abstieg in den 1,6 Kilometer breiten Krater ist nur schwindelfreien, trittsicheren „Bergziegen" zu empfehlen. Sein Boden ist von dichtem Buschwald bedeckt, in dem Büffel, Elenantilopen und mindestens ein Leopard leben – das verraten wenigstens die Tatzenspuren in der Asche am Kraterrand. Das Gipfelpanorama wird um den Blick nach Süden und Westen auf Mau Escarpment,

Mt. Longonot NP

Rift Valley

Suswa-Vulkan, Ngong-Berge und an besonders klaren Tagen sogar auf die Spitze des Kilimanjaro bereichert, die dann direkt links der Ngong-Berge hervorlugt. Wenn Sie allein oder zu zweit sind, werden die Ranger am Gate möglicherweise darauf bestehen, Ihnen einen bewaffneten Guide an die Seite zu stellen; Grund sind länger zurückliegende Raubüberfälle in den 1990er Jahren.

- **Parkgebühren 20 US$.**

Parasitenkrater am Mt. Longonot

Westkenia

Westkenia

Einleitung

Abwechslungsreicher Landesteil

Die Hauptattraktion Westkenias ist das **Masai Mara National Reserve,** das die Bühne für eines der großartigsten Naturschauspiele abgibt: der größten Wildtierwanderung der Erde. Millionen von Zebras, Gnus und Gazellen ziehen alljährlich durch ihre weiten Savannen. Ansonsten ist Westkenia relativ unbekannt – obgleich ein äußerst reizvoller und abwechslungsreicher Landesteil. Kleinere Parks wie der **Saiwa Swamp National Park** mit seinem Flussökosystem oder die Urwälder des **Kakamega Forest** bleiben viel zu oft unbeachtet, dabei lohnen sie einen Besuch. An den waldigen Hängen des 4321 Meter hohen **Mt. Elgon** sind sogar Elefanten beheimatet. Doch was wäre Westkenia ohne den **Lake Victoria** und seine reizvollen Inseln? Der drittgrößte Binnensee der Erde prägt einen großen Teil der Region. Auch ethnologisch und kulturell ist Westkenia abwechslungsreich: Während das **Volk der Luo** an den Ufern des Sees überwiegend vom Fischfang lebt, sind die stolzen, rot gewandeten **Masai-Krieger** in den Savannengebieten Viehhalter. In den Hochländern begegnet man den **Kalenjin,** die als Bauern ihre Felder und giftgrüne Teeplantagen beackern. Die größten **Städte** Westkenias, Kisumu und Eldoret, bieten neben sehenswerten Kolonialgebäuden auch ein Stück urbanes Kenia.

Bild auf den Seiten zuvor: Kakamega Forest

Bild oben: Die unendliche Grasfläche des Masai Mara National Reserve; unten: Junge Löwin

Masai Mara National Reserve

Der Nationalpark

Die Masai Mara ist eines der bekanntesten und schönsten Naturschutzgebiete Kenias. Auf ihren Grassavannen herrscht ein **nahezu paradiesischer Überfluss an Wildtieren,** der Safari-Touristen Traumbegegnungen mit den **„Big Five"** beschert: mit mächtigen Elefantenbullen, Mähnen tragenden Löwenpatriarchen, kapitalen Büffeln, urwüchsigen Nashörnern und geschmeidigen Leoparden. Der Name des 1540 km² großen Reservats stammt aus der Maa-Sprache der Masai, die hier seit jeher ihr Vieh weiden. „Mara" heißt so viel wie „gefleckt" und beschreibt knapp und präzise die **unendliche Grasfläche,** die nur stellenweise von Akazienbusch und einzelnen Bäumen

MASAI MARA NATIONAL RESERVE

gesprenkelt wird. Im Süden, jenseits der tansanischen Grenze, geht die Mara in den wesentlich größeren **Serengeti-Nationalpark** über, mit dem sie ein zusammenhängendes Ökosystem bildet. Der tierreiche Naturraum reicht aber auch nach Norden und Westen noch weit über die Grenzen des 1961 ausgewiesenen Masai Mara National Reserve hinaus. Praktisch die gesamte Transmara-Region bis zum Fuß des **Berglandes von Kisii,** aber auch die Landstriche entlang des Mara-Flusses und der Westen mit den **Loita Plains** und den

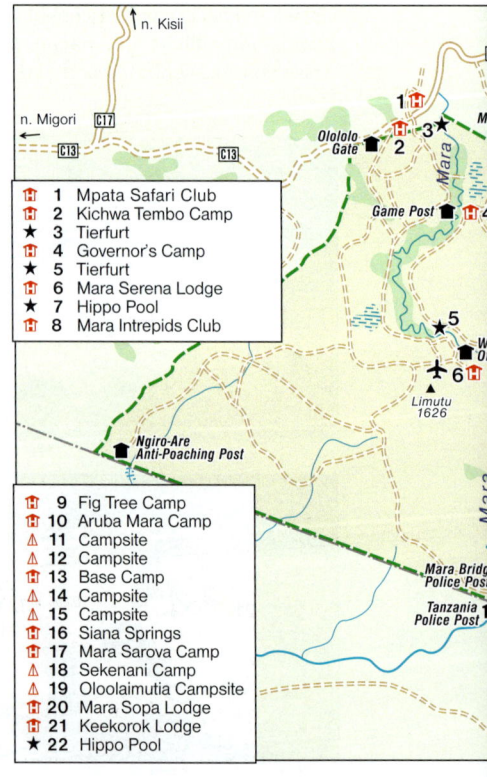

Loita Hills zählen dazu. Überwiegend handelt es sich dabei um Hochebenen zwischen 1500 und 1650 Metern ü.NN, die von wenigen großen Flüssen wie dem **Mara River** oder dem **Talek River** durchschnitten werden.

Umweltprobleme Entscheidend für den Aufwuchs der Gräser, welche die hohen Tierdichten erst ermöglichen, ist die Nähe zum Lake Victoria, die dem Gebiet üppige Niederschläge beschert. Doch das Paradies der Masai Mara ist bedroht: **Touristenbusse,** die

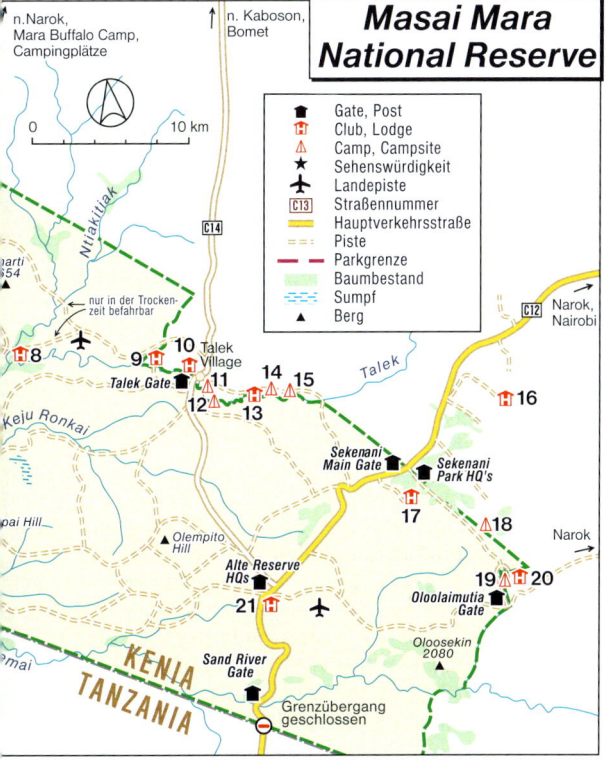

abseits der Wege fahren, zerstören die Vegetation; Lodges und Camps verbrauchen zusammen mit den wachsenden Masai-Gemeinden an den Grenzen des Naturschutzgebietes mehr **Brennholz** als die natürliche Vegetation hervorbringen könnte. Langfristig geht die größte Gefahr jedoch vom **Bevölkerungswachstum** in Kenia aus. Vermehrt drängen Ackerbauern aus den überbevölkerten Heimatregionen der Gusii und Kipsigis in die Gebiete der Masai-Hirten vor. Auch führende Politiker bedienen sich am Stammland der Masai, die immer weniger Weiden für ihre Herden finden. Zwar steht die Masai Mara auf der Liste des Weltnaturerbes – doch dies allein kann ihren Schutz auf Dauer nicht sicherstellen.

Die Regionen des Reservats

Die Masai Mara zerfällt in klar unterscheidbare Naturregionen. Größere Höhenunterschiede gibt es nur im östlichsten Zipfel, wo die Berge mit dem **Leganishu** immerhin 2204 Meter Höhe erreichen, und an der Steilstufe des **Olooloo Escarpment** im Westen, die einen Seitenarm des Ostafrikanischen Grabens markiert. Prägend für die Masai Mara sind allerdings wogende, von einzelnen Bäumen bestandene **Grassavannen,** wohingegen sich entlang der Flüsse dichte **Galeriewälder** herausgebildet haben. Periodische Überschwemmungen vor allem im Gebiet der Flüsse Mara und Talek verwandeln beträchtliche Teile der Mara zumindest periodisch in **Sumpfgebiete.**

Die Tierwelt

Zwischen Juli und Oktober, während der Zeit der **Tierwanderung,** bevölkern **gigantische Herden mit Zehntausenden von Tieren** die Mara. Der endlose Leiberstrom, der nur an wenigen Furten den Mara-Fluss überquert und sich dann wieder über große Flächen auffächert, ist beispiellos. Aber auch außerhalb der Migration überrascht die hohe Zahl an Tieren, die sich in der Trockenzeit in den Feuchtgebieten konzentrieren. Sobald der Regen auch anderswo frisches Grün hervorzaubert, verteilt sich das Wild wieder in der sanft geschwungenen Landschaft. Dank des offenen Landes sind die Wildtiere deutlich einfacher zu entdecken und zu beobachten als in anderen Parks.

Permanente Bewohner der Masai Mara sind Kongonis, Topis, Impalas, Wasserböcke und viele kleine Antilopenarten. Die Bestände an **Elefanten, Büffeln, Giraffen** und **Elenantilopen** sind in der Mara einzigartig. Selbst die vom Aussterben bedrohten Spitzmaulnashörner kommen hier noch vor. Am erstaunlichsten ist aber die **hohe Raubtierdichte.** Die Wahrscheinlichkeit, einen Leoparden anzutreffen, ist relativ groß, Löwenrudel erreichen eine Spitzenzahl von 30 Tieren, Hyänen findet man problemlos, genau wie Schakale und Löffelhunde. Und wer anderswo vergeblich nach Geparden Ausschau hielt, sollte sein Glück mit dem schnellsten Landtier hier versuchen. Die Galeriewälder beheimaten **Affen** wie Paviane und Meerkatzen sowie Populationen von Buschschweinen, Buschböcken, Oribis und Rietböcken. An einigen Flussabschnitten konzentrieren sich zudem **Nilpferde** und mächtige **Nilkrokodile.** Die bekanntesten **Hippo Pools** befinden sich in der Nähe der New Mara Bridge, ganz im Süden, und am Zusammenfluss von Talek und Mara River. Eine besondere Attraktion stellen auch die mehr als 50 verschiedenen Arten von **Raub- bzw. Greifvögeln** dar. Neben den savannentypischen Vögeln finden sich in den Galeriewäldern spezielle Arten wie der Nashornvogel und der Glanzhaubenturako.

Ballon-Safari	Eine erhabene Art, die weite Landschaft und die großen Tierherden der Masai Mara zu erleben, stellt eine Ballon-Safari dar. Die meisten Reisenden, die in die Luft gegangen sind, berichten vom Naturerlebnis ihres Lebens. Bei Sonnenaufgang lautlos über Savanne und Wildtierherden zu schweben, ist **etwas ganz Besonderes.** Und zumindest zur Zeit der Tierwanderung ist der stattliche Preis auch gerechtfertigt (siehe auch unten).

- **Parkgebühren 60 US$.**
- **Beste Besuchszeiten:** Beginn und Ende der berühmten Tierwanderung sind vom Regen abhängig. Meist erstreckt sie sich von August bis Anfang November.
- **Anreise:** Air Kenya fliegt das Reservat im Linienverkehr an. Kosten für ein Return-Ticket von Nairobi: ca. 200 US$.

Schlafen

- **Mara Serena Lodge,** eine der traditionsreichsten Lodges in der Mara, mit großartigem Ausblick auf die Savannenlandschaft, Swimmingpool und freundlichem Service. Empfehlenswert. Buchungen: Tel. 020/284 20 00; www.serenahotels.com. DZ abhängig von der Saison zwischen 200 und 430 US$.
- **Basecamp,** Tel. 038/77 49-0, -1 und -2, www.basecamp-explorer.com. Überschaubar und gemütlich, trägt das goldene Ecotourism-Label für nachhaltigen Tourismus. DZ abhängig von der Saison 250 bzw. 500 US$.

Tipp

- **Ballon-Safari: 1- bis 1½-stündige Ballonfahrten** kosten je nach Anbieter **400–500 US$,** Sektfrühstück inklusive. Buchungen können in allen Lodges und Camps vorgenommen werden, wo man auch abgeholt wird.

Kericho

Teeregion

Die **55.000-Einwohner-Stadt** Kericho ist das Zentrum der wichtigsten afrikanischen Teeanbauregion. Wie ein dichter grüner Teppich bedecken die Teeplantagen das **hügelige Land** in der Umgebung, das sich auf rund 2000 Meter Höhe erstreckt. Allerdings hat die außerordentliche landschaftliche Schönheit ihren Preis: Auf Kericho prasseln im Jahr durchschnittlich **2150 Millimeter Niederschlag** nieder – also rund dreimal so viel wie auf Frankfurt.

Die Stadt selbst bietet zwar kaum Attraktionen, aber viel Flair. **Asiatische Händler,** die hier seit der Stadtgründung erfolgreich Geschäfte betreiben, haben ihre Spuren (und ihre Nachkommen) hinterlassen – der prächtige Hindu-Tempel in der Temple Road ist nicht zu übersehen. Andererseits stülpen typisch **britische Relikte** wie die Holy Trinity Church dem Ort einen Hauch von Kolonialzeit über. Gleichzeitig ist Kericho Verwaltungssitz für das umliegende **Land der Kipsigis,** eines der Kalenjin-Völker, das sich erst im letzten Jahrhundert von nomadischen Viehhaltern zu sesshaften Bauern gewandelt hat.

Ein Besuch von Kericho und Umgebung lohnt sich wegen der überwältigenden landschaftlichen Schönheit, der geometrisch angelegten Teeplantagen und wegen des Touches vergangener Tage, der noch auf Vielem liegt.

Arboretum Rund 8½ Kilometer außerhalb von Kericho, an der Straße nach Nakuru, befindet sich ein **faszinierender Baumgarten,** der 1946 von dem Teepflanzer *Tom Grumbley* gegründet wurde. Neben einem kleinen Denkmal für den Begründer und einer unüberschaubaren Ansammlung verschiedener Baumarten sind zahllose Vögel – von Hadada-Ibissen bis zu Eisvögeln – in den Baumkronen zu sehen. Der Eintritt ist frei.

Schlafen
- **The Tea Hotel,** Tel. 052/30 00-4 und -5; teahotel@africaonline.co.ke. Früheres Hoteljuwel am Rande von Teepflanzungen mit schönem Parkett und gemütlichen Feuerstellen; etwas renovierungsbedürftig. Tennisplatz und Pool. DZ ca. 100 US$. Über das Hotel lässt sich der **Besuch einer Teefabrik** organisieren.
- **Kimugu River Lodge,** Tel. 0720/861 079. Saubere Unterkunft im Grünen, zwei Kilometer außerhalb der Stadt am Kimugu-Fluss. DZ ca. 22 US$.

Essen
- Das Restaurant des **Tea Hotel** ist empfehlenswert.
- Die besten europäischen und indischen Gerichte gibt es in der **Kimugu River Lodge.**
- Einfaches und schmackhaftes Essen in der Innenstadt: im **New Sunshine Hotel.** Das **Maralees** ist der einzige Chinese in der Stadt.

Golfen und Angeln
- Wer in der Umgebung auf **Forellenfang** gehen möchte, wendet sich an das **Kericho Lodge & Fishing Resort.**
- Der **Kericho Golf Club** mit seinem 9-Loch-Kurs liegt inmitten herrlicher Teegärten. Eine zweiwöchige Mitgliedschaft kostet nur ca. 30 US$.

Lake Victoria

Drittgrößte Binnensee der Erde

Der riesige Victoria-See verfehlt bei keinem Besucher seine Wirkung. Mitten im afrikanischen Kontinent, **auf 1134 Metern Höhe,** steht man an einer Meeresküste mit Inseln und tief eingeschnittenen Buchten, vor einem wölbt sich ein Horizont aus Wasser, und man fragt sich, wie das Ufer dahinter aussehen mag. Der See ist mit **68.000 km²** eineinhalbmal so groß wie die Schweiz und nach dem Kaspischen Meer und dem Lake Superior in Kanada der drittgrößte Binnensee der Erde. Er besteht aus einem flachen Becken von durchschnittlich 45 Metern Tiefe. In seinem Einzugsgebiet leben 30 Millionen Menschen. Außer Kenia, das nur über einen kleinen Zipfel im Nordosten des Gewässers verfügt, grenzen im Norden Uganda und im Süden Tansania an den Victoria-See. Seine Bedeutung für die Region als **Nahrungsmittelquelle, Trinkwasserreservoir, Energielieferant, Transportweg und Wettermacher** lässt sich kaum beziffern, vom bisher praktisch ungenutzten touristischen Potenzial einmal ganz zu schweigen.

Auf der Suche nach den Nilquellen

Die Menschen, die um den Victoria-See leben, nennen ihn von jeher „Nyanza". Der gegenwärtige Name geht auf den britischen Forscher **John Hanning Speke** zurück, der 1858 bei seiner Suche nach den Nilquellen als erster Europäer den See erreichte und ihn ganz unbescheiden nach seiner Königin im fernen England benannte. Arabische Sklavenhändler hatten *Speke* von der großen Wasserfläche im Innern des Kontinents erzählt. Der Forschungsreisende war vom ersten Moment an davon überzeugt, dass es sich beim

Victoria-Barsch wird für den Export verarbeitet

LAKE VICTORIA

Victoria-See um das lange gesuchte Quellgewässer des Nils handelte. Dies konnte er aber erst vier Jahre später beweisen.

Katastrophe 1: Nilbarsch

Das Ökosystem des Lake Victoria geriet aus den Fugen, als in den 1950er Jahren japanische Fischereiexperten den Nilbarsch *(Lates niloticus)* im See aussetzten. Der vorzügliche Speisefisch, der bei uns als Victoria-Barsch verkauft wird, erreicht zwei Meter Länge und 250 Kilo Gewicht. Da der Raubfisch im See ursprünglich nicht vorkam, hat er keine natürlichen Feinde. **Auf Kosten von 200 einheimischen Fischarten,** die seiner Gefräßigkeit zum Opfer fielen, **entwickelte er sich prächtig.** Aber immerhin ist der Nilbarsch inzwischen die wichtigste Einnahmequelle der lokalen Fischer und für die Anrainer Uganda, Tansania und Kenia ein bedeutendes Exportprodukt.

Lake Victoria

Katastrophe 2: Wasserhyazinthe

Die zweite, ökologisch und wirtschaftlich zunächst noch verheerendere Plage war das massenhafte Wachstum einer Wasserpflanze mit hübschen violetten Blüten: der Wasserhyazinthe *(Eichhornia crassipes)*. Sie ist eigentlich in Südamerika heimisch. **Riesige Pflanzenteppiche,** deren Fläche 1998 allein im kenianischen Teil schon über 400.000 Hektar betrug, störten die Schifffahrt und das Leben am Victoria-See so dramatisch, dass das Luo-Volk die Pflanze auch „Ayaki" oder „Ayalu", also „AIDS", nennt. Mit einem natürlichen Schädling, einem kleinen Käfer, gelang es, der Plage Herr zu werden.

Die neueste Gefahr für das Gewässer wird weniger leicht zu kontrollieren sein: **Seit einigen Jahren sinkt der Seespiegel** – möglicherweise erste Auswirkungen des globalen Klimawandels.

Rusinga Island

Fossilienfunde

Über einen kleinen **Fahrdamm** kann man **vom Fischerort Mbita** trockenen Fußes auf das 20.000-Seelen-Eiland gelangen. Ein dornähnlicher Fortsatz an der nordöstlichen Seite von Rusinga trägt den ursprünglichen Ort **Utaje,** aber auch ganz im Südwesten, abseits der Ringstraße, gibt es noch ein

paar sehr **traditionell geprägte Dörfer.** Bekannt geworden ist die Insel durch die vielen, teils spektakulären Fossilienfunde in ihrem Boden, etwa der Schädel eines 17,5 Millionen Jahre alten Hominiden.

Rusinga ist der Geburtsort des berühmten Politikers und Gewerkschaftsführers **Tom Mboya,** nach dem in Kenia viele Straßen benannt sind. Er galt als der heißeste Anwärter auf die Nachfolge des ersten Präsidenten *Jomo Kenyatta* – bis er in Nairobi 1969 erschossen wurde. Nahe der Nordküste kann man ein Mausoleum besuchen, zu dem bis heute Verehrer pilgern.

Schlafen	●**Rusinga Island Fishing Camp,** Buchungen: Tel. 020/882 020, www.rusinga.com. Das exklusive Camp liegt unter schattigen Bäumen direkt am See. Neben Angelausflügen mit dem Schnellboot sind alle Aktivitäten, wie Besuche der prähistorischen Fundplätze oder des Ruma National Park, im Preis inbegriffen. Eigene Landepiste. DZ 650 US$. ●**ICIPE Guesthouse,** in Mbita, Tel. 020/863 200. Das traumhaft am See gelegene Forschungszentrum hat ein vorzügliches Gästehaus, das man auch als Tourist in Anspruch nehmen darf. DZ ca. 33 US$.

Mfangano Island

Abgeschlossene Welt	Mfangano ist eine weitgehend in sich abgeschlossene Welt. Es gibt **keinen Strom, keine Straßen und keine Autos.** Wozu auch? Im Landesinneren gibt es nur eine einzige Ortschaft, und an der Küste nimmt man eben das Langboot, so genannte Lake Taxis, die von Mbita starten. Die Insel ist geschaffen dafür, das Leben der **Fischer** kennen zu lernen, die im Lake Victoria nach Süßwassersardinen und Nilbarschen fischen. Bei flackerndem Laternenschein harren sie nachts in ihren Booten aus. In den Bergen des Eilands, von denen man grandiose Ausblicke genießt, gibt es Jahrtausende

Der Nilbarsch – Fluch und Segen zugleich

alte **Felszeichnungen.** Sie werden von vielen lokalen Geschichten umrankt.

Schlafen

●**Takawiri Island Resort,** Tel. 020/444 71 51. Dank Sandstrand, Kokospalmen und Wassersportmöglichkeiten vermittelt die nette Unterkunft Karibik-Feeling. Inklusive Motorbootfahrt zur Insel 150 US$ pro Person.

Ndere Island National Park

Winam Gulf

Nur rund 40 Kilometer von Kisumu entfernt liegt im Winam Gulf eine **4 km² große Insel.** Sie ist eigentlich mehr **Landschaftspark** als Tierreservat, denn ihre größte Attraktion ist nicht ihre kleine Impala-Herde, sondern die unglaubliche Schönheit des Victoria-Sees, die sich vom Gipfel des kuppelförmigen Hügels in der Inselmitte darbietet. Rings um die Insel zieht sich ein **Papyrusdickicht,** in dem es von **Wasservögeln** wimmelt. Am späten Nachmittag beginnt der See wie poliertes Silber zu gleißen. Seinen Zauber entfaltet er aber vor allem nachts. Dann beginnt am Seeufer das Concerto grosso der Frösche und Insekten, und bei Windstille ertönt der Gesang der Luo-Fischer, die ihre Netze einholen, über das Wasser.

Da auf der Insel keine gefährlichen Wildtiere leben, kann man sie **ohne Ranger besuchen.** Das Gelände besteht aus großen Steinen, die von Gras überwachsen sind. Feste Schuhe, am besten Wanderstiefel, sind empfehlenswert. Auf der Insel gibt es ansonsten keine Einrichtungen. Sämtliche Versorgungsgüter inklusive Trinkwasser müssen mitgebracht werden.

●**Parkgebühren 20 US$.**
●Ein **Boot zur Ndere-Insel** lässt sich auf dem gegenüberliegenden Festland bei Fischern oder den Rangern mieten.

Kisumu

Überblick

Leider ist **Kenias drittgrößte Stadt** nicht zur Winam-Bucht des Victoria-Sees hin erbaut, aber durch ihre breiten, baumgesäumten Alleen ist sie ruhiger als andere kenianische Städte. Jedermann scheint mit dem Boda Boda, dem Fahrradtaxi, unterwegs zu sein. Trotz **500.000 Einwohnern** liegt die Hauptstadt der Provinz Nyassa im **Dornröschenschlaf.** Die wirtschaftliche Vernachlässigung durch die Zentralregierung, die Wasserhyazinthenplage und nun der fallende Seespiegel haben den einst größten Hafen am Lake Victoria fast bedeutungslos gemacht. Dabei wurde Kisumu 1901 am Ende des Schienenstrangs der **Uganda-Bahn** als florierende Schnittstelle zwischen Schiffs- und Zugverkehr mit dem Namen Port Florence gegründet. Als 1977 die Ostafrikanische Gemeinschaft zerbrach und infolgedessen die Linienschifffahrt auf dem Victoria-See eingestellt wurde, fiel Kisumu auf das Niveau einer Provinzstadt zurück, auf dem es heute noch vor sich hin dümpelt. Nichtsdestotrotz trägt die Stadt wegen ihrer großen indischen Bevölkerung – alles Nachfahren der von Briten angeworbenen Eisenbahnbauer – den Beinamen **„Bombay von Ostafrika".**

Sehenswertes in der Stadt

Den Mittelpunkt Kisumus markiert der große Platz an der Oginga Odinga Road mit dem **Uhrturm** aus dem Jahr 1938. Im südlichen Teil der Hauptstraße erstreckt sich das moderne Geschäftszentrum von Kisumu. Zwischen dem nördlichen Ende der Oginga Odinga Road und der 1919 erbauten Jamia Mosque liegt das ehemalige **Marktviertel.** Es ist der architektonisch interessanteste Teil von Kisumu mit alten indischen Dukas, kleinen Kolonialhäusern, einem Sammelsurium kleinerer Geschäfte und Bars, prächtigen Hindu-Tempeln und eben der **Jamia-Moschee.** Ein offensichtliches Überbleibsel aus der britischen Kolonialzeit ist das

258 KISUMU/INNENSTADT

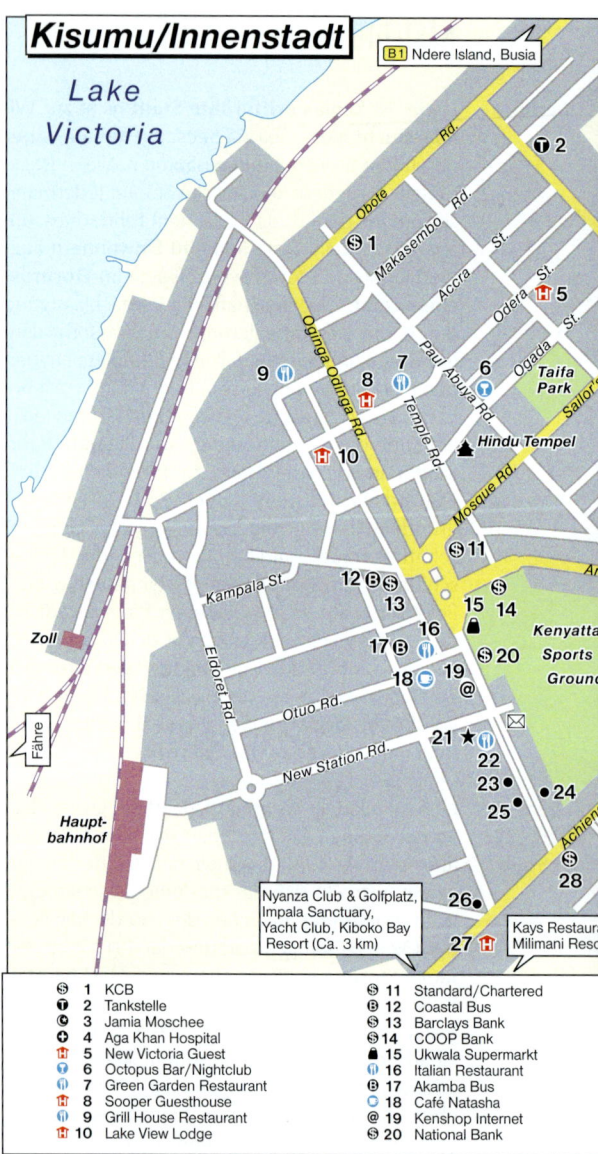

Ⓢ	1	KCB
Ⓣ	2	Tankstelle
Ⓒ	3	Jamia Moschee
Ⓞ	4	Aga Khan Hospital
🛏	5	New Victoria Guest
🎭	6	Octopus Bar/Nightclub
🍴	7	Green Garden Restaurant
🛏	8	Sooper Guesthouse
🍴	9	Grill House Restaurant
🛏	10	Lake View Lodge
Ⓢ	11	Standard/Chartered
Ⓑ	12	Coastal Bus
Ⓢ	13	Barclays Bank
Ⓢ	14	COOP Bank
▪	15	Ukwala Supermarkt
🍴	16	Italian Restaurant
Ⓑ	17	Akamba Bus
☕	18	Café Natasha
@	19	Kenshop Internet
Ⓢ	20	National Bank

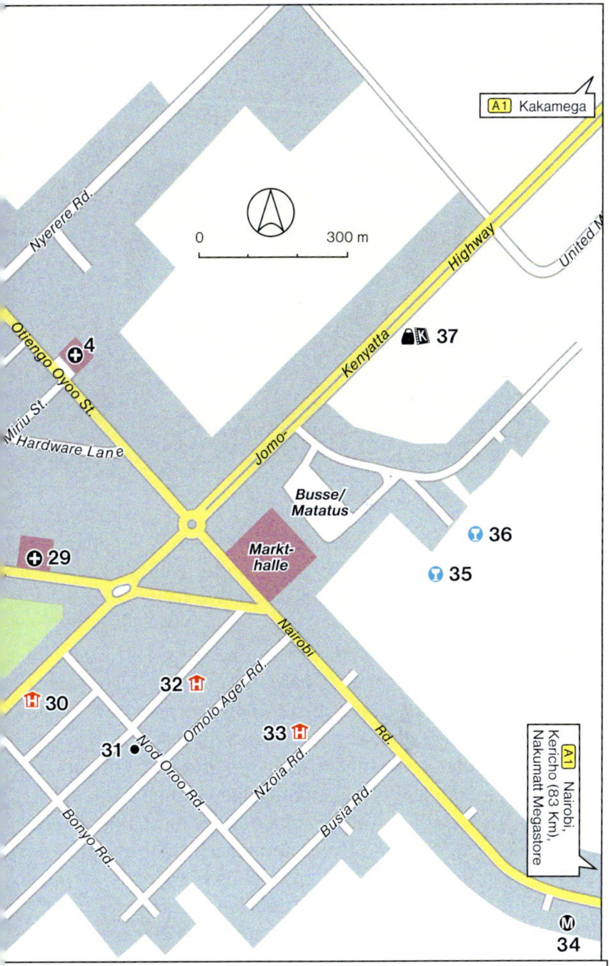

KISUMU/INNENSTADT

- ★ 21 Lake Market
- 22 La Bella Restaurant
- 23 Mega Plaza
- 24 Al Imran Plaza
- 25 Alpha House
- 26 Varsity Plaza
- 27 Hotel Royale/ Rivera Casino
- 28 KCB
- 29 Nyanza General Hospital
- 30 Imperial Hotel
- 31 Polizei
- 32 New Eastview Hotel
- 33 Whirlspring Hotel Kisumu
- 34 Museum
- 35 Basement Club
- 36 Kisusmu Social Hall
- 37 United Mall & Kino

Westkenia

hoch entwickelte Club(un)wesen in der Stadt, das ebenso wie die Wohnviertel weitgehend nach Hautfarbe bzw. Gesellschaftsschicht getrennt ist.

Kisumu Impala Sanctuary — Im Südwesten der Innenstadt liegt das Kisumu Impala Sanctuary (Eintritt 15 US$). Das Naturschutzgebiet besteht aus einem überraschend wilden Vegetationsstreifen, der sich zwischen dem Seeufer und dem Sunset Hotel erstreckt. Obwohl das Sanctuary nicht einmal einen halben Quadratkilometer groß ist, lebt hier eine zahme **Impala-Herde.** Die Gazellen können sich frei bewegen und notfalls die Flucht ins Gebüsch antreten, wenn am Wochenende Großfamilien zum Picknick einfallen. Dagegen müssen sich am Eingang bemitleidenswerte Kreaturen wie Hyänen und ein Leopard in viel zu kleinen Käfigen die Neckereien von Schulklassen gefallen lassen.

Museum — Das 1980 vollendete Museum von Kisumu an der Hauptausfallstraße in Richtung Kericho und Kisii übt sich in einem recht gelungenen Spagat zwischen **Naturkunde und Ethnografie**. Es gibt eine Ausstellung über die Frühgeschichte der Menschheit, doch auf dem schönen Gartengelände werden auch lebende Krokodile, Schildkröten, einige Schlangenarten und Süßwasserfischarten gehalten. Wer beim Angeln im See kein Glück hatte, kann hier das präparierte Exemplar eines kapitalen Nilbarschs bestaunen. Die umfangreiche ethnografische Sammlung beinhaltet unter anderem ein komplettes Luo-Gehöft und sehenswerte Kunst- und Alltagsgegenstände der Völker der Lake-Victoria-Region (Luo, Kalenjin, Gusii und Luyia).

● **Eintritt 500 Ksh, geöffnet Mo bis So von 9.30–18 Uhr.**

Schlafen

● **Imperial Hotel,** Tel. 057/202 00 02 und 0721/240 515; www.imperialkisumu.com. Das beste und kostspieligste Hotel am Platz besitzt ein gediegenes Interieur und verfügt über ein eigenes Restaurant. DZ 130 US$.
● **Kiboko Bay Resort,** Tel. 0724/387 738 und 0733/532 709; www.kibokobay.com. Die einzige Unterkunft direkt am See, etwa drei Kilometer außerhalb des Zentrums gelegen. Gemütliche Safari-Zelte, Swimmingpool, Boots- und Angeltouren. DZ kosten 83 US$.
● **Whirlspring Hotel Kisumu,** Tel. 057/203 530 18-5 und -6, abseits Nairobi Rd./Nzoia Rd. Große, saubere Zimmer mit Balkon, gute lokale Küche. DZ für 25 US$.

Essen

● Das deutsch-kenianisch geführte **Green Garden Restaurant** in einem wunderbaren alten Haus bietet hervorragende Speisen, eine gut sortierte Bar, Capuccino, Gemütlichkeit und sehr faire Preise!
● Auch das **Grill House** ist deutsch geführt und hat sich auf lecker zubereitete Hausmannskost für Leute mit Heimweh spezialisiert.
● Das beste chinesische Restaurant von Kisumu ist das **Oriental Restaurant** im Al Imran Plaza.
● Ebenfalls außergewöhnlich gut ist **Kays Restaurant** gegenüber dem Milimani Resort mit Fleisch- und Fischgerichten bei Kerzenschimmer.

Hausfassaden im ehemaligen Marktviertel Kisumus

Ausgehen

- Der **Nakumatt Megastore** an der Ausfallstraße nach Kericho, etwas hinter dem Museum, besitzt eine **Bowling-Bahn** und das modernste **Kino** von Kisumu; es zeigt die neuesten Hollywood-Streifen.
- Die bekannteste **Disco** ist das **Octopus.**
- Treffpunkt vieler Europäer ist das **Mon Ami** im Mega Plaza. Mit Poolbillard und Sport-TV.

Shoppen

- Der **Nakumatt Megastore** im Mega Plaza hat eine riesige Auswahl von südafrikanischem Wein bis zu Süßwaren.
- **Obst und Gemüse** werden **um den Busbahnhof** angeboten, dort erhält man auch **Stoffe** und allerlei Gebrauchsgegenstände, die zum **Reiseandenken** taugen, etwa Töpferwaren, Öllampen und dreibeinige Gusii-Schemel.
- Viel **Kunsthandwerk** wird auf dem sonntäglichen **Kibuye Market** am Jomo Kenyatta Highway angeboten.

Touren

- **Pel Travels,** Al Imran Plaza, Tel. 057/202 24 95. Ausflüge in die Umgebung und Verleih von Allradfahrzeugen.

Sport

- **Segeln:** Möglichkeiten, auf einem Schiff mitzusegeln, ergeben sich im Yachtclub mit seiner nostalgischen Bar.
- **Golf:** Der **Nyanza Club** führt den lokalen Golfplatz. Die Greenfee beträgt ca. 15 US$.

Kakamega

Kakamega Goldrush von 1933

Kakamega, die Hauptstadt der Western Province, ist mit rund **40.000 Einwohnern** angenehm überschaubar. Mit der Stadt verbinden Kenianer immer noch den legendären Kakamega Goldrush von 1933. Nach dem ersten Edelmetallfund strömten massenhaft Glücksritter in die Stadt, darunter viele weiße Siedler, die durch die Weltwirtschaftskrise verarmt waren. Aber die Hoffnungen auf große Goldvorkommen wurden schnell enttäuscht. Die letzte Mine schloss 1957 ihre Pforten. Bis heute suchen allerdings noch rund 100.000 afrikanische Digger in Westkenia auf eigenes Risiko nach Gold.

Touristen kommen vor allem in die Stadt, weil sie die beste Ausgangsbasis für eine Tour zum tropischen **Kakamega-Regenwald** darstellt. Um das urwüchsige Naturschutzgebiet herum erstreckt sich eine der am dichtesten besiedelten Regionen Kenias. Das ortsansässige **Luyia-Volk** ist denn auch die zweitgrößte Ethnie im Lande – und Kakamega ihr kulturelles Zentrum.

Erstaunlich ist die lange Tradition der **Bullenkämpfe** in der Gegend, die in wahre Volksfeste ausarten können. Sie finden unregelmäßig **in Shinyalu** und **Khayega** statt, beginnen aber meist bereits am Vorabend mit Biergelagen, Trommeln und Tanz.

Schlafen

- **The Golf Hotel,** Tel. 056/301 50 und 201 25; www.golf-hotelkakamega.com. Das beste Hotel der Stadt ist angenehm ruhig, besitzt Restaurant, Pool, herrlichen Garten – und Blick auf den Golfplatz. DZ 105 US$.
- **Sheywe Guest House,** Tel. 056/314 92. Das kleine ruhige Hotel außerhalb der Stadt ist blitzsauber, es gibt eine leckere Speiseauswahl und in einigen Zimmern sogar TV. Empfehlenswert. DZ ca. 25 US$.

Kakamega Forest Reserve

Das Reservat

Der überaus artenreiche Kakamega Forest gehört zu den absolut sehenswerten Naturparks in Kenia. Seine **240 km² tropischer Regenwald** bilden das letzte Restchen eines riesigen Waldgebietes, das sich einst vom Kongobecken über Westkenia bis an den Ostafrikanischen Graben, vermutlich sogar bis an die Küste des Indischen Ozeans erstreckte. Dieselben Klimaveränderungen, die vor 10.000 Jahren allmählich zur Ausbildung der Sahara führten, ließen auch diese Waldfläche schrumpfen. Die verbliebenen Überreste wurden gerodet, als in den vergangenen 300 Jahren die Bevölkerung Westkenias stark anwuchs – bis auf den Kakamega-Wald. Bereits 1967 wurde die Südhälfte, 1985 auch die Nordhälfte unter Schutz gestellt. Die natürlichen Schätze dieses Kleinods sind am besten zu Fuß zu bewundern. Es gibt sehr kompetente Führer, und einige Waldteile sind durch **Wanderwege** erschlossen. Den besten Blick auf die

Gesamtheit des Forest Reserve und das **Nandi Escarpment,** das einige Kilometer östlich aufragt, genießt man von **zwei Aussichtshügeln.**

Umweltprobleme — Leider ist auch dieser Park durch das ungebremste **Bevölkerungswachstum** in Westkenia akut bedroht. Die Menschen der angrenzenden Gemeinden weiden auf den Lichtungen ihr Vieh, sammeln Brennholz und Medizinalpflanzen. Noch schädlicher sind **illegaler Holzeinschlag,** die **Produktion von Holzkohle** und **Prospektion von Gold.**

Vegetation — Das Eindrücklichste eines Waldbesuches ist die dichte Vegetation. Bisher hat man in Kakamega rund **150 Baum- und Buscharten, über 60 Orchideenarten** und **62 Farnarten** identifiziert. Bis zu 20 Prozent aller Pflanzen des Kakamega Forest kommen nirgendwo anders in Kenia vor. Die besondere Artenvielfalt lässt sich dadurch erklären, dass sich in Kakamega zwei verschiedene Waldtypen überlappen: der **Urwald des Kongobeckens** und der **Bergregenwald Ostafrikas.** Die größten Bäume erreichen bis zu 45 Meter Höhe. Ihre Äste werden von Farnen, Moosen, Flechten und Lianen überwuchert. Rund 50 Pflanzenarten nutzen lokale Wunderheiler zur **Herstellung von Medizin.**

Eine besonders innige Beziehung zum Wald verbindet die **Ethnie der Tiriki,** deren junge Männer bis in die 1970er Jahre zur Initiation einen Monat im Urwalddickicht überleben mussten, was die phänomenale Kenntnis des Waldes einiger der älteren Tiriki-Führer erklärt.

Artenvielfalt im tropischen Regenwald von Kakamega

Umschlagkarte vorn **KAKAMEGA FOREST RESERVE**

Die Tierwelt

Im Kakamega-Wald gibt es nur wenige Großtiere, die zudem anderswo besser zu beobachten sind. Allerdings kann man hier den Dschungel auch während einer **Nachtwanderung** erleben. Mit einem guten Führer kommt man dabei allerlei nachtaktivem Getier auf die Schliche, etwa dem **Hammerköpfigen Flughund.** Diese Fledermäuse sind die größten ihrer Gattung in ganz Afrika und erreichen eine Spannweite von einem Meter! Die bis zu 50 Meter weit von Baum zu Baum segelnden **Flughörnchen** sind dagegen Winzlinge. Urig anzusehen sind auch die **Baumschuppentiere.** Bei Tage wird man mit ziemlicher Sicherheit den hübschen schwarzweißen Colobus-Affen sowie Diadem Meerkatzen und dem westafrikanischen Kongoweisnasenaffe begegnen. Die seltenste Affenart von Kakamega ist die **De Brazza Meerkatze,** von der es nur noch drei Gruppen mit insgesamt 50 Tieren gibt. Häufig trifft man im Wald auch auf **Reptilien** wie dem bis zu zwei Meter langen Nilwaran oder einer giftigen Schönheit, der

Westkenia

Rhinozerosviper, die allerdings nicht aggressiv ist. Den Himmel in Kakamega bevölkern 330 verschiedene **Vogelarten,** darunter der seltene Graupapagei und der Affen jagende Kronenadler, sowie 400 **Schmetterlingsarten.** Diverse Schwalbenschwänze und der Diadem sind besonders schöne Falter.

- Parkgebühren 20 US$.

Schlafen

- Das **Kakamega Forest Guest & Resthouse** im Südteil des Waldes sowie **Udo's Camp** im Norden bieten einfache, preisgünstige Unterkunftsmöglichkeit am Startpunkt der Wanderwege. Pro Person 10 US$. Dort können auch ausgezeichnete **Guides** angeheuert werden. **Camping** für 5 US$.
- **Rondo Retreat,** Tel. 056/302 68; www.rondoretreat.com. Ein altes, stilvolles Kolonialhaus umgeben von grandiosem Wald. In dem Erholungsheim für Missionare sind auch Reisende willkommen. Geführte Waldtouren. Ruhe, gemütliche Atmosphäre und gute Verpflegung haben ihren Preis: DZ 240 US$.

Rund 400 Schmetterlingsarten bevölkern den Kakamega Forest

Eldoret

Kosmo-politisch

Eldoret, mit immerhin **110.000 Einwohnern** Kenias fünftgrößte Stadt, hat einen dezent kosmopolitischen Charakter, denn außer den hier heimischen **Kalenjin-Völker der Nandi und Elgeyo** und zahlreichen Angestellten aus anderen Regionen Kenias besitzt Eldoret **eine der größten indischen Gemeinschaften.** Die indischen Wohnviertel am Rande der Innenstadt sind architektonisch reizvoll, und der außergewöhnliche alte Sikh-Tempel in der Arap Moi Street ist die einzige wirkliche Sehenswürdigkeit der Stadt.

Zur Gründerzeit 1903 war Eldoret ein Zentrum burischer Siedler. Dass die Stadt, die von fruchtbarem Farmland umgeben ist, trotz ihrer Lage auf der eintönigen Uasin-Gishu-Hochebene zur **Handelsmetropole** werden konnte, verdankte sie vor allem dem diktatorisch regierenden Altpräsidenten *Moi,* der aus der Gegend stammt. Er protegierte die von ihm als zukünftiges Machtzentrum vorgesehene Stadt nach Kräften. So erhielt Eldoret die **Moi University,** während Mombasa, mehr als zehnmal so groß, bis heute keinen Campus besitzt. Für Verstimmungen bei internationalen Geberländern sorgte zu Beginn der 1990er Jahre vor allem der verschwenderische Bau des **Moi International Airport,** des dritten internationalen Flughafens Kenias, der völlig überflüssig ist.

Schlafen

- **Sirikwa Hotel,** Tel. 053/206 36 14; www.hotelsirikwa.com. Das Haus, obwohl gesichtslos, gilt als Eldorets erste Adresse. Mit Swimmingpool. DZ 85 US$.
- **Asis Hotel,** Tel. 053/206 18 07. Sauber und gepflegt. Von den oberen Zimmern schöner Ausblick. DZ 21 US$.

Essen

- Das **Sirikwa Hotel** hat reichhaltige Buffets und gutes Barbecue am Wochenende.
- Das **Siam** in der Ronald Ngala Street ist ein gutes China-Restaurant.
- Leckere indische Küche gibt es im **Sunjeel Palace** auf der Kenyatta Street.

Ausgehen

- In der **Bar des Wagon Hotel** trifft sich die junge afrikanische Oberklasse zum Pool-Billard oder auf ein Bier.
- Die **Disco Sal Smile** ist täglich geöffnet und kommt vor allem bei jungem Publikum an.
- Im **Livingstone Inn** wird öfters Live-Musik gespielt.
- **Woodles House Disco** ist in einem hübschen alten Haus untergebracht. Hier verkehren besser gestellte Nachtschwärmer.

Touren

- **Sitatunga Tours & Travel Agency,** im Sirikwa Hotel, Tel. 053/206 13 27.

Kitale

Sympathische Stadt

Kitale liegt in der **wunderbaren Landschaft der Vorberge des Mt. Elgon** und ist Durchgangsstation für Touristen, die den Berg erwandern möchten. Kitales Innenstadt ist nicht groß, die **60.000 Einwohner** merkt man dem sympathischen Landstädtchen schwerlich an. Wie Eldoret ist Kitale lange ein Siedlungszentrum der Weißen gewesen, die sich hier ab 1908 niederließen und die Masai vertrieben. 1920 wurde Kitale Verwaltungssitz des Trans Nzoia District. Mit dem **Anschluss an die Uganda-Bahn** durch eine Stichstrecke entwickelte sich die Stadt unter anderem zum Hauptanbaugebiet des pflanzlichen Insektizides **Pyrethrum.** Das schöne alte Bahnhofsgebäude ist noch heute sehenswert. Als sich die meisten weißen Farmer nach der Unabhängigkeit aus Kitale verabschiedeten, wurden im Zuge der Afrikanisierung Angehörige unterschiedlicher Ethnien angesiedelt. Die heutigen Farmer sind Luyia, Kalenjin und Kikuyu.

Uhrenverkäufer am Busbahnhof

KITALE

Kitale Museum

Den Grundstock für das örtliche Museum legte der britische Militär *Colonel Stoneham*. Offenbar sammelte er britische Militärorden mit derselben Passion wie einheimische Insekten und Schmetterlinge. Interessant ist die **ethnografische Ausstellung,** die sich mit den Luo, El Koni, Turkana, Pokot und Marakwet befasst, die alle um den Mt. Elgon herum leben. Zahlreiche fein gearbeitete Gegenstände wie Musikinstrumente, Werkzeuge und aus Schildkrötenpanzern hergestellte Kuhglocken (!) illustrieren die Kultur dieser Völker Westkenias. Noch sehenswerter ist der ein Kilometer lange **Naturlehrpfad** des Museums, der sich **durch 30 Hektar Dschungel** im rückwärtigen Teil des Geländes schlängelt. Hier hat man ausgesprochen gute Chancen, neben Diadem Meerkatzen auch die seltenen De Brazza Meerkatzen zu sehen, aber auch Paviane, Nashornvögel, Insekten und Orchideen. Im Garten des Museums stehen außerdem eine Biogasanlage zu Demonstrationszwecken und einige Tiergehege.

● Eintritt 500 Ksh, geöffnet täglich von 9–18 Uhr.

Mt. Elgon National Park

Schlafen

- **Kitale Golf Club,** Tel. 0325/313 38; www.kitaleclub.net. Zimmer mit Blick auf einen wunderbaren Garten und den Mt. Elgon, etwas außerhalb des Stadtzentrums. DZ 41 US$.
- **Alakara Hotel,** Tel. 0325/720 395. Sauber, geräumig, freundliche Angestellte. DZ ca. 15 US$.

Essen

- Im **Kitale Golf Club,** in den Restaurants der **Hotels Alakara** und **Bongo** sowie in **The Coffee Shop** wird das beste Essen in der Stadt serviert.

Touren

- **Sirikwa Safaris,** Tel. 0733/793 524. *Julia* und *Jane Barnley* wohnen 23 Kilometer außerhalb von Kitale. Sie organisieren Wandertouren, Vogelsafaris und Besuche in den Parks weiter nördlich.

Mt. Elgon National Park

Der Nationalpark

Die Spitze des zweithöchsten kenianischen Bergs befindet sich auf 4321 Metern Höhe. Touristen besuchen ihn selten, obwohl man am Mt. Elgon **wundervolle Trekkingtouren** unternehmen kann. Der **Mt. Elgon** ist ein **alter Vulkan,** dessen Gipfelregion von einer Caldera von rund acht Kilometern Durchmesser geformt wird, in der der **Suam River** entspringt. Auch die **kenianisch-ugandische Grenze** verläuft mitten durch den Krater.

Auf dem Mt. Elgon liegt nur sporadisch Schnee, aber die **Temperaturen** in den Höhenlagen sinken jede Nacht **unter den Gefrierpunkt.** Bei Fußwanderungen sind daher warme Kleidung und ein guter Regenschutz überlebenswichtig! Nur ein kleiner Teil der **dichten Urwälder** des Mt. Elgon, ein Areal von 169 km² an der östlichen Seite, ist seit 1968 als Nationalpark geschützt, die anderen Waldflächen sind als Forest Reserve ausgewiesen.

Auf dem Berg gibt es **keinerlei Infrastruktur** wie Berghütten oder markierte Wege außer dem Pfad bis zum realtiv häufig besuchten Little Elgon Peak.

Landschaft im Umland von Kitale und Mt. Elgon

MT. ELGON NATIONAL PARK

Die Regionen des Parks

Der Mt. Elgon National Park zerfällt in **zwei große Regionen:** Der **südöstliche, bewaldete Teil** ist mit dem Auto gut zu erkunden, der **nordwestliche Teil** besteht aus **Hochmoorgebieten,** die bis an die Caldera heranreichen. Oberhalb von 3500 Metern gibt es keinerlei Autopisten mehr.

Die größte Attraktion des tiefer gelegenen waldigen Teils sind eine **Vielzahl von Höhlen,** die noch bis in die Kolonialzeit hinein vom Volk der El Koni bewohnt wurden, einer den Kalenjin zugerechneten Ethnie. Die bekannteste von allen ist die **Kitum-Höhle.** Sie reicht rund 150 Meter tief in den Berg und öffnet sich am Ende zu einer breiten Kammer. Die Entstehung der Höhlen schien lange rätselhaft, bis man mit Filmkameras einer möglichen Erklärung auf die Spur kam: Bei Nacht drin-

Westkenia

Mt. Elgon National Park

gen Elefanten in den Berg vor und brechen mit ihren Stoßzähnen mineralienreiches Gestein heraus. Frische Spuren belegen zumindest, dass die Dickhäuter für die Vergrößerung der Höhlen verantwortlich sind.

Der nordöstliche Teil des Nationalparks unterscheidet sich deutlich von den Waldgebieten. Hier wachsen skurrile **meterhohe Riesenpflanzen,** wie Baumheide, Riesenlobelien und Riesenkreuzkraut, deren Verwandte in Europa nur kleine Wildblumen abgeben.

Die Tierwelt

Bekannt war der Mt. Elgon ursprünglich für seine vielen **Elefanten** und **Büffel.** Doch Wilderer dezimierten in den 1980er Jahren die Tierzahlen. Die Dickhäuter sind daher nach wie vor sehr scheu. Ihr Bestand wird auf gegenwärtig 400 Tiere geschätzt. Ansonsten leben am Mt. Elgon andere **typische Waldtiere** wie Riesenwaldschwein, Buschbock und verschiedene Duckerarten. In den Höhlen stößt man auf große **Fledermauskolonien. Waldvögel** wie Nektarvögel, Papageien, große Kronentokos und Bambusfrankolins kommen ebenfalls vor. Tierbeobachtungen im Walddickicht sind nicht immer einfach. Ein Fernglas ist in jedem Fall empfehlenswert. Verschiedene **Affenarten** vom Mt. Elgon, darunter Diadem Meerkatzen, Colobus-Affen und die seltenen De Brazza Meerkatzen, lassen sich einfacher auf dem Naturlehrpfad des Museums von Kitale betrachten (siehe oben).

●Parkgebühren 25 US$.

Schlafen

●**Mt. Elgon Lodge,** Tel. 0722/866 480. Ein altes Farmhaus mit viel Nostalgie, dass in eine einfache Lodge umgewandelt wurde. DZ 80 US$.

Saiwa Swamp National Park

Kleinster Park Kenias

Das mit gerade einmal **2 km² Fläche** kleinste Naturschutzgebiet Kenias wurde 1974 vor allem ausgewiesen, um im malerischen Saiwa-Flusstälchen die scheue und seltene **Sitatunga-Antilope** zu schützen. Die amphibische Antilope ist für das Leben in wasserreichem Terrain besonders angepasst und ein ausgezeichneter Schwimmer. Von ehemals 100 Tieren ist der Bestand im Park allerdings auf weniger als 30 Tiere gesunken.

Der Park umfasst lediglich den dichten Waldstreifen entlang der Flussbänke. Er kann **nur zu Fuß** auf einem Wegenetz mit **fünf Aussichtsplattformen** und kleineren Brücken erkundet werden.

Neben den Sitatunga-Antilopen gibt es noch andere **Tierarten,** etwa Duckerantilopen, Busch- und Rietböcke und Otter sowie verschiedene Affenarten, darunter die seltene und schwer zu beobachtende De Brazza Meerkatze und die Diadem Meerkatze. Mehr als 300 **Vogelarten** sind im Park zu Hause, darunter Goliathreiher, verschiedene Nashornvögel, Milane, Ibisse und Kronenkraniche. Obwohl nur wenige Touristen hierher kommen, lohnt sich ein Besuch.

- Parkgebühren 20 US$.
- Übernachtung auf dem Campingplatz für 8 US$.

ANHANG

Anhang

Sprachhilfe Kisuaheli

Wichtige Vokabeln und Formulierungen rund ums Essen

- Gibt es etwas zu essen? – kuna chakula?
- Welche Speisen gibt es? – kuna chakula gani?
- Bringen Sie mir bitte ... – tafadhali niletee ...

Snacks
- chapati – dem Pfannkuchen ähnlicher Weizenfladen
- mandaazi – in Fett gebackene Krapfen
- mayai – Eier
- mkate – Brot
- omleti – Omlett
- samosa – mit Fleisch oder Gemüse gefüllte, in Fett gebackene Teigtasche
- slaisi – Brotscheibe
- tosti – Toast

Fleisch
- nyama – Fleisch
- karanga – klein geschnittenes, gebratenes Fleisch
- kuku – Huhn
- mbuzi – Ziege
- mchuzi – Soße
- mushkaki – gegrilltes Fleischspießchen
- ngombe – Rind
- nyama choma – gegrilltes Fleisch
- steki – Steak
- samaki – Fisch

Gemüse und Beilagen
- irio oder kinyeji – wohlschmeckender Gemüsebrei aus Bohnen, Kartoffeln, Kohl u.a.
- kabeji – Kohl
- karoti – Karotten
- maharagwe – Bohnen
- mahindi – Mais
- matoke – Kochbananen
- mboga – Gemüsemischmasch mit Soße
- mchicha – Spinat
- muhogo – Maniok
- nyanya – Tomaten
- pilau – Reis mit Zimt, Kardamom und gebratenen Fleischstückchen
- saladi – Salat
- sukuma wiki – spinatartige Blätter
- supu – Suppe
- ugali – Maisbrei
- viazi – Kartoffeln
- viazi vitamu – Süßkartoffeln

Bild auf den Seiten zuvor: Fotografische Völkerverständigung

SPRACHHILFE KISUAHELI

- vitungu – Zwiebeln
- wali – gekochter Reis

Obst
- dafu – Kokosnuss (grün)
- machungwa – Apfelsinen
- maembe – Mango
- matunda – Obst
- nanasi – Ananas
- nazi – Kokosnuss
- ndizi – Banane
- papai – Papaya
- parachichi – Avocado
- tikiti – Melone

Sonstiges
- chakula – Essen
- chai ya asubuhi – Frühstück
- chemka – gekocht
- choma – geröstet, gegrillt
- kufrai, kukaanga – gebraten
- baridi – kalt
- moto – heiß
- bichi – roh
- bovu – verdorben
- chafu – schmutzig
- nusu – halb
- nzima – ganz
- chumvi – Salz
- sukari – Zucker
- pilipili – Chilipfeffer
- kijiko – Löffel
- kisu – Messer
- uma – Gabel
- hesabu – Rechnung
- chupa – Flasche

Getränke
- kiniwaji – Getränk
- bia – Bier
- chai – Tee
- chai ya rangi – Schwarztee

Kauderwelsch-Sprechführer

sind übersichtlich, praktisch und alltagsorientiert – die idealen Begleiter für Ihren Urlaub! Erhältlich auch als AusspracheTrainer auf Audio-CD.
- **Kisuaheli – Wort für Wort**
- **Englisch – Wort für Wort**

(beide Bände REISE KNOW-HOW Verlag, Bielefeld)

- chai maziwa – Milchtee
- kahawa – Kaffee
- kahawa maziwa – Milchkaffee
- maji ya kunyiwa – Trinkwasser
- maziwa – Milch
- pombe – Bananen- oder Hirsebier
- soda – Softdrink
- tembo – Palmwein

Wichtige Vokabeln und Formulierungen rund ums Auto und das Reisen

- Wie weit ist es nach …? – Ni umbali gani kwenda …?
- Wohin führt diese Straße? – Barabara hii kwenda wapi?
- Ist dies der Weg nach …? – Hii ni njia kwenda …?
- Können Sie mir … zeigen? – Unaweza kuniambia …?
- Können Sie mich nach/zu … bringen? – Unaweza kunipeleka …?
- Wo fährt der Bus/das Sammeltaxi nach … ab? – Basi/Matatu kwenda … inaondoka wapi?
- Um wieviel Uhr fährt der Bus/Sammeltaxi nach …? – Basi/Matatu kwenda … inaondoka saa ngapi?
- Wieviel kostet die Fahrt nach …? – Ni shilingi ngapi kwenda …?
- Ich möchte ein Ticket nach … – Nataka tiketi kwenda …
- Ich möchte nach … fahren – Nataka kwenda …
- Bitte halten Sie hier! – Simame hapa, tafadhali!

- dort – pale, kule
- hier – hapa
- rechts – ya kulia
- links – ya kushoto
- geradeaus – moja kwa moja
- vorne – mbele
- hinten – nyuma
- oben – juu
- unten – chini
- weit entfernt – mbali
- nah – karibu

- Meter – meta
- Kilometer – kilometa
- Meile – meili
- Weg – njia
- Straße – barabara
- Kreuzung – makutano
- Abzweigung – njia panda
- Teer – lami
- Matsch – matope
- Sand – mchanga

Sprachhilfe Kisuaheli

- Ort, Platz – mahali
- Brücke – daraja
- Haus – nyumba
- Dorf – kijiji
- Stadt – mjini
- Feld – shamba
- Baum – mti
- Wald – msitu
- Meer – bahari
- Küste – pwani
- See – ziwa
- Fluss – mtoni
- Berg – mlimani
- Grenze – mpaka

- Norden – kaskazi
- Süden – kusini
- Osten – mashariki
- Westen – magharibi

- Flugzeug – ndege
- Eisenbahn – reli
- Bahnhof – stesheni
- Boot – boti, shua
- Hafen – bandari
- Fahrrad – baisikeli
- Motorrad – pikipiki
- Auto – gari
- Lkw – lori
- Bus – basi
- Taxi – teksi
- Sammeltaxi – matatu
- zu Fuß – kwa miguu
- Fahrer – dereva
- Führer – mwongozi
- Schaffner – kondakta
- Tourist – msafiri
- Ticket – tikiti
- Fahrpreis – nauli
- Sitzplatz – keti
- 1. Klasse – daraja la moja
- 2. Klasse – daraja la pili

- Treibstoff, Öl – mafuta
- Benzin – petroli
- Diesel – dizeli
- Liter – lita
- Motor – mota/maschine/enjini
- Reifen – teiri
- Panne – panctcha
- Rad – gurudumu

Anhang

- (Druck)Luft – hewa
- Wagenheber – jeki
- Ersatzteil – spare
- Mechaniker – mekaniki
- kaputt – imeharibika

- Unfall – ajali
- Polizei – polisi

Wichtige Verben

- abbiegen – kukata; kupanda
- anhalten – kusimama
- ankommen – kufika
- anschieben – kusukuma
- aussteigen – kuteremka
- einsteigen – kuingia; kupanda
- fahren – kwenda
- fliegen – kuruka
- reisen – kusafiri
- reparieren – kutengeneza, kufix

Glossar

Kisuaheli ist im Laufe der Zeit durch zahlreiche Fremdwörter aus dem Arabischen und dem Englischen angereichert worden. Andererseits enthält der Wortschatz der Europäer, die in Kenia leben, viele praktische Worte aus der afrikanischen Sprache. Folgende Begriffe wird man während eines Kenia-Aufenthaltes immer wieder hören:

- **Askari:** (Nacht-)Wächter, Soldat

- **Banda:** Hütte, meist rund und mit Blättern gedeckt
- **Birdwalk:** Wanderung zur Beobachtung von Vögeln
- **Boda Boda:** Fahrradtaxi
- **Boma:** Dornenwall zum Schutz des Viehs vor Raubtieren, in Tansania auch ein deutsches Verwaltungsgebäude oder ein Fort der Schutztruppe
- **Bui Bui:** Schwarzer Umhang der muslimischen Frauen an der Küste

- **Chai:** Tee

- **Dhau:** Traditionelles Segelschiff
- **Duka:** Kleiner Laden oder Kiosk

GLOSSAR

- **Escarpment:** Grabenwand, steile Böschung oder Hang, in der Regel für die Bruchstufen des ostafrikanischen Grabens verwendet

- **Fundi:** Handwerker jeglicher Couleur

- **Game:** Englisch für Wild
- **Gamedrive:** Pirschfahrt
- **Gamewalk:** Fußwanderung zur Beobachtung von Wildtieren
- **Guide:** Führer

- **Hakuna Matata:** Kein Problem! Diese gern benutzte Redewendung ist oft die höfliche Beschreibung für die Existenz von – genau: Problemen!
- **Harambee:** Kisuaheli für „Lasst uns an einem Strang ziehen!"; wurde von *Jomo Kenyatta* geprägt als Begriff für lokale Zusammenarbeit und Ausgleich unter den verschiedenen Stämmen; heute ist mit einem Harambee meist eine öffentliche Veranstaltung zum Spendensammeln gemeint, z.B. um einen Schulbau zu finanzieren
- **Hoteli:** Kleines, einfaches Restaurant, keine Unterkunftsmöglichkeit!

- **Jambo:** In ganz Ostafrika verständliche Grußformel
- **Jua Kali:** Der informelle Wirtschaftssektor an den Straßenrändern, gleich ob Reifenreparateure, Schreinerwerkstätten, Händler etc.; Jua Kali bedeutet genau übersetzt „stechende Sonne", weil meist im Freien gearbeitet wird

- **Kanga:** Bunt bedrucktes Tuch, das von vielen einheimischen Frauen als Wickelrock verwendet wird

- **Makonde:** Jede Art von Holzschnitzerei, ursprünglich Name eines südtansanischen Volkes, das für seine hervorragenden Schnitzer bekannt ist
- **Makuti:** Traditionelle Dachbedeckung vor allem aus Palmblättern, im Hochland aber auch aus Gräsern oder Bananenblättern
- **Manyatta:** Bezeichnung für eine Masai-Siedlung, ursprünglich nur die Gruppenunterkünfte der Krieger
- **Matatu:** Sammeltaxi
- **Moran:** Masai-Krieger
- **Murram:** Erdstraßenbelag
- **Muzungu:** Weißer
- **Mwananchi:** Otto Normalverbraucher, der gewöhnliche Kenianer; eigentlich der Landarbeiter

- **Night Gamedrive:** Nächtliche Pirschfahrt
- **Nyama Choma:** Geröstetes Fleisch, die kenianische Version des Barbecue

- **Panga:** Machete
- **Riftvalley:** (Ostafrikanischer) Grabenbruch
- **Safari:** Allgemein Reise, im engeren Sinne Ausflug zur Tierbeobachtung
- **Shamba:** Farm, Feld
- **Shifta:** Banditen, Wegelagerer
- **Shilingi:** Kisuaheli-Form von Schilling
- **Sokoni:** Markt

- **Taka Taka:** Abfall
- **Tour Operator:** Firma, die Safaris und andere Ausflüge organisiert

- **Uhuru:** Freiheit, politische Unabhängigkeit

Literatur und Filme

Sachbücher

- **Ach Afrika,** *Bartholomäus Grill,* Goldmann Verlag (2005). Gut geschriebenes Buch über vieles, was aus europäischer Sicht in Schwarzafrika unerklärlich erscheint, ohne dabei hoffnungslos zu klingen.
- **Afrika, Afrika,** *David Lamb,* Marino Verlag. Politisches Reportagenbuch über Afrika, in dem der Autor mit viel britischem Humor von Erlebnissen aus seiner langjährigen Zeit als Korrespondent in ganz Afrika berichtet. Lesenswert und unterhaltend.
- **Afrikanisches Fieber,** *Ryszard Kapuscinski,* Eichborn Verlag. Afrika-Korrespondent Kapuscinski schreibt gut – und er schreibt über das ungeschminkte Afrika. Empfehlenswert!
- **The Dive Sites of Kenya and Tanzania,** *Anton Koornhof,* New Holland Publishers (1997). Bisher der einzige vernünftige Tauchführer für die ostafrikanische Küste.
- **Jenseits von Amerika,** *Keith B. Richburg,* Ullstein Taschenbücher. Das Buch des Korrespondenten der Washington Post beschäftigt sich etwas ernster mit den Problemen und dem Grauen im krisengeschüttelten Kontinent als jenes von David Lamb (s.o.). Besonders berührend auch deshalb, weil sich Richburg als afro-amerikanischer Journalist mit Afrika als dem Land seiner Vorfahren auseinandersetzen muss. Sehr empfehlenswert.
- **The Mountains of Kenya – a Walker's Guide,** *Paul Clarke,* Mountain Club of Kenya (1989). Das Buch beschreibt in sehr geraffter Form die Anstiege zu 93 Bergen in Kenia und vier Bergen in Nordtansania. Für alle, die auch ausgefallenere Gipfel meistern wollen, ein unerlässlicher Reisebegleiter, auch wenn viele Infos völlig veraltet sind.

LITERATUR UND FILME

Zu beziehen über den Buchhandel oder direkt beim Mountain Club of Kenya am Wilson Airport.

- **Der Ursprung des Menschen,** *Richard Leakey & Roger Lewin,* Fischer Taschenbuch (1998). Richard Leakey erzählt von seinen frühmenschlichen Funden und der daraus entwickelten Theorie zur Entstehung des Homo sapiens sapiens – für jeden mit wissenschaftlichem Interesse ein Muss.
- **Traumstraßen Ostafrika,** *Hartmut Fiebig & Oliver Bolch,* Bruckmann Verlag (2009). Sehr schöne bebilderte Einführung in die ostafrikanischen Länder Kenia, Tansania und Uganda mit Routen zum Nachreisen. Auf der Webpage des Autors handsignierte Exemplare mit Widmung.

Romane und Erzählungen

- **Das Buschbaby,** *Meja Mwangi,* Peter Hammer Verlag (2007). Eine herrliche Geschichte um ein amerikanisches Ehepaar, das mit einem schwarzen Baby an einem Grenzübergang in den Verdacht des Kindesschmuggels gerät.
- **Facing the Lion,** *Joseph Lemasolai Lekuton,* Peter Hammer Verlag (2003). Die Geschichte einer Jugend als Masai-Nomade im nördlichen Kenia mit amüsanten und haarsträubenden Erlebnissen.
- **Die Farbe meines Gesichts,** *Miriam Kwalanda,* Droemer & Knaur (2000). Eine Kenianerin erzählt von ihrem Leben als Straßenkind, als Prostituierte an den Stränden von Mombasa und als Ehefrau einer ihrer Freier in Deutschland – der Tatsachenbericht einer starken, lebensbejahenden Frau.
- **Der Fluss dazwischen,** *Ngugi wa Thiong'o,* Unionsverlag. Das Buch des bekanntesten kenianischen Schriftstellers thematisiert am Beispiel des spirituellen Führers *Waiyaki* die Zerissenheit der Afrikaner zwischen Tradition und Moderne.
- **Die grünen Hügel Afrikas,** *Ernest Hemingway,* Rowohlt (1996). Vermutlich muss man ein absoluter Jagd- oder Hemingway-Fan sein, um Gefallen an dem Buch zu finden.
- **Himmel über Afrika,** *Francesca Marciano,* Goldmann (2000). Roman über das Leben der Weißen in Kenia.
- **Ich träumte von Afrika,** *Kuki Gallmann,* Droemer & Knaur (2000). Die italienische Autorin versteht es, ihre kenianische Autobiografie in Geschichten und Schilderungen eines zauberhaften und magischen Afrikas einzubetten. So erfolgreich war dieses Rezept, dass inzwischen weitere Titel („Afrikanische Nächte" und „Die Nacht der Löwen") erschienen sind. Das Buch wurde unter dem gleichen Titel mit Kim Basinger verfilmt.
- **Jenseits von Afrika,** *Karen Blixen,* Rowohlt (1999). Unter dem Titel des weltberühmten Films wurde seine Romanvorlage „Afrika – dunkel lockende Welt" neu verlegt.
- **Kariuki und sein weißer Freund,** *Meja Mwangi,* dtv (1997). Die Geschichte einer Freundschaft zwischen einem schwarzen Dorfjungen und dem Enkel eines weißen Groß-

grundbesitzers während der Zeit der Mau-Mau-Rebellen. Ausgezeichnet mit dem Deutschen Jugendbuchpreis.
- **Matigari,** *Ngugi wa Thiong'o,* Peter Hammer Verlag (1991). Ein Buch über die Enttäuschung eines Mau-Mau-Unabhängigkeitskämpfers, der erkennen muss, dass sich für ihn im unabhängigen, schwarzen Kenia nichts zum Besseren gewendet hat.
- **Mein Leben mit den Massai,** *Catherine Oddie,* Bastei Lübbe. Faszinierender Bericht einer Europäerin, die bürgerliches Leben und Karriere in Europa aufgab, um unter den Masai zu leben.
- **Mr. Rivers letztes Solo,** *Meja Mwangi,* Peter Hammer Verlag (1995). Ein philanthropischer amerikanischer Popmusiker organisiert für das totalitäre afrikanische Land Arakan Katastrophenhilfe – womit die Probleme erst richtig beginnen.
- **Nairobi, River Road,** *Meja Mwangi,* Unionsverlag. Ein ausgezeichnetes Buch über das harte Leben der urbanen kenianischen Unterschicht im Nairobi der 1980er. Leider ist das Buch immer noch aktuell.
- **Nirgendwo in Afrika,** *Stefanie Zweig,* Heyne (2000). Die wahre Geschichte einer deutsch-jüdischen Familie, die im Jahr 1938 über Umwege nach Kenia flieht. Sehr empfehlenswert!
- **Rote Sonne, Schwarzes Land,** *Barbara Wood.* Der ziegelsteindicke Millionen-Seller beschreibt die Feindschaft zweier kenianischer Familiendynastien – einer schwarzen und einer weißen – und die Liebe zweier ihrer Mitglieder, die daran zerbricht.
- **Schnee auf dem Kilimandscharo,** *Ernest Hemingway,* Rowohlt (1996). Nicht ohne Grund bekannter als „Die grünen Hügel Afrikas" (s.o.).
- **Das Tal der Elefanten,** *Nicholas Luard,* Lübbe (1999). Das Leben der beiden gegensätzlichen Protagonisten *Billy* und *Violet* ist auf seltsame Art durch eine Elefantenherde im kenianischen Hochland miteinander verknüpft.
- **Die weiße Massai,** *Corinne Hoffmann,* Droemer & Knaur (2000). Auch diese Autorin hat bei den Masai gelebt und bietet einen interessanten Blickwinkel auf das Leben des Volkes. Die Naivität der Autorin, die an vielen Stellen des Textes deutlich wird, schmälert das Lesevergnügen allerdings beträchtlich.

Bestimmungsführer

- **A Field Guide to the Mammals of Africa,** *T. Haltenorth & H. Diller,* Collins (1988). Ein zuverlässiger Begleiter auf jeder Safari. Die Namen der wichtigsten Tiere werden im Beschreibungsteil auch auf Deutsch aufgeführt.
- **Birds of East Africa,** *J. G. Williams, N. Arlott,* Collins (1988). Immer noch das beste Vogelbestimmungsbuch für eine Safari; in jedem Buchladen Nairobis erhältlich.

Filme

- **Jenseits von Afrika,** Regie: *Sydney Pollack*, mit *Meryl Streep, Robert Redford* und *Klaus Maria Brandauer.* Der große Klassiker, der zahlreiche Oscars gewonnen hat.
- **Der Geist und die Dunkelheit,** Regie: *Stephen Hopkins.* Der 1996 gedrehte Film beruht auf der wahren Geschichte der beiden Menschenfresser-Löwen, die den Bau der Uganda-Bahn um fast ein Jahr verzögerten. Leider in Südafrika und nicht am Originalschauplatz gedreht. *Michael Douglas* als furchtloser Jäger *Remington* und *Val Kilmer* als ehrgeiziger Eisenbahningenieur *John Patterson.*
- **Die letzten Tage in Kenia** (Originaltitel: „White Mischief"), Regie: *Michael Radford.* Der 1987 in Kenia gedrehte Film basiert auf einem Roman von *James Fox* über den spektakulären Mord an *Lord Errolls,* Galionsfigur der Happy-Valley-Gesellschaft, der die Kolonie Kenia vor dem Zweiten Weltkrieg erschütterte. Mit *Greta Scacchi, Charles Dance* und in einer kleinen Nebenrolle *Hugh Grant.*

HILFE!

Dieses Reisehandbuch ist gespickt mit unzähligen Adressen, Preisen, Tipps und Infos. Nur vor Ort kann überprüft werden, was noch stimmt, was sich verändert hat, ob Preise gestiegen oder gefallen sind, ob ein Hotel, ein Restaurant immer noch empfehlenswert ist oder nicht mehr, ob ein Ziel noch oder jetzt erreichbar ist, ob es eine lohnende Alternative gibt usw.

Unsere Autoren sind zwar stetig unterwegs und versuchen, alle zwei Jahre eine komplette Aktualisierung zu erstellen, aber auf die Mithilfe von Reisenden können sie nicht verzichten.

Darum: Schreiben Sie uns, was sich geändert hat, was besser sein könnte, was gestrichen bzw. ergänzt werden soll. Nur so bleibt dieses Buch immer aktuell und zuverlässig. Wenn sich die Infos direkt auf das Buch beziehen, würde die Seitenangabe uns die Arbeit sehr erleichtern. Gut verwertbare Informationen belohnt der Verlag mit einem Sprechführer Ihrer Wahl aus der über 220 Bände umfassenden Reihe „Kauderwelsch".

Bitte schreiben Sie an:
REISE KNOW-HOW Verlag Peter Rump GmbH, Postfach 14 06 66, D-33626 Bielefeld, oder per E-Mail an: info@reise-know-how.de

Danke!

Reise-Gesundheitsinformationen

Stand: Herbst 2010 © Centrum für Reisemedizin/CRM

Die nachstehenden Angaben dienen der Orientierung, was für eine geplante Reise in das Land an Gesundheitsvorsorgemaßnahmen zu berücksichtigen ist. Die Informationen wurden uns freundlicherweise vom Centrum für Reisemedizin zur Verfügung gestellt. Auf der Website **www.crm.de** (CRM/Reiseländer) werden diese Informationen stetig aktualisiert. Es lohnt sich, dort noch einmal nachzuschauen.

Die nachstehenden Angaben wurden nach bestem Wissen und sorgfältiger Recherche zusammengestellt. Eine Gewähr oder Haftung kann nicht übernommen werden.

Klima:
- Im Norden trocken-heiß, sonst tropisch-wechselfeuchtes Klima mit zwei Regenzeiten (März bis Juni, Oktober bis Dezember); gleichbleibend hohe Temperaturen an der Küste (Mombasa) 26–30°C, in den Höhenlagen niedriger: Nairobi 17°C.

Einreise-Impfvorschriften:
- **Bei einem Direktflug aus Europa sind keine Impfungen vorgeschrieben.**
- Bei einem vorherigen Zwischenaufenthalt (innerhalb der letzten sechs Tage vor Einreise) in einem Gelbfieber-Endemiegebiet (siehe dazu die Liste unter www.crm.de) wird bei Einreise eine gültige Gelbfieber-Impfbescheinigung verlangt (ausgenommen Kinder unter einem Jahr).

Empfohlener Impfschutz:
- **Generell: Standardimpfungen nach dem deutschen Impfkalender,** speziell Tetanus, Diphtherie, außerdem Hepatitis A, Polio, Gelbfieber.
- **Speziell:** Bei einer Reise durch das Landesinnere unter einfachen Bedingungen (Rucksack-/Trekking-/Individualreise) mit einfachen Quartieren/Hotels, im Falle von Camping-Reisen, Langzeitaufenthalten, einer praktischen Tätigkeit im Gesundheits- oder Sozialwesen, bei engem Kontakt zur einheimischen Bevölkerung sind außerdem zu erwägen: Cholera, Typhus, Hepatitis B (bei Langzeitaufenthalten und engerem Kontakt mit der einheimischen Bevölkerung), Tollwut (bei vorhersehbarem Umgang mit Tieren), Meningitis (nur bei engerem Kontakt zur einheimischen Bevölkerung, vorwiegend in der Trockenzeit).

Wichtiger Hinweis: Welche Impfungen letztendlich vorzunehmen sind, ist abhängig vom aktuellen Infektionsrisiko vor Ort, von der Art und Dauer der geplanten Reise, vom Gesundheitszustand sowie dem eventuell noch vorhandenen Impfschutz des Reisenden.

Da im Einzelfall unterschiedlichste Aspekte zu berücksichtigen sind, empfiehlt es sich immer, rechtzeitig (vier bis sechs Wochen) vor der Reise eine persönliche Reise-Gesundheitsberatung bei einem reisemedizinisch erfahrenen Arzt oder Apotheker in Anspruch zu nehmen.

REISE-GESUNDHEITSINFORMATIONEN

Malaria:
- **Risiko: ganzjährig,** verstärkt in der Regenzeit; hohes Risiko in den Regenwaldgebieten einschließlich der Touristenresorts an der Küste; mittleres Risiko in den mittleren und südlichen Grenzgebieten zu Tansania; geringes Risiko in den übrigen Landesteilen unterhalb 2000 m; normalerweise kein Risiko im Nordosten, gelegentlich Zunahme durch Regenfälle; kein Risiko in Nairobi und in Höhenlagen über 2000 m.

Vorbeugung: Ein konsequenter Mückenschutz in den Abend- und Nachtstunden verringert das Malariarisiko erheblich (**Expositionsprophylaxe**). Die wichtigsten Maßnahmen sind: In der Dämmerung und nachts Aufenthalt in mückengeschützten Räumen (Räume mit Air Condition, Mücken fliegen nicht vom Warmen ins Kalte); beim Aufenthalt im Freien in Malariagebieten abends und nachts weitgehend körperbedeckende Kleidung (lange Ärmel, lange Hosen) tragen; Anwendung von insektenabwehrenden Mitteln an unbedeckten Hautstellen (Wade, Handgelenke, Nacken), Wirkungsdauer zwei bis vier Stunden. Im Wohnbereich Anwendung von insektenabtötenden Mitteln in Form von Aerosolen, Verdampfern, Kerzen, Räucherspiralen; Schlafen unter dem Moskitonetz (vor allem in Hochrisikogebieten).

Ergänzend ist die Einnahme von Anti-Malaria-Medikamenten (**Chemoprophylaxe**) dringend zu empfehlen. Zu Art und Dauer der Chemoprophylaxe fragen Sie Ihren Arzt oder Apotheker, bzw. informieren Sie sich in einer qualifizierten reisemedizinischen Beratungsstelle (siehe unten). Malariamittel sind verschreibungspflichtig.

Ratschläge zur Reiseapotheke:
- Denken Sie daran, eine Reiseapotheke mitzunehmen, damit Sie für leichtere Erkrankungen und kleinere Notfälle gerüstet sind (siehe dazu die Empfehlungen auf www.crm.de). Nicht vergessen: Medikamente, die Sie ständig einnehmen muss! Wenn Sie spezielle Fragen zur Reiseapotheke haben, wenden Sie sich am besten an eine Apotheke mit reisemedizinisch qualifizierten Mitarbeitern.

Aktuelle Meldungen (Herbst 2010):
- **Darminfektionen:** Risiko für Durchfallerkrankungen landesweit. Mit Cholera-Ausbrüchen ist regional zu rechnen. Seit Januar 2010 wurden 663 Erkrankungen einschließlich 15 Todesfällen gemeldet. Insbesondere Teile der Küstenprovinz, die Ost- und die Rift-Valley-Provinz sind betroffen. Hygiene beachten, Impfschutz für Risikoreisende.
- **Polio:** Im Februar 2009 wurde bei einem vierjährigen Mädchen erstmals wieder Polio Wildvirus Typ 1 nachgewiesen. Bis Ende Juli 2009 wurden insgesamt 18 Erkrankungen im Grenzgebiet zum Sudan registriert. Seither ist kein neuer Fall mehr aufgetreten. Hygiene und Impfschutz (Polio) beachten.
- **HIV/AIDS:** In Kenia sind schätzungsweise über drei Millionen Menschen mit dem HIV-Virus infiziert, über 1,5 Millionen sind bereits verstorben. Sexuelle Kontakte mit unbekannten Partnern sind stark risikobelastet.

Erleben Sie Traumtouren in Afrika!

Abendsonne Afrika ist Ihr Top-Safarispezialist für das südliche und östliche Afrika. Ob Individual- oder Kleingruppenreise unsere erfahrenen Spezialisten beraten Sie in allen Fragen rund um spannende Safaris, Selbstfahrerreisen oder Flugsafaris.

Reisebeispiel: 7 bzw. 14 Tage „Die Höhepunkte Kenias" & Indischer Ozean ab € 1.099,- pro Person

Fordern Sie unseren Katalog an oder fragen Sie uns nach unseren aktuellen Top-Specials!

Wir beraten Sie gerne!

Abendsonne Afrika GmbH
Zur Unteren Mühle 1
D-89290 Buch
Tel. +49 (0) 7343.92998-0
Fax +49 (0) 7343.92998-29
info@abendsonneafrika.de
www.abendsonneafrika.de

Botswana, Kenia, Namibia, Südafrika, Mosambik, Malawi, Sambia, Simbabwe, Madagaskar, Uganda, Ruanda, Oman, Tansania, Seychellen, Mauritius, VAE

DIAMIR Erlebnisreisen
Kleingruppenreisen und individuelle Touren nach Kenia und ins restliche Ostafrika

▲ **Rhinos, Strand und große Katzen**
15 Tage Natur- und Erholungsreise ab 3080 € inkl. Flug

▲ **Sieben-Seen-Safari**
15 Tage Naturrundreise ab 3280 € inkl. Flug

▲ **Kenia · Tansania** Mt. Kenya, Kili & Safari
16 Tage Trekkingrundreise ab 3090 € inkl. Flug

▲ **Kenia · Uganda** Gorillas und Geparden
18 Tage Naturrundreise ab 3610 € inkl. Flug

▲ **Kenia · Uganda · Tansania** Gorillas, Geparden & Sansibar · 23 Tage ab 4420 € inkl. Flug

▲ **Kenia · Tansania** Große Tierwanderung
11 Tage Safari mit Verlängerungsoption
ab 2270 € zzgl. Flug

▲ **Äthiopien · Kenia** Vom Omofluss zum Turkanasee · 22 Tage Natur- und Kulturrundreise ab 3890 € inkl. Flug

Kultur- und Naturrundreisen, Trekkingreisen und Expeditionen auch ins restliche Afrika sowie nach Asien, Nord- und Südamerika, Europa und Ozeanien.

Gratiskatalog und Beratung im Reisebüro oder bei:

DIAMIR Erlebnisreisen GmbH
Loschwitzer Str. 58, D – 01309 Dresden
Tel.: +49 (0) 351 – 31 20 77
info@diamir.de **www.diamir.de**

ANZEIGEN

Besser reisen. Mehr erleben.

SEIT 1950

Kenia

als Gruppenreise mit Verlängerung oder Individualtour

Safari Tanzania – Kenia: Die Große Tierwanderung

Beratung und Buchung:
Karawane Reisen

Schorndorfer Str. 149
71638 Ludwigsburg
Tel. (0 71 41) 28 48 - 30
www.karawane.de

GLOBETROTTER SELECT
Tours – Safaris – Expeditions

Vertrauen Sie 40-jähriger Reiseerfahrung in Afrika und unserem Reise-Know-How in Kenya!
Wir bieten Ihnen Top-Guides, 4x4-Fahrzeuge ohne km- und Zeit-Limit (Sie werden nicht zwischen Morgen- und Abendpirsch in der Lodge geparkt!!!) und Safaris ohne Zubuchung fremder Leute!
Außerdem ist jede Safari individuell auf Ihre Interessen und die Jahreszeit abgestimmt.

- **LODGE - & SELECT-ZELT-SAFARIS**
- **AFRICAN RETREATS & CLASSIC CAMPS**
- **BADEN & TAUCHEN**
- **VILLEN & LODGES AM INDISCHEN OZEAN**
- **MT. KENYA ALLE ROUTEN**
- **INCENTIVES & SPECIAL INTEREST**

Afrika Reisen nach Maß!

Wir bieten ein ausgewähltes Reiseprogramm
RUWENZORI – WANDERUNG MÄRCHENWALD • GORILLA-SAFARI
KENYA • UGANDA • RUANDA • MALAWI • MOZAMBIQUE • ZAMBIA • BOTSWANA
ÄTHIOPIEN • NIGER • MAROKKO • TUNESIEN • LIBYEN • ÄGYPTEN • JEMEN • OMAN

☎ 0 81 71/99 72 72 • Fax 0 81 71/99 72 73
info@globetrotter-select.com • www.globetrotter-select.com

Register

A

Aberdare National Park 194
Aberdare Range 68, 194
Adamson, George 203, 234
Adamson, Joy 203, 207, 234
Adamson's Falls 204
Adapter 37
Ader's Duckerantilope 122
AIDS 49, 287
Air Kenya 30
Airlines 16, 30
Aktivitäten 35
Altstadt (Lamu Town) 133
Altstadt (Mombasa) 85
Amboseli National Park 143
AMREF 23
Animal Orphanage 173
Anreise 16
Aquamarine Aquarium 92
Äquator 160, 203
Arabuko Sokoke Forest Reserve 120
Arbeitslosigkeit 62
Archer's Post 213
Architektur (in Mombasa) 84
Armut 62
Aruba-Damm 156
Athi-Ebene 172
Athi River 66
Auslandskrankenversicherung 24
Ausrüstung 17
Australopithecus 54
Auswärtiges Amt 24

B

Baboon Cliffs 224
Bahn 30
Ballon-Safari 249, 250
Bamburi Beach 89
Bamburi Nature Park 92
Bandas 39
Bankautomaten 19
Banken 19
Bantu-Völker 55
Baobab Farm 92
Bauchgurt 17
Beach Boys 34, 101, 106
Begrüßung 25
Bevölkerung 44
Big Five 151, 195, 245
Bildungswesen 45
Bio Ken Laboratory 117
Blixen, Karen 52, 174
Boda Bodas 32
Bomas of Kenya 173
Bombolulu-Kulturzentrum 93
Bongoantilope 189
Borana-Volk 202
Botschaften 17
Britisch-Ostafrika 58, 161
Buffalo Springs
 National Reserve 208
Büffel 196, 204, 226, 249
Bullenkämpfe 263
Bush Homes 39
Busse 30

C

Cashewnuss-Baum 121
Chania River 181
Cherangani Hills 68
Chogoria 190
Christentum 49
Chyulu Range 66, 151
Cole, Eleanor 230
Colobus-Affe 104, 196, 265
Cottages 39
Crater Lake Game Sanctuary 235
Crescent Island 234
Curio 34
Curio Shop 34
Cycadeen 114
Cynometra-Wald 122

D

De Brazza Meerkatze 265
Delamere, Diana 235
Delfine 112
Deutsch-Ostafrika 58
Diadem Meerkatze 196
Diani Beach 102
Diani-Urwald 104
Digo-Volk 110
Dissotis-Blume 238
Dollar 19
Dolphin Point 112
Doumpalme 209

REGISTER

Drogen 18
Dukas 143
Durchfall 21

E

EC-Karte 19
Einkommen 62
Einreise 16
Eisenbahn 30
Eldoret 267
Elefanten 114, 145, 147, 156, 189, 196, 204, 212, 249, 272
Elefantenspitzmaus 122
Elenantilope 195, 249
Elgeyo-Volk 267
Elsamere 235
Embu-Volk 183
Enderit River 224
Englisch 36
Essen 33
Ethnien 44
Euphorbien 224
Euro 19
Ewaso Narok River 199, 202, 207, 208

F

14 Falls 181
Feigenbäume 228
Feilschen 34
Felspython 234
Fieberakazien 224
Filme 282
Fischerei 63, 253, 255
Flamingos 217, 224, 228, 230
Flüge 16
Flughörnchen 265
Flying Doctors 22
Fort Jesus (Mombasa) 77
Fotografieren 18
Fremdenverkehr 64
Fremdenverkehrsamt 24

G

Gabbra-Volk 202
Galana River 156
Galeriewälder 69
Galu Beach 102
Gama, Vasco da 126, 129

Gede 123
Geier 208
Gelbfieber 21, 285
Geld 19
Geldwechsel 19
Gemüse 63, 232, 233
Generator 37
Geothermische Energie 239
Geparden 157, 212
Geschäftszeiten 20
Geschichte 53, 73, 161
Gesundheit 21, 285
Gewürzhandel 75
Geysire 227
Giraffen 173, 226, 249
Gold 262
Goliath-Reiher 230
Green Crater Lake 235
Großer Kudu 229
Grumbley, Tom 251

H

Hammerköpfiger Flughund 265
Handy 27
Harambee-Politik 60
Helgoland-Sansibar-Vertrag 58
Hell's Gate National Park 237
Hell's Kitchen 131
Hemingway, Ernest 52, 113
Hepatitis 21, 286
HIV 44, 287
Hobbley's-Vulkan 239
Höhlen 271
Homo erectus 54, 175, 231
Homo habilis 54
Homo sapiens 53
Hoteli 33
Hotels 39
Hunter Leierantilope 157
Huxley, Elspeth 52
Hyänen 212, 249
Hyrax Hill 222

I

Il Kinangop 195
Il Ngewzi Group Ranch 198
Impala-Gazelle 260
Impfungen 21, 285
Industrie 63
Informationen 24

REGISTER

Instrumente 53
Internet-Cafés 27
Isinet River 148
Isiolo 205
Isiolo River 209
Islam 51
Ismaeliten 51

J

Jadini-Urwald 104
Jevanjee Gardens (Nairobi) 166
Jumba la Mtwana 95

K

Kaffee 63, 175, 192
Kakamega 262
Kakamega Forest Reserve 263
Kakamega Goldrush 262
Kalenjin-Volk 244, 251, 267
Kampfadler 213
Kampferbäume 238
Karen 172
Karengata 172
Kariandusi Prehistoric Site 231
Karura Falls 194, 195
Keino, Kipchoge 36
Kenya African
  National Union (KANU) 59
Kenya Airways 30
Kenya Railways 30, 170
Kenya Tourist Board 24
Kenyatta Avenue (Nairobi) 163
Kenyatta Beach 89
Kenyatta, Jomo 58, 59, 60, 255
Kenya Wildlife Service 28
Kericho 250
Khayega 263
Kibaki, Mwai 61
Kikuyu-Volk 183
Kilifi 115
Kilimanjaro 66, 68, 142, 143
Kimana River 148
Kimana Wildlife Sanctuary 147
Kimathi, Dedan 193
Kipsigi-Volk 251
Kisauni 89
Kisii-Bergland 246
Kisite Point 112
Kisite-Mpunguti Marine
  National Park und Reserve 112

Kisuaheli 36, 38, 276
Kisumu 257
Kisumu Impala Sanctuary 260
Kitale 268
Kitui-Bergland 66
Kitum-Höhle 271
Kiwaiyu Island 131
Kleidung 17, 26
Klima 65
Klippschliefer 155, 189
Kolonisierung 57
Kommunikation 27
Konflikte 25
Kongo-Konferenz 57
Kongowea 89
Konsulate 17
Kopjes 207
Korallengarten 111
Korallenriffe 89, 112, 115, 118, 130
Korruption 60, 62
Krankenhäuser 48
Krankheiten 286
Krapf, Johann Ludwig
  57, 75, 97, 186
Kreditkarten 19
Kriminalität 33, 160
Krokodile 249
Kultur/Kunst 51
Kunsthandwerk 34
Kuschiten 55
Küste 66, 100

L

Laetoli Footprints 54, 168
Laikipia 197
Lake Baringo 68, 229
Lake Bogoria 227
Lake Bogoria National Reserve 227
Lake Chala 155
Lake Elmenteita 230
Lake Jipe 154
Lake Magadi 175
Lake Naivasha 68, 232
Lake Nakuru 68, 223
Lake Nakuru National Park 223
Lake Turkana 68, 202
Lake Victoria 247, 252
Lamu-Archipel 131
Lamu Donkey Sanctuary 137
Lamu Island 131

Lamu Town 132
Landkarten 25, 291
Landschaft 65
Landwirtschaft 63
Langata 172
Langata Giraffe Centre 173
Leakey, Louis 54, 231
Leakey, Mary 54, 231
Leakey, Richard 54
Leoparden 212, 226, 249
Lewa Wildlife Conservancy 197
Lion Hill 224
Literatur 282
Lobelien 67
Lodges 39
Loesch, Hans von 107
Loita Hills 247
Loita Plains 246
Löwen 249
Lugard Falls 156
Lugard, Frederick 156
Luo-Volk 244
Luyia-Volk 263

M

Mackinder, Harold 186
Maestro-Karte 19
Maji ya Chumvi 209
Makalia Fall 224
Makalia River 224
Malaria 21, 286
Malindi 125
Malindi Marine National Park 130
Malindi Marine
  National Reserve 130
Mamba Village Krokodil-
  und Schlangenfarm 94
Manda Island 131, 139
Mangroven 108, 110, 116, 119, 139
Mara River 247
Masai 46, 147, 235, 244
Masai Mara National Reserve 245
Matatus 30
Mau Mau 59, 193
Mbau-Spiel 222
Mbita 254
Mboya, Tom 255
Meeresschildkröten 89, 119
Menengai Crater 218
Meningitis 286

Meru National Park 203
Meru-Volk 183
Mfangano Island 255
Mida Creek 116, 119
Mietwagen 28
Missionare 57
Mkomani 132
Mlangoni 133
Mnarani 116
Moi Avenue (Nairobi) 163
Moi, Daniel arap 60, 267
Mombasa 72
Mombasa Marine
  National Reserve 89
Mombasa North Coast 89
Mt. Bodich 208
Mt. Elgon 68, 268, 270
Mt. Elgon National Park 270
Mt. Kenya 68, 180, 183
Mt. Kenya Forest 188
Mt. Kenya National Park 183
Mt. Leganishu 248
Mt. Longido 142
Mt. Longonot 68, 239
Mt. Longonot National Park 239
Mt. Mbololo 150
Mt. Ngulia 151
Mtwapa Creek 89, 92
Mudanda Rock 156
Musik 52
Mwachema River 104
Mwaluganje
  Elephant Sanctuary 113
Mwangi, Meja 52
Mwazaro Beach 107
Mzima Springs 150, 154

N

Nairobi 33, 160
Nairobi National Park 176
Naivasha 231
Nakuru 218
Namanga 142
Nandi Escarpment 264
Nandi-Volk 267
Nanyuki 190, 191
Naro Moru 190
Nashörner 151, 157,
  176, 189, 196, 197, 226
National Museum of Kenya 166

National Parks 28
National Rainbow
  Coalition (NARC) 61
National Reserves 28
Natorbe Hill 207
Naturreligionen 50
Naturschutz 28, 29
Ndawe Escarpment 151
Ndere Island National Park 256
Ngare Mara River 209
Ngare Sergoi Rhino Sanctuary 197
Ngomongo Village 94
Ngong Hills 172, 174
Ngulia Rhino Sanctuary 151
Nilbarsch 63, 253
Niloten 55
Nilpferde 232, 249
Njemps-Volk 230
Njorowa-Schlucht 238
Nordküste 115
Norfolk Hotel (Nairobi) 166
Notfall 19
Nyahururu 199
Nyali Beach 89
Nyambeni Hills 203, 204, 206
Nyanza 252
Nyeri 192
Nyika-Plateau 66
Nyulli Reef 112

O

Öffnungszeiten 20
Ol Doinyo Le Sattima 195
Ol Doinyo Orok 142
Ol Doinyo Sabuk 181, 182
Ol Doinyo Sabuk National Park 182
Ol-Karia-Vulkan 239
Olooloo Escarpment 248
Olorgessailie 175
Omanis 74, 132
Orange Democratic
  Movement (ODM) 62
Ostafrikanischer
  Graben 53, 65, 174, 216

P

Paradise Lost 175
Pate Island 131
Paviane 226
Pemba-Kanal 111

Pink Reef 112
Point Batian (Mt. Kenya) 188
Point Lenana (Mt. Kenya) 188
Point Nelion (Mt. Kenya) 188
Politik 59
Post 27
Protea-Büsche 182
Pyrethrin 219
Pyrethrum 218, 219, 268

R

Rabai 97
Ramizi River 110
Rappenantilope 114
Raubadler 229
Rebmann, Johannes 57, 75, 97, 186
Regenwald 263
Regenzeiten 66
Reiseapotheke 287
Reisehinweise 24
Reisen im Land 28
Reisepass 16
Reiseschecks 19
Reisezeit 32
Religionen 49
Rendille-Volk 202
René Haller Nature Park 92
Respekt 26
Restaurants 33
Rhino Valley 151
Rhinozerosviper 266
Riesenwaldschwein 195
Riesenwuchs
  (von Pflanzen) 67, 272
Rifle Range 224
Rift Valley
  53, 66, 175, 194, 216, 237
Rift-Valley-Fieber 287
Rongo Mwangandi 114
Rosapelikan 230
Rothschild-Giraffe 173, 226
Rusinga Island 254

S

Sabaki River 66
Safari Camps 39
Safari-Walk 173
Saiwa Swamp National Park 273
Samburu National Reserve 208
Samburu-Volk 198, 202, 213

REGISTER

Sammeltaxis 30
Savanne 69, 176, 248
Schirmakazie 69
Schlangenfarm 92
Schmetterlinge 122, 266
Schmetterlingszucht 125
Schnittblumen 63, 232, 233
Schulwesen 45
Serengeti 154, 246
Shaba Hill 207
Shaba National Reserve 206
Shanzu Beach 89
Shariuki Falls 208
Sheitani-Vulkan 151
Shela 139
Sheldrick, Daphne 174
Sheldrick-Wasserfälle 114
Shilling 19
Shimba Hills 113
Shimba Hills
   National Reserve 113
Shimoni 111
Shinyalu 263
Shirazi-Dynastie 73
Sicherheit 33
Siracho Escarpment 227
Sisal 149
Sitatunga-Antilope 273
Sklaven 97
Sklavenhandel 75
Snake Farm 117
Sodaasche 63
Sodaseen 144, 223, 227, 230
Sokoke-
   Buschschwanzmungo 122
Solio Private Game Sanctuary 197
Somali-Volk 202, 205
Sonnenschutz 17
Souvenirs 34
Speke, John Hanning 252
Sport 35
Sprache 36, 276
Steckdosen 37
Strände 89, 100
Strom 37
Suaheli-Kultur
   56, 83, 100, 123, 129, 137
Suam River 270
Sudi Island 119
Südküste 101
Sunniten 51

T

Taarab-Musik 53
Taita Hills 66, 149
Takwa 139
Talek River 247
Tana River 66, 204
Tansania 142, 154, 155
Taru-Wüste 148
Taschendiebe 33
Taxis 30
Tee 63, 192, 250
Telefonieren 27
Tempel (Mombasa) 87
Temperaturen 32
Thika 181
Thika River 181
Thiong'o, Ngugi wa 52
Thomson, Joseph 57, 186, 199
Thomson's Falls 199
Thorn Tree Café (Nairobi) 163
Tiriki-Volk 264
Tiwi Beach 101
Tollwut 286
Tourismus 64
Trekking 190
Trinkgeld 33
Tsavo East National Park 156
Tsavo River 150, 151
Tsavo West National Park 151
Tugen Hills 229
Turkana-Junge 168
Turkana-See 68, 202
Turkana-Volk 202
Typhus 286

U

Uganda 270
Uganda-Bahn
   57, 76, 161, 218, 257, 268
Uhuru-Denkmal (Nairobi) 168
Ukunda 102
Umoja Village 213
Unabhängigkeit 59
Unterkunft 39
US-Dollar 19
Utaje 254

V

Vegetation 69
Verfassung 61

Verhalten 25
Verkehrsregeln 30
Victoria-Barsch 253
Victoria-See 246, 252
Visum 16
Vögel 122, 147, 155, 176, 183, 189, 196, 204, 213, 226, 232, 256, 273
Voi 148
Voi River 156
Vorwahlen 27
Vulkane 68
Vulture Cliffs 238

W

Währung 19
Wakuluzu –
 Friends of the Colobus Trust 105
Wälder 69, 120, 182, 195
Walhaie 119, 120
Wasini Island 111
Wasserböcke 226
Wasserhyazinthe 234, 254
Watamu Beach 116
Watamu Marine National Park und Reserve 118, 130
Wechselkurs 19
Wechselstuben 19
Weißbartstummelaffe 104
Weißkopfadler 229
Weltkriege 58
Westkenia 244
White Highlands 180, 192
Wilderei 35
Winam Gulf 256
Wirtschaft 62
Wongonyi 150
Wundanyi 149

Y

Yatta-Plateau 66

Z

Zeit 40
Zentrales Hochland 180
Zoll 41

Danksagung

Für den Beistand, die viele Hilfe und das Ertragen meiner Unausgeglichenheit während der Arbeiten am Buch gilt mein größter Dank *Christina Otto*. Daneben möchte ich besonders *Susi Kerschbaumer* danken, die mit unbeschreiblichem Elan, unbremsbarer Liebe zu Kenia und viel privater Zeit bei Recherchen und der Arbeit am Manuskript geholfen hat. Für die Arbeit zur ersten Auflage und damit für die Grundlage dieses Buches gilt *Angelika Calmez* mein besonderer Dank. Auch meinem Lektor *Michael Luck* habe ich für fachliche Kompetenz und Geduld afrikanischen Ausmaßes zu danken.

Mein Dank gilt ferner *Guido Bürger* und *Johannes Erretkamps*. Dafür, dass meine Kollegen von „grenzgang" mir während der Abwesenheit und der Arbeiten den Rücken freihielten, möchte ich *Anke* und *Ramin Houchmand*, *Katharina Feldgen*, *Kerstin Wittmütz* und *Ann-Kristin Niden* ganz herzlich danken.

Vor Ort habe ich von vielen Menschen Unterstützung erfahren, darunter meinem Freund *Ali Carlos Lempaso Lepalo*, *Chris Handschuh* von The Jungle Junction, *Monika* und *Lofty Solanki* von Lofty Safaris, *Toni Tschank* von Kibo Slope Safaris sowie *Titus Mwangi* und *Dan Amolo* von Kiss Safaris. Zahlreiche Menschen in kenianischen Institutionen haben mich immer wieder maßgeblich unterstützt. Mein Dank gebührt Tourismusminister Honourable *Najib Balala*, ferner *Jacinta Nzioka*, *Michael Riungu*, *Rose Kwena*, *Jonathan Mbiyu*, *Rachel Lofty* und *Fred Okeyo* vom Kenya Tourism Board (KTB) sowie *Tobias Hannemann* und *Birger Meier-Johann* von der Deutschland-Vertretung des KTB. Besonders hervorheben möchte ich auch *Julius Kipng'etich*, Direktor des Kenya Wildlife Service (KWS), *Michael Kipkeu*, Senior Assistant Director National Parks, sowie Chief Game Warden *William Kinosop* vom Lake Bogoria National Reserve. In Deutschland gilt mein Dank der kenianischen Botschaft, im Besonderen seiner Exzellenz, dem kenianischen Botschafter *H. Mutuma Kathurima*, sowie Wirtschaftsattachée *Elisabeth Miguda*.

Danke auch meinen Partnern, die seit Jahren meine reisejournalistische Arbeit unterstützten: *Michael Schott*, *Gabi Krombach*, *Barbara Mittlmeier* und *Andrea Bahmann* von Hauser Exkursionen, *Guido Segers* von Bogen Imaging, *Matthias Schultis* und *Werner Hoffmann* von Wolf Photomedia sowie *Rudi Hradil* von AV Stumpfl.

Und schließlich möchte ich mich bei ungezählten Kenianern bedanken, deren Namen hier keinerlei Berücksichtigung finden konnten, die mir aber immer wieder mit ihrer Gastfreundschaft, tatkräftiger Unterstützung und Optimismus weiterhalfen.

Der Autor

Hartmut Fiebig ist als Autor, Fotograf und Moderator tätig und spricht neben Arabisch auch Kisuaheli. Mehr als dreißig, zum Teil monatelange Recherche- und Expeditionsreisen lieferten ihm tiefe Einblicke in Kultur, Wirtschaft und Politik Afrikas und Arabiens. Bisher hat er vier Bücher zum Thema verfasst, seine Fotografien und Texte werden in internationalen wie deutschen Zeitungen und Magazinen veröffentlicht.

Die mehrfach prämierten Vorträge des Fotojournalisten sind für Humor, sprühende Rhetorik und sensible Fotografie bekannt. Für die Live-Reportage „TIEF IN AFRIKA" und seinen umfangreichen Kenia-Reiseführer (REISE KNOW-HOW Verlag) – inzwischen das Standardwerk über das ostafrikanische Land – wurde er 2006 zum Ehrenbotschafter Kenias ernannt. *Hartmut Fiebig* ist berufenes Mitglied der Gesellschaft für Bild und Vortrag (GBV).

Neben seiner Arbeit als Fotojournalist initiierte Hartmut Fiebig „grenzgang", eine Event-Reihe, die sich durch hochwertige Live-Vorträge und Veranstaltungen rund ums Reisen auszeichnet.

Weitere Informationen und kostenloser E-Mail-Newsletter mit aktuellen Vortragsterminen unter www.hartmut-fiebig.de. Die Korrespondenzadresse des Autors lautet info@hartmut-fiebig.de.